声なき叫び

「痛み」を抱えて生きるノルウェーの移民・難民女性たち

Farida Ahmadi
ファリダ・アフマディ
石谷尚子
〔訳〕

花伝社

SILENT SCREAMS

Pain and Multiculturalism:
The Need for Recognition among Minority Women

"Silent Screams" by Farida Ahmadi was published in 2015 in English,
by SHAH M BOOK CO in Kabul.
Original title "Tause skrik" was published in 2008 in Norwegian
by Pax Forlag in Oslo.
Translated from Norwegian into English
by Einar Grønvoll and Farida Ahmadi

This translation has been published with the financial support of NORLA, Norwegian Literature Abroad.

NORLA
NORWEGIAN LITERATURE ABROAD

アダムの子である人間は
同じ土から創られた
ひとつの体の手であり足である
一本の足が痛むと
手も、ほかの足も、安穏としてはいられない
他人の悩みに目を向けない人は
人間と呼ぶに値しない[*]

* サアディー（Saadi）、十三世紀のペルシャの詩人。本書ではマリアム・アズィミとファリダ・アフマディが英語に訳したものを基にしている［訳注：「人類の一体性」（第1章物語10）『薔薇園——イラン中世の教養物語』蒲生礼一訳、平凡社、一九六四年にも収録］。

目次

中村哲医師への献辞

本書を日本で出版する準備をしている最中に、中村哲医師の訃報が届きました。私の母国アフガニスタンで医療活動に従事され、その後、クナール川からガンベリー砂漠までの総延長二十五キロの用水路を完成させて、十万人の農民が暮らしていける基礎を作ってくださいました。

中村哲医師は、人の心には善意があり、その善意が世界に幸せをもたらすことを、身をもって示した方です。人生をかけてアフガニスタンを緑で潤し、人々を苦難から救ってくださった中村医師に心から敬意を表します。アフガニスタンの人々が、そのご恩を忘れることは決してありません。

著者

まえがき

トーマス・ハイランド・エリクセン（オスロ大学社会人類学教授）

ここ数十年で世界の政治的イデオロギーは変化した。徐々にではあるが着実に、階級重視からアイデンティティ重視に移行してきた。今日の政治闘争も、生産手段の所有権をめぐるものではなく、アイデンティティと自己定義を目指すようになっている。反グローバリゼーション・反移民を標榜するネオナショナリストは国籍などにはこだわらない世界主義者と対峙し、宗教を基盤とした政治運動は社会の世俗的傾向の中では受け入れられず、人権を擁護する団体は出生地やパスポートの色次第で享受できる権利が変わるという考えを諌めなければならなくなっている。

十九世紀以来、ヨーロッパの国づくりは、社会を団結させる基盤として同質の文化を作り上げることを目指してきた。しかし、そのイデオロギーも活動も、グローバリゼーションの力に押され影をひそめている。新たな文化の構造が生まれ、ヨーロッパの多くの国で人口動態に変化が起きた。この傾向は移民の流入と共に、大都市で顕著である。アイデンティティ重視の政治活動は、多元主義や多様性の発展という文脈で捉えるべきである。文化が混じり合い、国境が取り払われたことによる反応なのだから。

ファリダ・アフマディ氏が、オスロのマイノリティ女性を思いやる研究を情熱的に進めた背景には、こうした状況がある。アフマディ氏は健康問題や不安感に焦点を当て、女性の生活状況とその課題を詳細に説明している。統計をもとに理論的検討も加え、多文化主義には民族学的なジレンマがあることを実証した。その主張によると、「未公認の多文化主義（unofficial multiculturalism）」がノルウェーの社会福祉分野に蔓延し、行政機関の権力者は女性をかけがえのない一人の人間として見るのではなく、民族や国籍や宗教で区分けしたグループの単なるメンバーとして捉えるようになっているという。

アフマディ氏が感じているように、たしかにジレンマがある。一方では、未熟な多文化政策が人それぞれを所属グループに強固につなぎとめて不本意な文化的アイデンティティを押し付け、本来は善意から出た発想なのに抑圧を正当化しかねない結果を生んでいる。その一方で、すべての人を平等に扱うべきだというモットーのもと、文化の多様性に関心を払わず、「移民女性」というような区分けを押し付け、彼女たちがそれぞれ目には見えなくても固有の葛藤に直面しているにもかかわらず、その口を閉ざし、実態を見えなくしているのかもしれない。女性たちそれぞれの葛藤は、他の移民女性の葛藤とは明らかに違うものだし、ノルウェーのマジョリティが抱えている葛藤とも異なる。

民族混合社会の基本的なジレンマは、次のように表現することができる。一方で、自由民主主義のもとではすべてのメンバーは、（少なくとも建前上は）同じ権利と機会を与えられている。その一方で、他とは異なる人間として存在する権利も有している。特に近年は、マイノリティが自分たちの文化的特殊性を維持増進する権利や、メディア、学校教育などを含む公的な場に積極的に参加する権利の要求も高まっている。したがって、民族や文化が混じり合っている社会の重要な課題の一つは、社会的に明白な共通の権利を侵すことなく文化的な違いを認めることにある。つまり、国家も国民も、平等の権利と、他とは違う独自の人間である権利を目に見える形で妥協させ、平等と差異を両立させなければならない。

こうした矛盾はナショナリズムと同じくらい古くから存在する。つまり国家は文化的に同質であるべきだというナショナリズムのイデオロギーは、ドイツのロマン主義とフランスの啓蒙思想の両方に起源がある。両者はそれぞれ、文化的な（多くの場合、民族的にも）画一性を重視して領土や市民を配分し、それを国家融合や政治的正当性の根拠とした。古典的啓蒙思想によると、普遍的人類文明というものがあり、これは原則的にすべての人間が受け入れ可能な文明だという。また哲学者のヨハン・ゴットフリート・ヘルダー（一七四四―一八〇三年）の著書にあるように、ドイツのロマン主義思想では、すべての民族（Volk）は言語的、文化的特徴を持っており、それを擁護する権利を有すると言っている。ちなみに、文化についてのこの見解は、フランスの普遍主義に対抗すべく発展したもので、文化帝国主義の一形態として、一部の地域で受け入れられた（ただし確固たる正当性はなかったのだろう）。

この視点と、そこから派生した考え方は目下のところ、政治的アイデンティティを護るには文化の均一性が重要だと主張するイデオロギーに表れている。この考えは、ナショナリストで均一国家を擁護する側にも、エスノポリティクス（民族重視政治）を主張し国内に存在するマイノリティ民族の権利を擁護する側にも、当てはまる。後者は言い換えると、すべての市民を公正で平等に扱う際に障害となる多文化主義ではなく、あえて言うならただの文化主義で、マジョリティにもマイノリティにも支持されるはずである。

解決は簡単ではないし、特効薬もない。しかしながら、文化の多様性を所属グループに帰するのはまちがいだといういうことさえわかれば、人をそれぞれ他とは違う独自の人生を歩んでいるかけがえのない存在だとして大切にするようになる。それればかりか、ある国の住人――たとえばノルウェーに住んでいる人々――はそれぞれ別の体験をし、別々の課題を抱えていることも認めるようになる。アフマディ氏が言うように、基準と価値観を共有することの重要性に加え、多様性を認めることが必要で、ここに解決の糸口があるような気がする。多元的普遍主義のように、矛盾しているように見える志をつなぎ合わせることが解決策なのかもしれない。この世界主義的ビジョンにたどりつくのは容易ではないが、ファリダ・アフマディ氏の研究は、この問題に光を投じ、私たちが前進していく際の助けになるだろう。

著者まえがき

二〇〇六年、私は「声なき叫び（Silent Screams）――オスロのマイノリティ女性に関する研究」と題した修士論文を執筆した。この論文は二〇〇八年に『*Tause skrik*』というタイトルのもと、Pax Forlag社よりノルウェー語で出版された*。

二〇〇三年当時、私の関心は、マイノリティ女性の健康と痛みに向いていた。この問題は政治とは関係ないように思えたし、戦争による自分の辛い思い出を払拭するのに役立つかもしれないなどと考えていた。私は三か所でフィールドワークを実施した。オスロ市が経営している〈ノルウェジアン・ノレッジセンター〉（仮名）、キリスト教団体が運営している〈ジェイコブセンター〉（仮名）、〈難民のための心理社会センター〉の三か所だ。難民のための心理社会センターはその後閉鎖されたので、実名を使わせてもらう。ジェイコブセンターではフィールドワークのかたわら、コーランを読むグループに参加した。これら三つの団体で、私は三百人以上のマイノリティ女性やグループリーダーと話をし、たくさんのことを学ばせてもらった。そして痛みと多文化主義と世界のできごとには、密接なつながりのあることがわかった。

二〇一一年七月二十二日にノルウェーで起きた連続テロ事件以来、多くの家族が大きな苦しみを抱えて生きてきたが、彼らの耐え続ける日々は今後も続くことだろう。本書により、この国をはじめとする世界の国々のマイノリティとマジョリティが、平和のうちに共存できるよう、理解と力添えが得られればと願っている。

二〇一三年四月

ファリダ・アフマディ

＊［訳注：英語版は、『*Silent Screams : Minority Women's Need for Recognition*（声なき叫び――マイノリティ女性の愛、権利、連帯を認めてもらうために）』として二〇一五年に SHAH M BOOK CO から刊行］。

序論——二〇〇八年四月七日、オスロにて

本書には、マイノリティ女性のグループが登場する。女性たちはさまざまな国の出身者で、そのバックグラウンドも世界観もそれぞれ違うが全員、ノルウェー当局と統計学者が〈非西欧移民〉と呼ぶカテゴリーに属している。

本書は、このカテゴリーに属しているすべての女性のことを語っているわけではではなく、その女性たちの中で生きづらさを感じている女性たちの話である。ノルウェーで暮らしているこれらの女性は自分たちを持て余しているが、ノルウェーの支配者も彼女たちを持て余している。

〈エザット〉〈ナスリン〉〈シャイーン〉〈タジェバ〉〈アレゾ〉〈ベルキス〉〈エリザベス〉〈カミーレ〉〈バーリン〉それに〈ショゴファ〉の話は、それぞれ実名で公表したかったたが叶わなかった。やむなく、私に人生を包み隠さず語ってくれたすべての女性を本書では仮名にした。彼女たちは私に、プライベートな生活について正直に詳しく明かしてくれた。ノルウェーの労働市場で雇用された体験を語り、あえてノルウェー社会の実態を批判もしてくれた。名前を特定されると、夫や元夫やコミュニティとの関係がこじれるかもしれない人もいた。仕事を失うのではないかと恐れる人もいた。同じ理由から、彼女たちの何人かが暮らしているオスロ市内の地名について語る時にも、「アンガルッド」という仮名を使うことにした。

マジョリティに属する人々からも、情報提供を受けた。オスロの移民を支援しているノルウェーの三つの団体で移民女性を身近に見ながら働いているノルウェー人たちだ。〈ジェイコブセンター〉〈ノレッジセンター〉〈難民のための心理社会センター〉のリーダー格の職員にインタビューし、現場を見学させてもらった。またノルウェーのマイノリティ女性の患者を多く抱えている〈トイエンヘルスセンター〉の医師たちとも話をさせてもらった。これらの団体のうち、〈ジェイコブセンター〉と〈ノレッジセンター〉は仮名である。その大きな理由は、これらの団体の支援を受けている女性たちに、身元を知られることを恐れずに、そこでの面接や経験について批判も含め率直に話してもらうためだ。また、この二つのセンターで最善を尽くして働いている職員やリーダーを護るため、という理由もある。

この二つのセンターは、移民に対して価値あるサービスをいろいろ提供している。にもかかわらず、ノルウェーの支援団体、特に移民女性を支援している団体で差別が慣例化している。これを指摘し議論するのは重要なことだと思う。

数百人と話をした結果、オスロのマイノリティに属する人々の日常生活について膨大なデータが集まった。私の研究はオスロで行ったが、本書で実例として取り上げた女性たちは、私が会った他の多くの人々にも当てはまるものだと思う。つまり彼女たちが抱えている問題は、他の場所のマイノリティ女性にとっても自分の体験そのものなのだ。

私について話すと、出身はアフガニスタン。カブールで育ち、大人になってもしばらくカブールで暮らした。また若い医学生として、多くの時間を田舎で過ごした。田舎で暮らす人々に、女性や子どもの健康について教えることを夢見ていた。私がオスロのスラム街で暮らしているマイノリティ女性とアフガニスタンの田舎で暮らす女性を比較するのを、奇異に思う向きもあるかもしれない。しかしアフガニスタンの田舎で会った人たちの話や、祖母をはじめとする教養のある女性から聞いた話、ソヴィエトに占領されていた時代の政治家から聞いた話やそれらから学んだことはすべて、原理主義の発生に興味を抱いて観察したことと相まって、現実に起きている問題や窮状を見抜く力を私に与えてくれた。私は、冷戦の時代にアフガニスタン女性の窮状や、彼女たちの夢がいかに握りつぶされていたかを体験しているし、アフガニスタンでは宗教や民族、文化が次第に大きな役割を担うようになったのもこの目で見ている。

ノルウェーに来た当初、オスロの中心部から離れた郊外のアパートの洗濯室で耳にしたマイノリティ女性たちの会話は、アフガニスタンを彷彿《ほうふつ》とさせるものだった。アフガニスタンの女性と同じ問題を、ここにいる女性たちも抱えていることを知って驚いた。この女性たちの窮状や夢も、顧みられず無視されている。後に、オスロ大学で社会人類学のフィールドワークを始めてみると、オスロのマイノリティ女性たちの痛みや悩みがいまだに公の場での議論や公共政策に反映されずにいることを、さらに強く感じるようになった。アフガニスタンと同じ問題がノルウェーで、より深刻になっていた。ノルウェーにはタリバンもいないし人々の知識不足もない。しかしノルウェーという民主国家にも、後に私が名付けた〈作り上げられた未公認の多文化主義（a constructed unofficial multiculturalism）〉が存在していた。同種の人たちが集まっているはずの宗教的・文化的グループに属する女性たちの間にも、さまざまな考えや望みがあることに気づかされた。同時にマイノリティ女性が現に暮らしている社会について、先入観や一般論に基づく見方をしていることにも気づいた。文化や宗教、民族というカテゴリーの背後にいる個人に目を向けないのは、人間への最も深刻な冒涜に他ならない。一般化やカテゴリー化は紛争の要因の一つなので、何らかの手を打たなければならない。

本書のコンセプトは「痛み」である。私にとって痛みはさまざまな側面を持っている。肉体の痛み、心理的な痛み、心因性の痛み、社会的な痛み。ところが私が話をした人たちは、痛みを一つの概念として理解していることに気づいた。しかし痛みの種類は多々あるはずだ。ある人にとって、痛みとは体に居座り続ける〈しこり〉である。また多くの人にとっての痛みは、私的にも公的にも社会の中で敗者になったような感覚を伴うもので、肉体的痛みだけでなく無力感につながるものだ。こうした痛みが起きると、多くの人は病気だから医者に行って治してもらおうと考えるが、その病気の根源は隠れていて見えない。私の研究目的は、私の情報提供者たちの体に〈蓄積〉されてきた痛みの裏に潜んでいる要因が、どれだけ複雑であるかを探ることだ。要因は複雑であるが、それでもなお、すべての要因を結び付ける一本の赤い線があるはずだと、私は考えている。〈非西欧移民（non-Western immigrants）〉というカテゴリーに対して蔓延している硬直した態度も要因の一つだ。このようなレッテルを貼られた人は、そういう態度にさらされることで肉体的にも苦しむ。加えて、今日のノルウェーでは、こうしたカテゴリーにいる女性たちの生活状況も要因の一つになっている。仕事をしている、教育を受けている、ネットワークがある、まともな暮らしをしている、善良で安全な人間関係を結んでいる、などは関係ない。読者はすでに気づかれたと思うが、オスロのマイノリティ女性たちの苦しみの根底には、さまざまなレベルで体験した人権侵害がある。

本書の出発点は、二〇〇六年に取りかかった社会人類学の修士論文である。私は、社会民主主義的な国家であるノルウェーで、多くの移民女性が統計にはっきり表れるほど苦しんでいるわけを理解したかった。これは私にとって謎だった。私はもともとフェミニストなので、女性たちの不調の原因のトップに来るのは男性優位だと思っていた。ところがフィールドワークをしているうちに、自分の見解を微妙に修正せざるを得なくなった。

ありがたいことに、〈Fritt Ord〉という財団から経済的サポートを受け、ゴールと定めていた書籍の執筆が実現する。そのおかげで多くのマイノリティ女性の苦しみに満ちた暮らしについて知り得たことを、広く読者に伝えることができる。私が言いたいことをノルウェー語で表現する際、手助けしてくれたカーリ・アン・クヴァンメに感謝する。私にとって、本書の執筆は天からの恵みのようなものだった。真に開放的な社会を形成するためにはどんな可能性があるかを、じっくり考える機会にもなった。

本書は、私を信じ、その暮らしの中に私を引き入れてくれた多くの人々がいなければ、書くことができなかった。したがって、まず感謝すべきはマジョリティグループとマイノリティグループ双方の情報提供者だ。私にフィールドワークをさせてくれた三つの団体での情報提供にも感謝する。情報提供者が語ってくれた話と意見なしには、この本は書けなかった。記すべき名前がたくさんある。記しきれなかった名前も決して忘れることはない。

指導教官でよき相談相手だったトーマス・ハイランド・エリクセン教授にもお礼を言いたい。何事にも熱心に取り組む知識豊富な先生だった。私が自分流の考えで研究を進める上で、この先生から刺激と励ましと力をいただいた。歴史学の教授のクヌート・ケルドスタドリ先生も、論文研究で多大なサポートをしてくださった。その論文が本書の発端になった。この先生も私独自の考えとアイディアを系統立てる際に励ましてくださった。

哲学の教授アルネ・J・ヴェトレッセン先生の痛みについての視点は、私の研究にとって重要だった。政治学の教授ヘーゲ・シャイエ先生と犯罪学の教授シャスティ・エリクソン先生からも、興味深い議論と励ましをいただいたことに感謝する。

学術的な支援をしてくださったマリアンネ・グッレスタ先生にも感謝したい。ノルウェー国民のマジョリティグループについて研究する学者として素晴らしいひらめきを持ち合わせている先生で、そのユニークさは、かけがえのないものだった。その先生が亡くなり、とても悲しい。ノルウェーの人類学にとって大きな損失である。ハルヴァル・ヴィーケ教授とルーネ・フリッケ教授、それに精神科医のソールヴァイ・ダール先生は女性の痛みと愛情の章に関して、有益な考察をしてくださった。感謝する。

クラスメイトだったケネス・ハンセンにも心から感謝する。メンタルマップの作り方を教えてくれたのは彼だったし、学生時代の議論ではかけがえのないパートナーだった。

学術的支援者として最後に名前を挙げるのは、アメリカの心理学者リチャード・セネット先生だ。

研究に取りかかり、はじめて私の考えを発表する時、勇気づけ元気づけてくださった。多文化主義と移民女性の苦しみの体験に関する私の考えは研究に値するテーマであり、最近のヨーロッパの重要な側面だと確信することができたのは、この先生のおかげである。

オスロ大学のサービスセクションにも感謝を捧げたい。ここの職員の方々が、大学生だった数年間を通して私の現実的な問題の解決に力を貸してくれたおかげで、社会人類学者になれたと言っても過言ではない。ヒルデ・ヘンリクセンの助力にも感謝している。

友人たちと、血のつながりのない国際色豊かな家族、つまりヴィグディス・ボルセット、バルブロ・スヴェーエン、ハンネ・エリーサ・ルンドハウと彼女の夫のスタイナル・ルンドハウにも感謝したい。

血のつながった家族にも感謝する。妹のマリアム・アズィミは詩的な視点を与えてくれたし、兄弟二人はそれぞれの持ち味で貢献してくれた。兄のクイアム・ドジャラルザダ博士は古いギリシャの民主主義や〈アテナイ人の誓い〉なども教えてくれた。〈アテナイ人の誓い〉は、民主主義社会における植民地はどうあるべきかを示唆している。最後の謝辞は、私の生涯最高の宝物である二人の子どもたちに捧げる。一九九一年に初めてノルウェーに来た当時、娘といっしょにノルウェー語を学んだ。子どもたちは常に私を力づけてくれた。素晴らしい想像力で描いた絵やカードをプレゼントしてくれた。ある時、疲れ切って帰宅すると、私のデスクの上に花に囲まれたテディベアの絵が置いてあった。絵には「ママ、きっと試験に受かるよ！」という言葉が添えてあった。こんな素晴らしい激励に、私は情報提供者の悲しい物語を書き進めるエネルギーをもらった。

　私は楽観主義者である。本書により移民女性の窮状に光が当たるのではないかと期待している。こうした女性たちの状況をもっと知ってもらい、彼女たちが日々の暮らしの中で抱えているさまざまな問題や対立が少なくなるよう願っている。そうしてはじめて、もっと円満な社会を作り上げることができる。そういう社会なら、グローバル化した痛みを、知識と幸せのグローバリゼーションに変えることができる。

第一章　ノルウェーは世界一寛容な国？

「どこか身体が痛いわけではありません。いろいろ考えると心が痛いんです」とエザットが訴えてきた。「痛みを抱えていることと女性であることは、コインの表と裏のように切り離せません」。そう話してくれたのはナスリンだ。カミーレは、もう少しかみ砕いて「私たちにとって、目には見えない痛みの原因は文化なんですよ」と説明する。「テレビで政治家殺しのムッラー・クレカルの顔を見ると頭が痛くなるの」と不満をもらしたのはシャイーン。「無職でいることは、女性器切除[1]を受けるよりも辛いものだわ」とタジェバが主張。「働いている人のコミュニティに入っていないと、役立たずってことにされるわけ」とエリザベスがまとめてくれた。

エザット、ナスリン、カミーレ、シャイーン、タジェバ、エリザベスは、私に直接、自分の痛みや暮らしぶりについて話してくれた大勢の女性のごく一部だ。六人の状況はそれぞれ異なっている。教育レベルも信仰している宗教も社会への融合に対する考えも違っていて、それぞれの方法で尊厳ある生活をしようとしている。しかし、彼女たちには共通点がある。全員が多かれ少なかれ自分では手に負えない痛みを抱え、いわゆる困難な生活をしている。私がこの十年間にノルウェーで出会った数多くのマイノリティ女性の代表として彼女たちを取り上げる理由は、ここにある。

本書に登場するのは、今日のノルウェー社会の最下層に属しているマイノリティ女性たちだ。健康状態がすぐれないと、その暮らしぶりにどれほどの悪影響が出るか、それを取り上げようと思う。社会的な力がない中で暮らしていると、自尊心が持てず、自分の生活なのに自分では何も決められない虚しさを感じるようになる。また数えきれない権利侵害も受けてもいる。こうした日常が、彼女たちの健康を悪化させる大きな原因だと私は確信している。

数年前に、私はアフガニスタンにいる女性たちが置かれている厳しい現実について書き記そうと思い、人類学の勉強を始めた。しかし、ここノルウェーで生活するマイノリティ女性たちの状況を知れば知るほど、ノルウェーで会った女性と私の生まれ故郷の田舎町で会った女性の間にたくさんの共通点があることがわかってきた。カブールで過ごした青春時代、特に医学生として勉強していたころ、そして大人になってからソヴィエトの占領下にあったアフガニスタンの田舎町で会った女性たち。その多くは体調が悪く、強い痛みを訴えていた。アフガニスタンの女性たちは明らかに希望の持てない状況に置かれていた。占領された国で生活していた彼女たちには、十分なお金も現代的な医療施設もなく、戦争に駆り出されている夫を心配しつつ家を守るという重い責任に押しつぶされそうになっていた。彼女たちが健康に不安を抱え自分には社会的な力がないと感じてしまう直接の原因は、占領、戦争、貧困、原理主義的な宗教、知識や現代的な医療施設の不足という外部的なものだった。

その後、私はノルウェーで大勢のマイノリティ女性に会ったが、驚いたことに、彼女たちが自国で経験してきたひどい生活はここでも改善されていなかった。私がアフガニスタンで目撃したような、女性から社会的な力を奪い複合的な問題を抱えさせてしまう外部状況は、ノルウェーのような近代民主主義国家では生じてはならない。それにもかかわらず、大勢の女性が同じような症状に悩まされていた。それは、うつ症状や心身に起こる強い痛みで、生理学的に説明したり特定の病気に分類したりできないものもあった。

戦争や貧困で荒廃した国にいる女性たちとノルウェーのような近代民主主義国家で生活する女性たちの間に、こうした興味深い共通点があるのはなぜだろうか。近年の統計からも、ノルウェーで生活しているマイノリティ女性が健康問題を抱えていることがわかる。その理由はいったい何だろう。ノルウェーは近代民主主義国家であり、医療制度は他の国に比べて特段に整備されている。それなのになぜ私が会った女性の多くは仕事ができない状況に悩まされているのだろう。非西欧諸国出身の大勢の女性が、生活の質に悪影響を与えるような痛みを抱えているのは、いったいどうしてなのか。

ノルウェー公衆衛生研究所が二〇〇二年に発表した、性別、年齢、居住地、教育、雇用状態、出生地の違いが健康状態にどのような影響を与えるかという研究で、精神的にも肉体的にも健康状態が良くない人は非西欧諸国出身の女性に圧倒的に多いという結果が出た。[2] では、この数字の背景には何があるのだろう。こうした女性たちは、どうして社会の他のグループの人たちよりも多くの痛みを経験しているのだろうか。彼女たちを悩ませている原因は何だろう。故郷での悲惨な経験や故郷を離れて移住したことによる緊張感が主な理由なのだろうか。それとも、彼女たちの健康状態が悪い理由は、新しい生活をしている場所にうまく融合できないためだろうか。

私が過去から現在までに出会ったマイノリティ女性の無力感は、並大抵のものではない。その状況を改善できる可能性などないのではないかとさえ思ってしまう。こうした無力感と痛みには何らかの関係があるのだろうか。社会的に力がないことが健康状態を悪化させているのだろうか。もしそうなら、彼女たちが社会的に力を持てない理由は何だろう。

新たな暮らしでの無力感

人生や日々の暮らしを自らコントロールする力を持つためには、まず自分自身はどういう人間なのか、自分に必要なものは何なのかをきちんと認識しなければならない。ノルウェーで出会った女性の多くはアフガニスタンの女性と同じく、自分以外の人たちへの責任が大きすぎて、自分のことなど考える余裕もないほど日々の生活に追われていた。彼女たちは、夫や子どもたちの生活に必要な食料や衣服、それに西欧社会で暮らしている子どもなら持っているのが当たり前の〈物〉をそろえるために、一日中働く。それでも、ノルウェーにいるマイノリティ女性の多くは、社会的に最底辺の貧しい暮らししかできない。ここは西欧民主主義の社会だというのに、貧しさから抜け出せずにいる。彼女たちの多くは、自分が暮らしている社会の仕組みがどうなっているのかを知らない。たとえば、医療、税金、学校制度が自分たちにどのように適用されるのかといった大切なことを知らないのだ。それで一層、社会的に無力な自分を感じてしまう。どの役所に行けば自分の立場を理解した上で経済的な支援をしてくれるのかさえ知らない場合もある。それなのに、自分の日常生活を決定づけるかもしれない事態や意見や制度に、常に立ち向かわなければならない。では、社会保障制度は実際のところどのように機能しているのだろうか。この制度に賛成する人たちと反対する人たちの思惑とは何なのか。女性たちが現状から抜け出すには何が必要なのだろう。彼女たちの多くは、全体像を把握できない中で現状を何とかコントロールしようと奮闘している。[3]

アフガニスタンの女性と、私が会ったノルウェーで暮らしているマイノリティ女性との大きな違いは、ノルウェー社会では大部分の人が女性も男性も平等だと考えて暮らしている点だ。女性たちの生活をどうしたら変えられるかを考える上で、これはとてもありがたい。特にノルウェー社会には、マイノリティ女性も他の人たちと平等な一個人として認める社会的な素地が十分にある。だとしたら、その実現を妨げているのは何だろう。

私が会った女性たちは、自分の出身国の文化が女性を抑圧していると決めてかかられると、個人攻撃されているような気がすると言っていた。公の場での発言や公共機関で宗教や文化の違いをことさら強調するような政策は、こうした女性たちの生活の質を悪くする。つまり、違いという考えに裏打ちされた多文化主義の政策は、まちがった戦略なのだ。こういうやり方は、女性たちが暮らしを変えるための知識を得る上で特に妨げになる。文化が根本的に違うという考え方が政策に取り入れられると、マイノリティ女性は自分の暮らしぶりを受け入れざるを得なくなるし、マジョリティの側にいる人たちはマイノリティ女性の文化や宗教を非難するようになってしまう。そうするとマイノリティ女性は、公の場でもプライベートでも自分が抱える痛みを口にしなくなる。それが、本書のタイトルを『声なき叫び』にした最も大きな理由だ。マイノリティ女性は、個人として扱われないことに苦しんでいる。ノルウェー人女性と同じく彼女たちに必要なのは、身近な人や社会からその存在を認めてもらうという人間としてごく基本的なことだ。しかし彼女たちは、自分の存在が無視されていると感じるばかりか、マジョリティからだけではなく自分が属しているマイノリティからも権利侵害があると感じている。自分たちに関する議論で意見を言う機会すらほとんど与えられない。ノルウェーのマイノリティ女性の痛みの大部分はここにある。自分という個人の存在を認めてもらえず、自分が必要としているものをわかってもらえない。これが、今日のノルウェーで暮らすマイノリティ女性の痛みを形成している。

ある時気づいたのは、マイノリティ女性は肉体的な病、精神的な病、あるいは心因性の病を複合的に患っていることだ。彼女たちの多くは疲れ切っていたり、背中やお腹の不調で働くことができなかったりする。はっきりとしたうつ症状が見られる女性もいて、そうした女性はたいてい強い薬を服用し数えきれないほどのカウンセリングや検査を受けている。彼女たちの病はとても複雑でノルウェーの医療制度を利用しても対処できなかったり、ほとんど効果を得られないこともある。

ノルウェーの人たちの健康状態には社会的な立場によって大きな違いがあることに、皆気づいている。しかし、この複雑な状況にきちんと目を向けてその原因を見つけ、深刻化し続ける社会福祉制度の問題に適切に対処しようという意欲を持ち合わせている人がどれだけいるだろうか。確実に言えることが一つだけある。それは、女性たちが置かれている状況を生物医学的観点だけから考えてはならないことだ。そんなことをしたら彼女たちの健康問題は体の問題、精神的な問題から切り離され断片化されてしまう。そしてもう一つ確かなのは、ノルウェーにやってくる前には彼女たちはこうした体調不良を抱えていなかった。女性たちに会った時にははっきりわかったが、彼女たちがいちばん苦痛に感じているのは、新しい暮らしそのものなのだ。彼女たちの辛い状態を理解するために、私たちは二つのことを同時にしなければならない。それは、痛みと病気の概念を拡大することと、マイノリティ女性と彼女たちが暮らしている社会との関係に目を向けることだ。彼女たちの新しい暮らしを構成している要素は何なのか。そして、ノルウェーの民主主義はマイノリティ女性に対してどのように機能しているのか。

世界一寛容な社会？

二〇〇六年の初頭、ノルウェーのイェンス・ストルテンベルグ首相は、ノルウェーを世界一寛容な社会にするという考えを表明した。[4] 首相は、フランス郊外で頻発する暴動を取り上げ、これは移民が社会から排除されたり過小評価されたりしたために起きた事件の一例だと指摘した。世界一寛容な社会をつくるには、皆が一つのチームになって取り組まなければならない。融合政策の目標は、「この国で暮らす人がそれぞれ地域社会に所属し、その一員だと実感し、しかもその社会で受け取れるはずのものを享受できるようにすることだ」とした。首相は手始めに、移民政策を考え直すべきだとの考えを具体化して統合・ダイバーシティ理事会（IMDi）を設立する、との文書を発表した。赤緑連合（注：ストルテンベルグ政権の与党）の時代には、選挙区は正確に国民を代表し、ジェンダーのバランスも約束していた。ところが移民は無視された。メディアや専門家からの痛烈な批判を受け、インド系の移民クリシュナ・シューダサマを子ども・平等省の副大臣に任命。彼女はマイノリティ女性の問題を解決するためにマイノリティの子どもを優先的に幼稚園に入れるべきだという革新的な提案をした。政府にとって〈移民を登用したアリバイ〉でしかなかったシューダサマは、その後しばらくして副大臣を更迭され、その後任を務めたハディア・タジクが、最終的には首相のアドバイザーとして実権を手に入れた。[5] 二〇〇七年の秋、移民にとって再び希望の光が見えた。ノルウェー政府で初めて、ノルウェー出身ではないマヌエラ・ラミン＝オスムンセンが大臣に選ばれた。しかし、この喜びもほんの束の間だった。

政治プロセスから移民やマイノリティを排除するのは昔からよく行われていることだ。ノルウェーの政治でも、〈私たち〉と〈彼ら〉、つまりマジョリティとマイノリティを区別している。[6] そして、マイノリティが政治プロセスに参加するのを認める場合でも、〈その他の人々〉の代表としかみなさない。国のマジョリティである〈私たち〉に直接影響を与える問題に関しては、マイノリティである〈彼ら〉の意見はしばしば無視されてしまう。さらに、それまでのノルウェー政府と比べ、いわゆるソリア・モリア会議に出席した赤緑連合の政治家たちは、社会のマジョリティに都合のいい政府をつくろうと考えているように見える。政府が共同体としてイメージしているノルウェー国家は、ノルウェー生まれの人たちの国である。そうだとすれば、マイノリティはこの共同体に属していないことになる。

こうした排除は、マイノリティの政治的な立場にもよく表れている。彼らは政治的な影響力や権力を持たない。マイノリティが公共の場で話す機会を与えられるのは、ノルウェーの政治家がマイノリティの宗教や文化に関する問題を取り上げる時、たとえば割礼や宗教指導者や女性への抑圧に関する話題に限られる。予算配分や住宅政策、ノルウェーの医療制度などの問題については、あまり意見を言えない。しかし、こうした問題こそ、マイノリティに大きな影響を及ぼすものだ。ノルウェーでは、マイノリティは〈場違いなもの〉（matter out of place）で、理想的なノルウェー社会の実現を妨げる要因とみなされている。場違いなものという表現は、メアリー・ダグラス（Mary Douglas）が著書『汚穢と禁忌（*Purity and Danger*）』〔日本語訳：塚本利明訳、ちくま学芸文庫、二〇〇九年〕の中で正常な状態について語る際に使った言葉を借用した。ダグラスによれば、頭髪は美しいが皿の上に落ちれば汚くなる。ナショナリズムが強い国のマイノリティは皿の上の頭髪とみなされる。このように、異国のマイノリティは普通の居場所を与えられていない。ボルクグレンヴィンク（Borchgrevink）、ブロックマン（Brochmann）、ログスタッド（Rogstad）などは、これを〈ギアにはさまった砂（sand in the gears）〉と表現している。[7]

グローバル化によってノルウェー社会が変化した現状に目を向けるには、まだ大きな抵抗があるようだ。ノルウェーは、この数十年の間に異なるものが混ざり合う完全に新しい社会になった。それなのに多くの人は、この国の特徴は民族的に生粋のノルウェー人で成り立っていることだ、という考えを今も捨てきれずにいる。

ノルウェーでは、いろいろな点で、〈私たち〉と〈その他の人々〉を明確に区別する考え方が浸透していて、マイノリティは最初から自分たちとは異なる人たちだと考えられている。マイノリティがノルウェー社会で果たしている貢献は注目されず、逆にメディアで取り上げられる時のマイノリティは、〈私たち〉の福祉制度を不当に利用している人たちのように描かれてしまう。マイノリティはそれぞれ特有の事情で移民になっているのに、たくさんの選択肢から社会福祉国家ノルウェーをわざわざ選んでやってきた大勢の人たちというイメージがまさり、本当の経緯が見えなくなっている。

ノルウェーの首相は、近隣地域やサッカーチーム、ランチの休憩時間などを利用した移民の社会融合を重視しているが、そのためには国家権力により移民の立場をはっきり定義し、その存在を無視せず、きちんと社会に受け入れるように仕向けなければならない。すべての人は同じチームに所属しているという北欧の前向きな社会民主主義は、楽観的な考え方を生み出した。しかし、ある人々を文化や宗教、国籍などの統計的イメージで捉えないようにする心構えも必要だ。すべての人の平等と連帯という考えを実現させれば、世界一寛容な社会の構築にきっと手が届く。

基本的権利と社会参加の機会

ノルウェーの社会人類学者ウンニ・ヴィカン（Unni Wikan）は、二〇〇二年に早くも、私たちはどうすれば移民やその子どもたちにも平等な将来を保証できるだろうかという問題提起をしている。しかし今日になってもまだ、ノルウェーの政府も学者もその答えを出せないでいる。ヴィカンは、平等な機会を実現しようとする場合に理解しておかねばならない明確な原理を指摘している。一人ひとりの個人が持つ基本的で普遍的な権利を、私たちがきちんと自覚するべきだという指摘だ。彼女はこうも記している。「私は、人それぞれの基本的な品位と人権の尊重というかけがえのない価値を認めようという普遍的な考えを説いているのです」。[8] しかしフランスで起きている最近の暴動の数々は、この一般的な考えのみを注視し、マイノリティが直面している厳しい状況に関心を払わなかった結果かもしれない。こうした普遍的な考え方が社会でうまく機能するには、まず人々の基本的なニーズである心理的な安心感や経済的な安定、そして法的な安全を確保しなければならない。これは人間らしい暮らしをしていくための前提条件だ。しかしヴィカンの見解には問題もある。それは、マジョリティとマイノリティの不均衡な関係を無視している点だ。実際にノルウェーで暮らすマイノリティには、マジョリティと同じ条件で競う機会が与えられていない。たとえば、マイノリティはマジョリティに比べて社会的な力がなく、教育レベルは低く、経済力も弱い。健康にも大きな問題を抱えており、社会的なネットワークすら持たないこともある。同じ条件で競争できるのは、社会に差別がない場合だ。しかしノルウェーには大きな格差があり、同じノルウェー出身者の間にも格差がある。マグネ・フレメン（Magne Flemmen）は「ノルウェー社会はさまざまな分野で階級分けされている。収入から健康状態まで、あらゆるものがその人の社会的な背景によって決まる」と述べている。[9]こうしたコミュニティで、マイノリティ女性は自分が社会の最底辺にいることを思い知らされる。

マイノリティ女性の痛みと暮らしの質

最良の健康状態とは、肉体的、精神的、社会的に順調なことと定義できる。[10]健康は暮らしの質次第であり、暮らしの質は、その人が置かれている状況全体と密接にかかわっている。私に情報を提供してくれた女性たちは、こうした生活の質が良くなかった。[11]

ドイツ人哲学者、アクセル・ホネット（Axel Honneth）は、三種類の〈承認〉を提唱している。それらは、良い暮らしを考える際に基準とすべき根本的な要素だ。まず一つめは、最も近しい人に個人として正しく評価されること。お互いに愛情を持って接することで、人は自分の能力や価値観への自信や自尊心を育むことができる。次の承認は、民主的な社会で法人や市民として受け入れられること。人はその社会で権利を持つことで、全面的に尊敬されるようになり、さまざまな要求も正当化される。そうすれば人は自尊心を持つことができる。最後は、文化や政治、職業上のコミュニティから承認されること。そうすれば人は価値を共有する社会の一員となり、同時に多様性も認められるので、自分自身の価値観を持つことができる。

承認の逆は権利の侵害だ。これら三つの承認を得たいという要求が無視されると、社会的な対立が起きる。私的なことから公的なものまで、さまざまな形で権利が侵害されると、当然のことながら承認を求めて対立の土壌が形成される。したがってさまざまな側面で評価、承認されることは、良い暮らしの前提条件だけではなく、差別のない社会の前提条件にもなる。

ノルウェー社会のマジョリティとマイノリティの関係、特にマイノリティ女性が置かれている状況を考えると、今日の政治闘争は承認を求める争いだとするホネットの解釈はかなり的を射ている。しかしホネットは、うつ病のような健康状態を、承認が得られない状況からくる症状と捉えている。この点について、私はマイノリティが抱える痛みは従来の分類では定義できないもっと幅広い原因もあるのではないかと考えている。

痛みは人間の体の状態を知るバロメーター、言いかえれば自分の現状を示す指標だ。さまざまな原因で起きる主観的な感覚でもある。医者が診察し検査をした結果、肉体的な病気の症状だということもある。しかし痛みの原因はそれだけではない。病気ではないものの、肉体的、精神的、社会的に順調ではないと感じ、それが痛みとして表れることもあるのだ。つまり痛みとは、私たちがどのような暮らしをしているかを表す指標とも言える。

今日ノルウェーにいるマイノリティ女性が実際どのように感じているかを知るには、彼女たちがどんな暮らしをしているかに目を向ける必要がある。彼女たちが置かれている状況は、一人ひとりが暮らしている社会的な場、つまり人々の生活環境によって決まる。[12] マイノリティに対する否定的な環境もあれば肯定的な環境もある。社会的な場にどのようなありがたみを感じるかは、その場所にいる他者との関係に左右される。多くの人にとって、他者と交流するには、いっしょにいて楽しいこと、その場で起きていることを理解すること、これからどうなるかの見通しを立てて対処できることが必要だ。ある個人が人間関係を〈失う〉、つまり評価されなかったり他者とコミュニケーションが取れなかったりすると、人は無力感を覚える。そうなると痛みが体を蝕み、痛みに支配されてしまう。

したがって、こうしたマイノリティ女性の暮らしを知るには、彼女たちの社会的な現場をもっと詳しく見なければならない。どんなところに住み、どんな人と付き合っているのだろうか。どんな組織に世話になっているのか。ノルウェーでの新しい暮らしになじんでいるだろうか。

注

1 ［訳注：アフリカ諸国やイスラム圏の風習でＦＧＭ、女子割礼とも呼ばれる。］

2 本書は、マイノリティの人々の健康状態の実体に基づいた定性的研究である。統計的な事実だけでは、その数字に隠された原因を知ることはできない。本書『声なき叫び』はマイノリティ女性が痛みを抱えている理由を解き明かし、苦痛が身体的、物理的な痛みになって表れることを説明している。

3 これは組織の権力や構造的な差別についての話で、本書で後述する。またフランスの社会学者ピエール・ブルデュー（Pierre Bordieu）は、これを「象徴権力（symbolic power）」と呼んでいる。

4 Dagsavisen 紙二〇〇六年一月七日。

5 Natta Ansari and Naushad Ali Qureshi 1998.

6 Marianne Gullestad 2004 :177-203. で、執筆者のマリアンネ・グッレスタは、次のように説明する。自身はマジョリティの人間だが、マイノリティに対する社会的排除の仕組みはマジョリティの優位性が原因である。さらに、この優位性は「我々」と「彼ら」を分けている権力によって生み出されたもので、こうした考え方こそ植民地時代にまでさかのぼるヨーロッパ人の国民性と深く関係している。

7 Mary Douglas 1966. Tordis Borchgrevink 1999. Grete Brochmann and Jon Rogstad 2002.

8 「私は、人間の基本的な品位と人権の尊重という不可侵の価値を認める普遍的な考えに賛成だ」Unni Wikan 2002を参照。

9 ダーゲンス・ニューヘーテル紙二〇〇七年五月二日の Magne Flemmen による記事。

10 Gunilla Brattberg 1995.

11　人間としての活動ができる健康状態でいることは基本的な権利である。ＷＨＯは健康を「人間の最適な状態」と定義している。つまり健康とは痛みや辛さがないことだ。アルネ・ヨハン・ヴェトレセン（Arne Johann Vetlesen）がいうように、「健康状態が良いというのは、痛みがまったくないことだ。健康になることの最終目標は、健康の敵である痛みを取り除くことで達成できる」。Vetlesen 2004 を参照。

12　私は「社会的な場（social field）」について、負ける時も勝つ時もある社会的な競争関係の最前線であるとするトリル・モイ（Toril Moi）の定義を採用している。Moi 2002 を参照。

第二章　苦しい生活

アレゾ、ベルキス、エリザベス、バーリン、ショゴファ、シャイーン、ナスリン、タジェバ、カミーユ、そしてエザット。彼女たちは自分自身のことや暮らしぶりについて話してくれたが、それは他の多くのマイノリティ女性の人生体験にとてもよく似ている。本書に登場する女性のほとんどはイスラム教の影響を受けているが、そのうち二人は個人的には信仰心を持っていない。皆、大人になってからノルウェーにやってきた人たちで、出身国はチリ、アフガニスタン、ソマリア、パキスタン、イラン、モロッコ、スーダンだ。四人は難民として、一人は家族呼び寄せの制度で夫の元へ、一人は移民労働者だった夫と共にノルウェーにやってきた。残りはさまざまな理由でノルウェーに移住して来た人たちだ。年齢は、三十歳から四十八歳で、皆、子どもを抱えていて、ほとんどは結婚しているか、結婚の経験がある。バーリンは学生だった。シャイーンは高等教育を受けており、ショゴファは教師。一方、ベルキス、アレゾ、タジェバはほんの数年間学校に通っただけだ。私が彼女たちに会った時は全員が無職だった。ショゴファはその後就職し、ベルキスとシャイーンは以前働いていたものの、その時は無職だった。

アレゾのストーリー

私は彼女をアレゾ（彼女）と呼ぶことにする。ペルシャ語で〈希望〉という意味だ。この名前のおかげで私は彼女の人生について書くことができる。アレゾは三十代後半で子どもが三人いる。ノルウェー在住歴は二十一年以上。生まれはパキスタンの人里離れた小さな村。母国で不完全な初等教育しか受けていない。彼女は夫の二番目の妻として十六歳で結婚した後に、ノルウェーにやってきた。ノルウェー語は短期講座を受けただけなのに、話し方は流暢だ。

アレゾは辛い毎日を送っている。暮らしの中心は家族の世話とお金のやりくり、そして一族の名誉を守ることだ。一家の生活は大変苦しい。彼らはノルウェーに来て以来働きづめだが、いまだに生活は貧しいままだ。アレゾはこの国にやってきてからずっと、夫の店で働いている。自分たち夫婦といっしょに暮らしている義理の両親は介護が必要で、その世話もしなければならない。その上、パキスタンにいる自分の母親が病気で、そちらの心配もある。私はアレゾに、どうして自分の母親や義理の父親を老人ホームに入れないのか尋ねたことがある。彼女はとんでもないと答えた。伝統的なパキスタンの家族文化では、両親が老人ホームにいるというのは大変恥ずべきことだという。ただアレゾ自身は、パキスタン人の家族にも、女性の負担を軽くする介護ヘルパーや介護付き老人ホームは必要だと考えている。

アレゾは長い間、家でも夫の店でも働きづめで疲れ切っていた。体のあちこちが痛む上、明らかにうつにも苦しめられ、今は病に侵されていて、色々な医者や病院を渡り歩いている。彼女は泣きながら、「今日はティーカップも持てないんです、痛みがあまりにもひどくて。医者は私のことを理解してくれません」と言った。

アレゾは大量の痛み止めを服用している。彼女はこの痛みを、ノルウェーのお役所的な保健福祉制度の中で何とか認めてもらおうと苦労している。というのも、彼女の症状は社会保障制度で採用されている診断基準に合致しないのだ。アレゾは医者にさえ本当に病気なのだと理解してもらえず困っている。彼女を襲う痛みは生理学的に説明がつかない。

成人してからこのかたノルウェーで必死に働いてきたにもかかわらず、アレゾは公的にはずっと無職だったことになっている。その理由は二つある。一九八〇年代の初めにノルウェーに移住した時、夫とノルウェー当局の両方から、夫の個人的同居人として扱われた。その結果、アレゾは公的にはノルウェーでは存在しないことになっている。またノルウェー当局は、パキスタン人女性を独立した個人とは認めなかった。彼女たちはパキスタン男性のお手伝いさん。新天地での働き手として夫を手助けするだけの劣った存在としかみなされなかったのだ。その結果、パキスタン人女性の働きは、私的にも公的にも決して評価されずにきてしまった。

アレゾはノルウェーの法律も規則も社会の仕組みもほとんど知らない。そのため、実際に仕事に就いている間に従業員として登録しておくことがいかに重要かを知らないまま、長い年月が過ぎてしまった。近代的な制度を知らなかったことで、彼女の暮らしは困難を極め、状況を改善する妨げになっている。注目すべきは、アレゾのこうした問題は、多くのマイノリティ女性に共通していることだ。その結果、彼女たちはノルウェーにやってきた当初から今まで、経済的に夫に頼るしかない女性とみなされてきた。実際は人生を重労働に捧げてきたというのに、その労働は仕事を辞めたあとの年金に反映されない。さらにアレゾの場合、障害給付金の申請も拒否されている。

多くのマイノリティ女性は経済的に夫に依存している。そのため、家族との暮らしで夫とその家族から家父長を立てて伝統的な暮らしをするように言われると、応じないわけにいかなくなるのだ。これはアレゾの暮らしそのままだ。彼女の暮らしはアパートの部屋の四方を囲む壁の中で繰り広げられている。年寄りと病気の家族の世話をし、子どもたちのことも一人で責任を背負っている。

さまざまな心配事がのしかかる。社会福祉事務所で、あなたは働いた経験がないのねと言われ、ひどく侮辱された気がした。「障害給付金をもらいたいのに社会福祉事務所が認めてくれないんです」。働くにはアレゾは明らかに体が悪すぎる。実際、義理の両親の世話をする体力すらない。さらに、義理の両親は夫の権限を利用し、彼女を支配下に置いている。彼らは当然のこととして、アレゾが伝統的な慎み深い女性らしく振る舞うことを求めてくる。彼女の夫はかなり年上で、両親がこのような警察官まがいの行動を取ることに満足している。そのおかげで、妻を思い通りにできるというわけだ。

アレゾは、イプセンの『人形の家』に出てくるノラのようだ。違いといえば、ヒジャブを着けていることだけ。彼女は夫とその家族が押しつけてくる女性の役割と格闘している。ノラのように、彼女も家の中に囚われていたくはない。自分の窮状を理解してくれない夫から自由になりたいのだ。結婚して夫に支配されたために失ったものについて、二十一年以上も嘆き続けている。「彼と結婚した時に、私の惨めな人生が始まったんです」。

伝統的な家父長制度に反抗的な態度をとってはみるが、何か手段があるわけではなく、行動に打って出ることはできない。ノルウェーの福祉制度についての知識もない。どういう仕組みなのかを学ばなかったから〈罰〉を受けているのだろうと思っている。自分自身の権利についてもわからず、その決定はまちがっていると思っても、どのような行動を取ればいいのかわからない。運命だから仕方ないと諦めの姿勢だ。「私たちは移民です」と彼女は言う。「彼らは、私たちが福祉制度を利用してお金をもらうためだけに来たと思っていて、それで助けてくれないのです。私たちもノルウェーの国づくりに参加してきたことを彼らは忘れています。私の家族は何年もの間ノルウェー鉄道でいろいろな仕事をしてきました。だからこそノルウェーの端から端までレールが延びているんです。でもノルウェー人は、ノルウェー北部まで快適な列車の旅をしても、こんなことは考えもしないんでしょう」。

私がアレゾに初めて会ったのは、ノルウェーのキリスト教団体だった。私はここをジェイコブセンターと呼ぶことにする。この団体はマイノリティ女性の支援に意欲的で、おそらく誠心誠意でコーランの集まりを開いていた。アレゾはこの集まりに参加していて、私たちは休憩時間に、座って話をした。彼女は自分の暮らしに「平和と静けさが欲しくて」この集まりに来ていた。「ずっと家にいるのではなく、何か他のことをしてみたい。苦しみから逃げてきているんです」。彼女が平和と静けさを求めているのは、厳しい暮らしからの脱出であり、夫の店での退屈な仕事や家族の問題とは別の何かについて考えたいと思ってのこと。アレゾがコーランの集まりにやってきたのは、他にも支援してくれるところがあるのを知らなかったから。しかし彼女はこの団体に二回、一度はコーランの集まりに、一度は運動の集まりに参加したあと、ここは自分の助けにはならないと結論づけた。コーランの先生は罰の話をしすぎるとアレゾは思った。「義理の母と同じく、罰の話ばかりでした。『神様が私たちを罰する。神様が私たちを病気にする』。神様はどうしてイスラム教徒ばかりに病気と罰を与えるのでしょう？　イスラム世界では、皆が苦痛や貧しさを経験しているんですよ」。

アレゾは頼りなげな女性で、最初に会った時にはとても疲れていた。私が会ったことのある多くの女性と同じく、体だけではなく心の痛みもひどいと言った。健康面も家計も絶望的な状況だった。あえて言わせてもらえば、知識がないために、人生を前に進められずにいた。知識とは力を得るためのもの。その欠如は往々にして無力につながる。

興味深いことだが、アレゾは困難な暮らしから逃れるために、ジェイコブセンターというノルウェー人の団体に期待をかけた。その団体にやってきたのは、自分自身の文化や宗教を再確認したかったからではない。ところがそこで、まさに彼女が嫌いで逃れたいと思っていた罪や罰という考え方に出会ってしまった。

ベルキスのストーリー

私が初めてベルキスに出会ったのは、ジェイコブセンターでラマダンの祭礼が催されていて、いっしょにアラビア料理のゾメッツァを作っていた時だ。ゾメッツァは小麦粉を練って作るなかなか手間のかかる料理だが、私の苦労をよそにベルキスはいとも簡単に作っていた。それどころか、楽しそうに料理をしていた。私が四苦八苦しているのを見たベルキスは笑って、お母さんは家事を教えてくれなかったんですか、と聞いてきた。若いころに母を亡くしたのだと答えると、彼女はすっかり同情して、料理中の生地を持ったまま私を抱きしめてくれた。それで私たちは仲良くなった。きつい作業で汗をかきはじめたベルキスは、近くにいる男性たちをちらりと見てから、ヒジャブを脱ぎ捨てた。私が「まあ、あなたってヒジャブを取ると本当に美人なのね」と言うと、彼女は笑って応じた。「ええ、夫も同じことを言ってましたっけ」。彼女の声には幸せと悲しみの両方がこめられていた。「私たちは、自分の体のいちばん美しい部分を見せるのは夫だけ、と教えられているんですよ」。

ベルキスは四十代で、子どもは三人、スーダン出身だ。数年前に夫を亡くし、その後はシングルマザーとして生きてきた。子どもの一人は慢性的な疾患を抱えている。オスロの企業で清掃員として何年も働いてきた。教育は受けておらず、とても信心深い。彼女にとって〈イスラム教徒〉であることは大切なことだった。

ベルキスの三人の子どもたちはいちばん下が十一歳、いちばん上は二十歳だ。物心両面で彼らを満たしてやるのはとても難しい。彼女は父親と母親の役割は根本的に違うと教えられてきたが、今は両方の役割をこなさなければならない。彼女の仕事の多くは伝統的には男性の仕事だが、自分が置かれている状況は神の意志だと考え、最善を尽くすべく奮闘している。「子どもたちには、私が悲しんでいると思ってほしくないんです」。

彼女が必死に働いてきたのは、もっと良い暮らしをしたかったのと、子どもたちに教育を受けさせたかったからだ。良い教育を受ければ、自分がノルウェーで感じているような自己嫌悪を経験しなくて済む。ノルウェー人に嫌われていると思いこんでいて、ほとんどいつも、自分はノルウェー社会から完全に孤立していると感じている。

ベルキスの状況はほぼいつも大変なもので、そのまま今に至っている。初めて会った時、彼女は仕事にストレスと不満を抱えているのに加え、上司との折り合いも悪かった。上司は人種差別主義者なので自分は嫌われていると思っていた。朝五時に起床し、子どもたちの朝食を準備し、子どもたちが学校に行く前に家を出て仕事に行っていた。仕事はきついのに給料が安いが、あえて不満は口にしない。彼女は「上司の悪口を言ったり不満を言ったりしたら、だれかと交代させられてしまいますからね」と。彼女は三十三か所のトイレと、あまりにも長すぎて従業員がスクーターで移動するほどの廊下をいくつか、ごく短時間で清掃しなければならない。職場の作業がどんなに大変かを話しているうちに、彼女は泣き出してしまった。仕事から帰ると、もうくたくただという。娘の慢性的な病気も心配の種だ。子どもたちのために食事を作ったり宿題を手伝ってやったりする余力がなく、それが悲しい。また、子どもたちの待つ家に帰った時、機嫌の良い顔ができないのが嫌でたまらない。「子どもたちに、自分の部屋に行きなさいと言ってしまいます」。彼女は自分のベッドに目をやってこう続けた。「その間に私は自分のお墓に行って、身を投げ出すのです」。

仕事は大変だし、満足のいくものではないのに加え、上司との関係が次第に悪化し、毎日の仕事時間が最悪なものになっていた。「いつか神様が上司を罰してくれるはずと考えながら、仕事帰りに何度も泣きました」。彼女は自分の上司をシャロンやブッシュと肩を並べるくらいの大物と勘違いしているようにも見えた。

最初のうち、自分に労働者の権利があり、労働組合に参加する権利もあることを知らずにいた。しばらくしてようやく、労働組合に連絡を取り参加するようになった。組合が彼女と上司の対立に交渉役として介入してくれた。それでも両者の間で話がまとまらず、病気休暇を取ったほうがいいと言われた。上司からは仕事ぶりも悪いと言われていた。ベルキスは私に、清掃の仕事をしに行った先の女性からもらった、ぼろぼろの感謝状を見せてくれた。彼女がきちんと正直に仕事をしていたことを示す唯一の証拠だった。

仕事上の人間関係がトラブルになって病気休暇を取っている間に、ベルキスは体を動かすこともできなくなるような事故に見舞われ、もはや働けなくなった。アレゾと違い、ベルキスは障害給付金を希望せず、回復して再び働けるようになることを望んでいる。アパートを所有しているので、ローンの支払いもある。また後々、より多くの年金を受給できるように、働くことが大事だと考えている。ベルキスは体中に痛みを抱えているが、アレゾと同じく、医者に診てもらったところで何の助けにもならないと思っている。眠りは浅く、朝起きても疲れがまったく取れていない。

彼女はもはや医者を信用していないため、睡眠薬の代わりに「ハディース」の一部を読むことにした。毎晩三十回読んでいるといって、その部分を見せてくれた。「ハディース」は預言者ムハンマドの言行録だ。それを読むと心が落ち着く。「すべてのイスラム教徒がこれを読めば、何もかもうまくいくはずなのに」。

ベルキスは昔も今もストレスだらけの人生を送っている。シングルマザーとして、ノルウェーの現実にうまく対処する方法を学ばなければならない。

ノルウェーで暮らしてきた年月、この国の社会について知ろうとしてきたにもかかわらず、断片的で不完全な知識しか得られなかった。これはノルウェーの制度の問題で、ノルウェー人が皆、困っている点だ。

ベルキスの考え方は、かなりの部分がメディアによって造られたものだ。リビングルームのテレビに映し出されるものを現実と捉えてしまう。孤立した暮らしで世間から締め出されていると感じているため、現実とそうではない世界との微妙な違いがわからなくなっている。パレスチナ出身ではないのに、上司との問題を中東問題に結びつけてしまうのはなぜだろう。移民を単純化して捉えるのは迷惑だと思っているのに、彼女自身も現実について語る時、トラブルを単純化して捉えている。彼女にとって、多くのノルウェー人は人種差別主義者である。自分が暮らしている社会が他国に比べ、福祉、繁栄、個人の権利と義務の保護の面で、最良の国だとは思えない。経験上、そんなはずはないと思っている。

数字からわかるオスロの不健康分布

ノルウェーは国民の健康に関して、かなりばらつきのある国だ。同時にノルウェーはしばしば、社会的には大きな格差のない国として語られる。しかし、ここ数年、ノルウェーのマイノリティ女性の間に重大な健康上の問題があることがわかってきた。その原因の一端を知ることはできないだろうか？

すでに記した通り、二〇〇二年にノルウェー公衆衛生研究所は、オスロ住民の健康に関する調査結果を公表している（HUBRO：オスロ健康調査）。[1] この報告書はオスロの自治体による広範囲な健康調査に基づいたもので、オスロの成人住民の典型的な実態が示されている。これを見ると、性別、年齢、居住地、教育程度、就労状況、出生国などの違いが健康状態にいかに影響しているかがはっきりとわかる。報告書はさらに、外国から移住してきた住民はノルウェー系住民より健康状態が悪いことも示している。

この調査結果のデータは、私に情報を提供してくれた人たちの話からも確認できる。たとえば高学歴の女性は低学歴の女性より痛みをうまく処理しているし、終身雇用の人たちは痛みや病気を日常生活の一部程度にしか受け止めていない、など。仕事をしている女性や大勢の子どもを抱えている女性の場合は、ストレスも痛みを引き起こす要因になる。無職の女性に共通しているのは、絶望感や意味のないことをやっているという感覚だ。

この調査では〈非西欧移民〉という項目を置いているが、この区分には問題がある。民族的な帰属が強調され、社会経済的な視点が隠されてしまうからだ。[2] 一方で、高学歴で仕事をしている〈非西欧移民〉もいるが、彼女たちの健康状態にはばらつきがある。他方、ノルウェーや他の西欧諸国では〈非西欧移民〉が仕事を得るのはとても難しく、これは高学歴の移民にも当てはまる。

この重要な調査で興味深いのは、〈非西欧移民〉という区分と他の変数の間に関連が見られることだ。これでようやく西欧諸国以外の国出身のマイノリティ女性がなぜ病弱なのかがわかる。

健康状態には一定の傾向がある。個人的状況だけで不健康になっているわけではない。定量的な調査と統計的事実から、健康状態はしばしば社会経済的な状況に関係していることがわかる。これはマイノリティや移民だけの現象ではなく、〈ノルウェー人〉にも当てはまる。たとえばオスロ市民の健康分析では、オスロ西部地区と東部地区の住民の間に大きな違いがある。さらに、性別による違いも認められる。オスロの健康分析の調査で回答者が必ず聞かれる項目の一つに、痛みがある。この調査で最も大事なのは、痛みの分布が男性と女性の間で異なることが示されている点だ（図表1を参照）。

女性は宗教、文化、国籍にかかわらず、男性よりもより強い痛みを感じている。また定量的調査で、苦しみの原因が痛みだと認識できる人数は、オスロの西部地域に住む人よりも東部地区に住む人に圧倒的に多いことがわかる。

この調査で、市の東部地区に住む高齢の女性の四十八％が痛みに苦しんでいると答えたのに対して、西部地区の高齢女性では十八％となっている。その差は三十％もある。同様の比較を高齢男性で見ると、東部地区と西部地区の差は十八％しかない（図表2、3を参照）。

この結果は、居住地域の影響が驚くほど大きいことと、性別による差は居住環境によってより一層増幅されることを示している。調査する中で、オスロの東部地区と西部地区では運動不足に関して一層大きな差異があることがわかった。体を動かすことが、人の健康の重要要素であることは歴然としている。

調査結果によれば、オスロの女性は男性に比べて運動不足だ。ほとんどの非西欧移民が住んでいる

図表1　男性と女性の痛みの分布

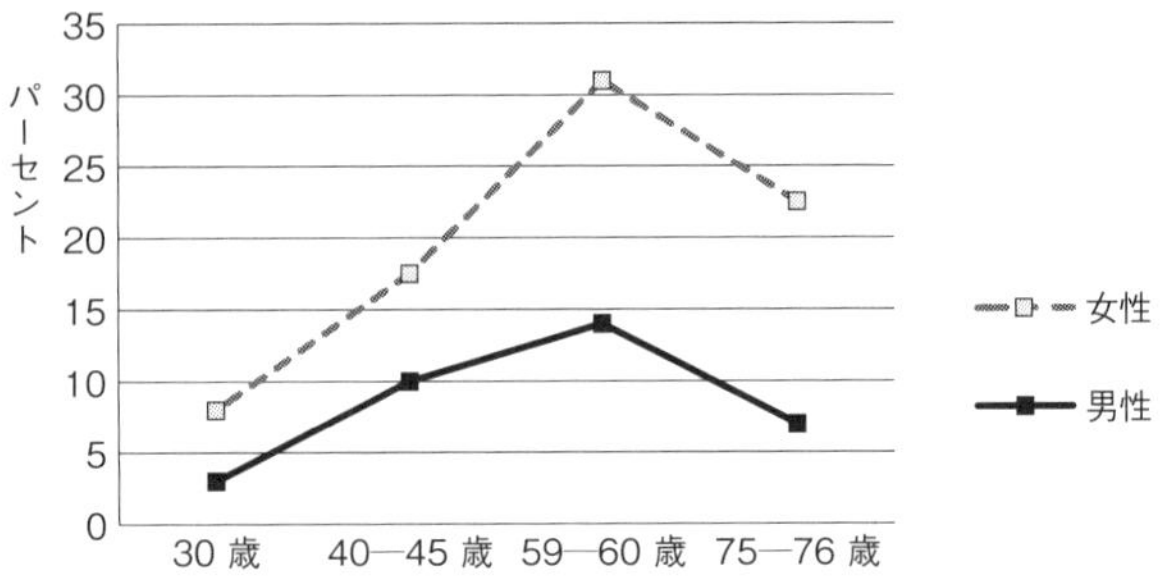

出典：オスロ健康調査

図表2　オスロ東部に住む男性と西部に住む男性の痛みの分布

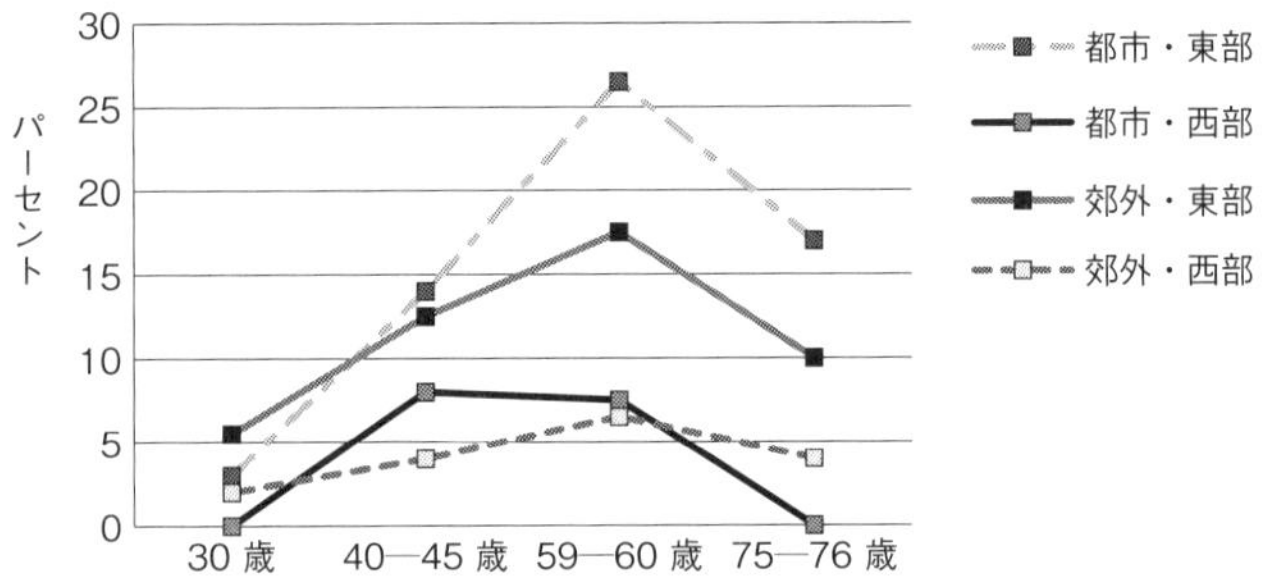

出典：オスロ健康調査

図表3　オスロ東部に住む女性と西部に住む女性の痛みの分布

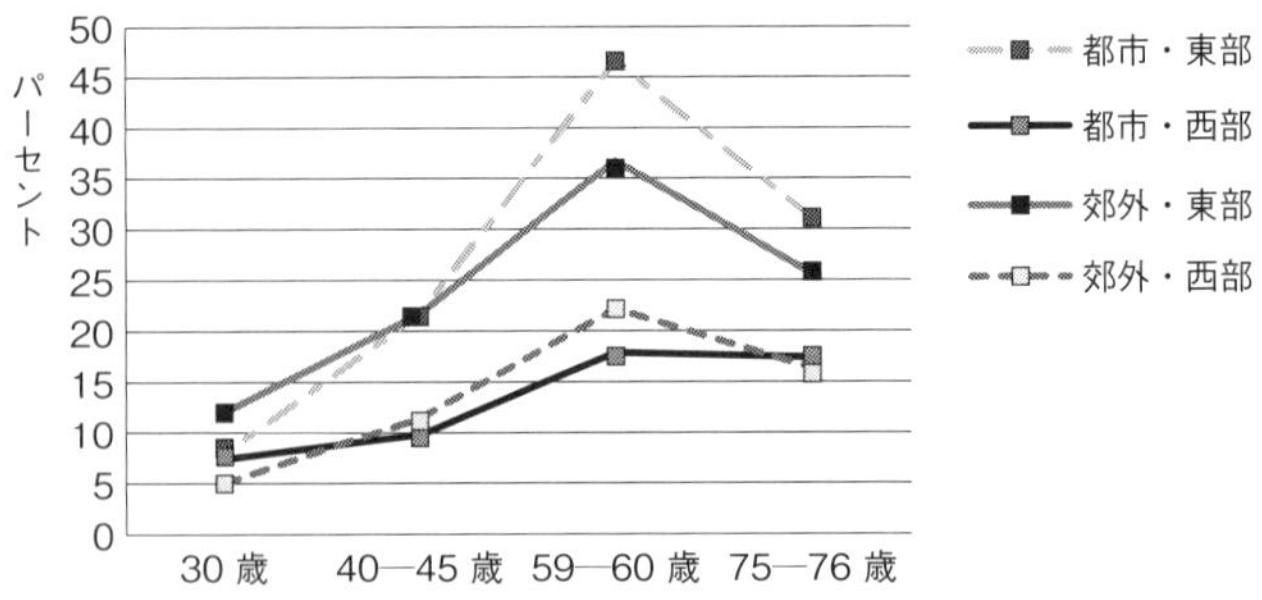

出典：オスロ健康調査

図表４　オスロ東西地域における運動不足の男女の分布

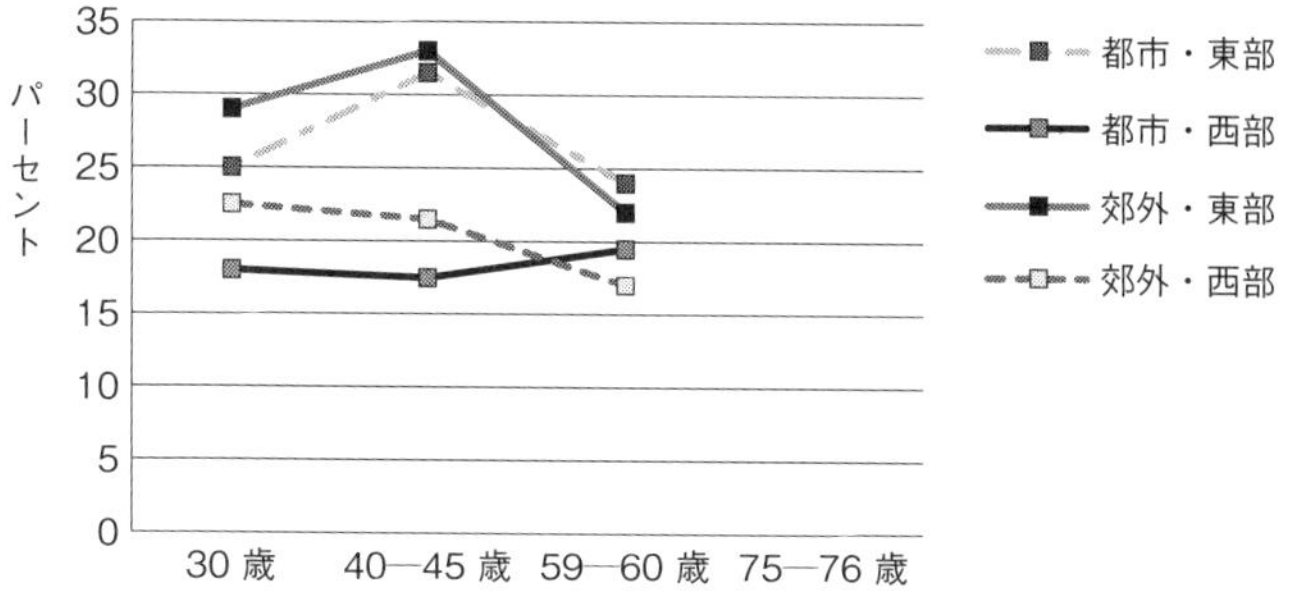

出典：オスロ健康調査

図表５　オスロ東西地域における運動不足の女性の分布

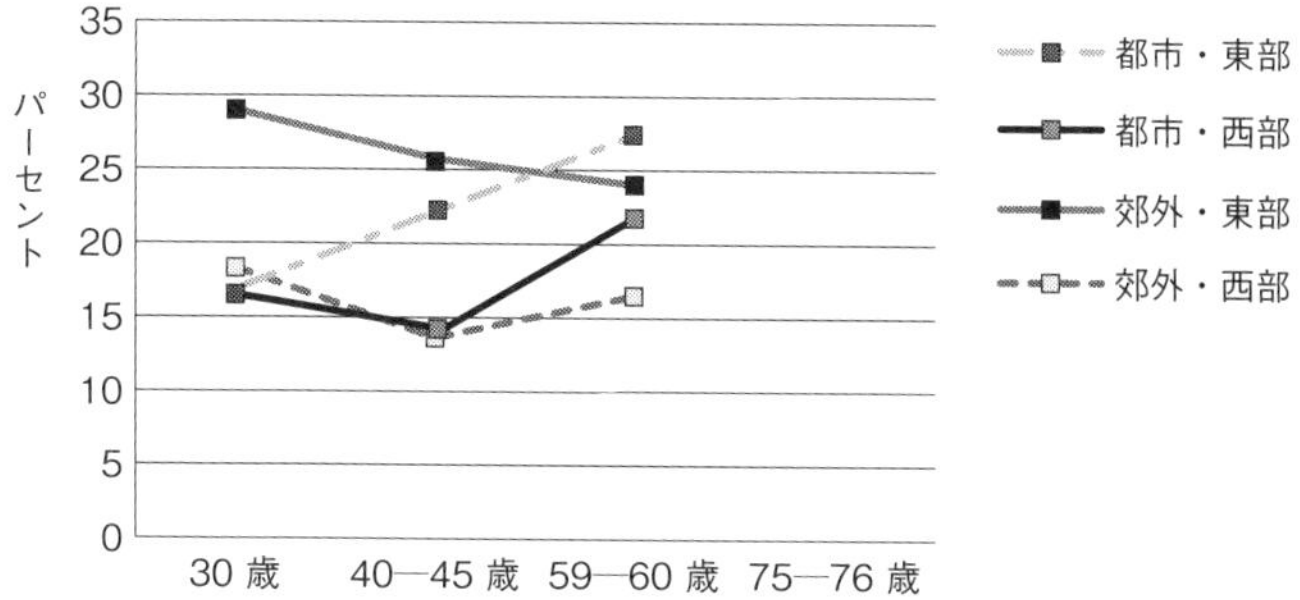

出典：オスロ健康調査

都市の東部地域では、男女とも運動不足の比率が西部地域より高い。[3] 運動不足の住民の比率は、ノルウェー人や西欧移民に比べて非西欧移民がかなり高いということだ（図表4、5を参照）。運動不足が居住地域に関連しているのに加え、教育水準、就業状況、出身国にも直接関連していることがわかる（図表6を参照）。すでに述べた通り、非西欧女性は非西欧男性と共に、他の区分に属する人たちより運動不足である。彼女たちは教育水準や就業率も低い。

居住地域、教育水準、就業状況は往々にして生活レベルに影響を与える。それらは経済状況に直結しているからだ。オスロ健康調査の結果は、暮らしぶりの実態と、ひどい痛みに苦しんでいるかどうかの間に関連があることをはっきりと示している（図表7を参照）。

また、中央統計局の数値は、失業していることを登録している割合は移民の方が高いことを示している（移民では五・六％だが、マジョリティでは一・七％）。ソマリアやアフガニスタンからの移民は就業率が最も低いグループだ。二〇〇六年の数値はそれぞれ三十一・七％と四十一・七％である。[4] 失業は貧困の重要な要因だ。中央統計局の報告書は以下のようにまとめている。「非西欧移民は人口の六％強に過ぎないが、彼らの三十二％はEUの定める最低収入以下のレベルで生活している。EUにおける貧困の定義を使えば、非西欧移民は人口全体に比べ低収入グループに入る公算が三倍もある」。[5]

移民の就業に関しては、性別により大きな差異が認められる。特にパキスタン、アフガニスタン、ソマリアからの移民で男女差が著しい。中央統計局の数値によると、パキスタンからの移民女性の就

図表6　運動不足（オスロ 2000-2001）

	30歳		40～45歳		59～60歳	
	女性	男性	女性	男性	女性	男性
全体	22	25	20	28	22	21
教育状態						
小学校	44	30	38	42	29	20
中学校	35	35	25	29	21	23
大学	18	23	16	26	18	20
統計的有意性	***	***	***	***	***	ns
就業状態						
収入のない仕事	30	22	28	35	25	20
パートタイム	24	28	17	33	19	19
フルタイム	20	25	19	27	21	21
統計的有意性	***	ns	***	*	*	ns
婚姻状況						
夫婦同居	23	27	19	29	21	20
別居	21	20	24	25	32	22
統計的有意性	ns	ns	*	ns	*	ns
出身国						
ノルウェー	19	23	17	24	21	20
西欧・米・豪	16	28	12	25	21	17
非西欧	45	42	49	49	49	34
統計的有意性	***	***	***	***	***	****

統計的有意性はカイ2乗検定によるP値を基に計算。
数字は%、＊ 0.01<P≤0.05　＊＊＊ P≤0.001　ns ＝非有意
出典：オスロ健康調査

図表７　筋肉と関節の痛み／凝りに苦しんでいる人々（オスロ 2000-2001）

	30 歳		40 ～ 45 歳		59 ～ 60 歳	
	女性	男性	女性	男性	女性	男性
全体	9	4	18	10	31	14
教育状態						
小学校	20	2	38	19	40	25
中学校	14	9	22	14	33	17
大学	7	2	13	7	23	7
統計的有意性	***	***	***	***	***	***
就業状態						
収入のない仕事	15	10	39	27	50	35
パートタイム	12	5	14	19	30	17
フルタイム	7	3	13	7	20	8
統計的有意性	***	***	***	***	***	***
婚姻状況						
夫婦同居	8	4	16	9	30	13
別居	8	3	26	11	36	17
統計的有意性	ns	ns	***	ns	ns	ns
出身国						
ノルウェー	6	2	14	6	30	12
西欧・米・豪	10	2	11	6	23	13
非西欧	23	16	42	30	54	40
統計的有意性	***	***	***	***	***	***

統計的有意性はカイ２乗検定によるＰ値を基に計算。
数字は%、＊＊＊ P≤0.001、ns ＝非有意
出典：オスロ健康調査

業率が二九・一%なのに対して男性は六十二・二%である。アフガニスタン移民では女性の就業率が二十三・八%なのに対し、男性は五十四・一%。ソマリア移民では男性四十・四%なのに対して女性はわずかに二十一・四%にすぎない。[6] 移民は主にオスロ市の東部地域に住んでいる。一般的に、東部地域の住民は低学歴、高失業率で、西部地域の住民に比べて明らかに健康状態が悪い。

この統計結果は、筋肉や関節の痛みや凝り、さらには糖尿病、事故や怪我、精神病や自殺などに関しても、まったく同じような傾向を示している。[7] 先の健康調査を定量的に検討してきた精神科医のエドヴァルド・ハウフ (Edvard Hauff) 博士によれば、非西欧諸国からの移民や難民は、他の住民や西欧諸国からの移民に比べて、精神的な問題を起こすリスクが二倍以上だという。「経済的に恵まれていることが、人々を不安やうつから守る最高の薬のようだ」。またハウフ博士は男性と女性に違いがあることにも気づいた。「母国で受けたトラウマに加え、働いていないことや雇用での差別感が、大部分の男性の負担になっている」。ハウフ博士は女性の場合、精神的不安定は有給の仕事につけないことに関係していると見ている。しかしそれだけではなく、女性は特に住宅市場での差別感にも悩まされている。[8]

いずれにしても、人の健康は暮らし全体の質を決めるすべての要因に関連している。どこでどう暮らすか、仕事をしているかいないか、したがってお金があるかないか、教育を受けているかいないか。これらによって人の感じ方は決定的に変わる。これは長年にわたる統計資料からわかっている。ノルウェーは国民の健康に関して社会的格差のある国である。

各種のデータを照合していくと、〈非西欧〉女性が最も健康問題を抱えていることがわかる。彼女たちはノルウェー人なら住みたくない場所の狭苦しいアパートに閉じ込められていることがほとんどだ。その多くは教育程度が低く、仕事をしている人はまれで、経済的な弱者と推察できる。彼女たちの健康を向上させたければ、暮らしの質を変えなければならないのは明らかだ。そんなことはできるだろうか？　それだけで十分だろうか？

先に述べた健康調査はオスロ住民しか対象にしていないが、エドヴァルド・ハウフ博士はノルウェー全土を対象にしても結果はあまり変わらないだろうと考えている。ハウフ博士によれば、ノルウェーではマジョリティ住民とマイノリティグループの間の社会的経済的格差が広がりつつあるので、政府は何らかの手を打たなければならないという。「ノルウェーの医療サービス制度は、ノルウェーが多文化国家になったことを特に考慮してこなかった。多くの西欧諸国で、同じ民族が寄り集まって貧しい暮らしをする小集団が形成されている。ノルウェーではこうしたことが根づかないようにすべきである」[9]。

私が会った多くの女性は仕事を求めていた。彼女たちは教育が重要だと思っているが、勉強できる環境ではなかった。それでも自分の子どもには勉強する機会を与えたがっていた。教育を受けていても、その成果を仕事に結びつけられた例はほとんどない。もっと運動をしなさいと注意された女性もいる。皆、それが大事だとわかっていて、何とかして健康状態を改善したいと思っている。しかし実際に実行しようとすると問題にぶつかる。私には、この統計記録の図表は、どちらが原因でどちらが結果かわからない悪循環の〈暮らしぶり〉を示しているように思える。無職、困窮した生活、教育と知識の不足、運動不足、絶望感、病気、痛みとうつ、経済的弱者。

しかしもっと根本的なものも見えた。私は無力感自体が諸悪の根源になっていることを繰り返し見てきた。女性たちは、救いを求めても状況がさらに悪くなるだけという経験をたびたびしている。一般社会の公共機関などを訪ねても、理解してもらったと感じることは滅多にないし、要求が認められたとも思えない。主導権を握って自分たちの状況を理解させ、そのために行動を起こす能力を身につけない限り、認めてもらえない状況がずっと続く。

女性たちの広い意味での暮らしぶりや感じ方と健康状態には明らかな関連があるというのに、私が会った多くの女性は自分たちの生活環境、つまり彼女たちを取り巻く現実とその捉え方を改善する建設的な対策を講じないことが多い。今の状況では希望が持てないことはよくわかっている。にもかかわらず状況を変えるのに役立つ行動を取らない。

基本的に、彼女たちもノルウェー人女性と同じように、医者に救いを求める。

私が会った女性たちに共通しているのは、何度となく医者に通っても、その医者に信頼できるだけの本気度が感じられないことだ。担当医に相談しても腑に落ちないことばかりだという話を山のように聞く。医療サービス制度の中でマイノリティ女性はノルウェー人女性に比べてずっと多くの問題に遭遇していることを確信する。ノルウェーのマイノリティ女性にとって最も大切な制度の一つは医療リービスだ。というわけで、腑に落ちないことばかりだという医療現場がどんなものか、詳しく見ることがきわめて重要になる。

診察室でのアレゾ

アレゾは病院の診察室での様子を次のように話してくれた。「医者が処方する痛み止めはどれも短時間しか効きません。ノルウェーの医者たちは何だか変わっています。診察を受けに行っても、コンピューターをいじっていて、私の顔を見もしません。それでいて私の住まいはどこかと聞いてきて、それをコンピューターに打ち込みます。私に話しかけ、話を聞く時間を作ってくれる医者が懐かしいです。今の医者には、なぜジムに行けないかを説明する時間もないんですから」。

彼女は暗い声で続ける。「これが私の運命なのかもしれません。一日に五回お祈りを捧げていますけど、これはたぶん神さまからの罰なんでしょう」。

西欧の臨床医学では、合理的な個人重視の治療が行われ、病気が社会のせいではないかなどと考えることはめったにない。[10] しかし私に情報を提供してくれた人たちが求めているのは、社会的要因で起きた痛みの治療なのだ。彼女たちが医師の対応に満足しない大きな理由はおそらくここにある。だから医師と患者の間でトラブルが起きる。[11] 一方、医師も多くの場合、アレゾのような患者に不満を抱いている。総合内科の教授で長年女性の健康について研究してきたシシュティ・マルテルー（Kirsti Malterud）は次のように語っている。「医学の理論も医療現場も、自らの認識不足を認めて改善していかなければいけません。今日、医師の理解不足が原因でも、叱られるのはいつも女性たちです」。[12]

オスロにあるトイエンヘルスセンターでマイノリティ女性を大勢診察している医師にインタビューしたところ、マイノリティ女性の健康問題は彼女たちの責任だと言われた。この医師によると、マイノリティ女性は医師の忠告を聞こうとせず、「病を治そうとする気がない」という。アレゾも同じようなことを言われている。「診察の最後に、医師からこれ以上助けることはできないと言われました。人生の問題には自分で〈対処〉し、痛みと共に生きていくように、と言うのです」。アレゾ自身が解決策を見つけられればいちばん良い。しかし健康問題は個人の責任と言い放って、医療は今後進歩していくだろうか。

アレゾの不満は、医師が話を聞くための時間をほとんどとってくれないことだ。現在の一般開業医の医療システムでは、多くの患者に必要な時間を費やす余裕がほとんどない。ノルウェー立法府（Storting）への報告書№49（二〇〇三〜二〇〇四年）で、公共医療サービスは患者の総合的な生活状況を評価すべきと義務づけられているにもかかわらず、医師は効率よく収入を得ることばかり考え、患者の暮らし全般を評価する時間をほとんど設けていない。[13] ただし、この報告書には、だれがどのような方法で患者の暮らしぶり考慮するのかは記されていない。

私が会ったもう一人の女性シャイーンは、医師に奨められたことはすべて試したが症状が改善せず、しまいにはやはり、自分の人生の問題には自分で〈対処〉し、痛みを抱えて生きていくしかないと医師に告げられた。シャイーンもアレゾも運動するようにと言われたが、そういう自己流の方法で効果が得られるとは思えない。病気の原因を究明し治療法を見出すには、アレゾやシャイーンが経験しているような痛みや悩みを生み出す社会構造を直視し、その上で、何らかの方策を講じなければならない。原因究明の第一歩として大切なのは、理解や対話、正しい評価といった要素に目を向けることだ。今日の医療サービス制度は、マイノリティ女性が最も苦しんでいる問題に関してほとんど機能していない。マイノリティ女性の問題を肉体的な体を中心に捉えている。医療検診ではエックス線や血液の検査をして薬での治療をすることがほとんどだ。しかし生物医学的視点だけでは健康問題を完全に理解することはできない。マイノリティ女性に会ってみると、医薬品のみに頼るのは大まちがいだということがわかる。薬による治療は問題の根源をとことん追及してはじめて効果を現す。

このことを無視することはできない。ノルウェーに住む非西欧マイノリティ女性は驚くほど不健康だ。こうした問題を個人で解決すべき問題と片づけてしまっては進歩がない。問題解決のためには、人をまるごと見て、その人の暮らしぶりに焦点を当てる必要がある。

アレゾやシャイーンをはじめとするその他大勢の暮らしぶりは、大半のノルウェー人から見ると極貧と思われる類のものだ。生活必需品を買うお金もなく、病気や障害、挫折、孤独に悩まされている。

私たちはノルウェー社会がこうした女性にどう対処しているのか、それとも対処していないのかに目を向けなければならない。彼女たちは不器用な人たちではあるが、それだけではなく、マジョリティ社会の出身者が多い医師と話がかみ合わないのだ。

彼女たちが求めているものは複雑だ。しかし解決法は、過剰なエネルギーを必要とする自己流の運動でもなければ、トイエンの医者のように痛みを文化や宗教のせいにすることでもない。[14]
医師たちは、〈あの人たち〉は自分の病気を治そうとする気がない、と言う。ここでいう〈あの人たち〉とは、イスラム社会出身の非西欧女性たちを指すことは言うまでもない。薬による治療だけが解決法ではない。私が知る多くの情報提供者は、薬を飲むとますますやる気がなくなるという。結果として公共機関に助けを求めても、またもや自分で処理するようになだめられてしまう。こうして女性たちは福祉国家ノルウェーのさらなる〈重荷〉になっていく。

消極的な世渡り——ベルキスの場合

消極的な世渡り（Passive Coping Strategies）とは、苦しみや痛みの本当の原因を突き止めない生き方だ。[15] それが高じると、何も改善しないどころか痛みや困難をかえってひどくすることもある。問題への関心や認識を高めるのではなく、現状を受け入れ諦めてしまうのだ。こういうことは、組織でも個人レベルでも起きる。医療サービスは、女性たちの深刻な健康問題には複雑な原因があることに向き合おうとしない。これは組織の怠慢と言えるだろう。しかし女性たちの間では、個人レベルで同じようなことが起きている。たとえばベルキスは毎晩コーランを読む。体のひどい痛みと睡眠障害を抱えているが、医師に処方された睡眠薬は「飲みたくないんです」と言う。翌朝の寝覚めが悪くなるからだ。「私が読んでいる聖句『ハディース』の中にこんな箇所があります。ある人が、自分の痛みをどう乗り越えればいいのか、預言者ムハンマドの助言を求めたところ、道徳的行為について書いてあるところを毎日三十回読むようにと言われました。そうすればよく眠れ、幸せな人生を送ることができるのだそうです。預言者は、痛みとは神からの罰なので、人は罰を受けないように道徳的に正しいことをしなければならないとも言いました」。ベルキスが、体調が良くなるようにと毎晩三十回読んでいる章句はこんな内容なのだ。ベルキスはこの本をジェイコブセンターからもらっている。

ベルキスは道徳的で敬虔なイスラム教徒になろうと努力しているのに、苦しい社会環境に直面している。こういう矛盾の中で効果的な対処法を見つけるのはきわめて難しい。彼女自身が思うコーランに沿った〈あるべき〉生き方と、実際に彼女に与えられた選択肢の狭間で葛藤している。[16] ベッドに入っても、このような矛盾で頭の中がぐちゃぐちゃになり眠れなくなる。自分で高い理想を設定してしまい、それがフラストレーションになって病気を引き起こしている。

クリスマスや夏休み、イースターは、マイノリティ家族、特に子どもたちにとって、対立や悲しみが多発する時期だ。ノルウェー人にとってとても大事な休暇シーズンなのに、ストレスに満ちたものになってしまうのだ。十二月いっぱい、子どもたちは学校でクリスマスの準備に参加し、喜びに満ちた雰囲気の中で過ごす。しかし家庭は正反対の空気だ。ベルキスはクリスマスをキリスト教の行事と思っているが、子どもたちにとっては文化の違いなど関係なく、クリスマスをイベントとして楽しんでいる。

クリスマスの時期、ベルキスから電話がかかってきた。彼女はとても不機嫌で、聖句を六十回読んでも眠ることができないのだという。話を聞くと、彼女はクリスマスツリーをねだる子どもたちに、クリスマスはキリスト教のお祝い事だからダメだと断ったところ、言い争いになったそうだ。彼女は、子どもたちの躾もできなくて心配だという。睡眠不足で疲労がたまり、いらいらして子どもたちに怒鳴ってしまったことをとても後悔していた。彼女は落胆し、子どもたちも機嫌が悪い。子どもたちの食事の準備やその他の世話が何もできていないし、思うように体が動かないとも訴えてきた。私は美味しいハラール食を作り彼女を招いた。彼女たちは家に到着するやいなや、我が家の子どもたちといっしょに遊んだり、学校で習ったクリスマスの歌をいっしょに歌ったりし始めた。

我が家では子どもたちのためにクリスマスツリーを飾っていた。私もキリスト教徒ではないが子どもたちを喜ばせたくて飾ったのだ。ベルキスは嬉しそうな子どもたちの姿を見て、これも悪くないと言ってくれた。「ほら、うちの坊やを見て！　あんな嬉しそうな顔して！」。それでも彼女は、自分にはこういうことはできそうもないという。こういうことができるのは、私が彼女のような敬虔なイスラム教徒ではないからだ、そしてこれはキリスト教の行事なのだと。いずれしても、問題の一つは解決した。ベルキスが〈他者〉の宗教の象徴と考えている行事に直接加担することなく、子どもたちにクリスマスをお祝いする楽しみを味わわせることができたのだから。

たとえ多くの研究で、宗教は人々を困難な状況から救うことができるという結果が示されていようとも、宗教は問題への諦めや放棄につながりかねない。宗教は、問題解決に効果的な対処をしない人や、現実的な解決法を見出せない人を生んでしまう。ベルキスの消極的な世渡りでは、ストレスの原因には何ら対処できない。ベルキスが抱えていた問題は、現実的に解決すべきなのに、彼女はこれでもかと祈ることを選択してしまった。そして次第に、祈りながらも効果的な解決法を探すのではなく、探すこともしないで祈るようになった。こうしてさらに宗教的な物の見方にはまっていった。それと同時に、他者の宗教の伝統行事を見るだけで葛藤が起きるようになった。子どもたちの願いを聞いてやると、家庭が多数派の宗教に〈侵略〉されたとまで感じるようになったのだ。

ベルキスが経験したジレンマの一部は、彼女が社会から疎外されたグループに属していることも一因だ。そのグループの〈他者〉との境界線はきわめて独断的で曖昧だ。[17] クリスマスツリーは〈他者〉に属するシンボルで、そのシンボルを家に持ち込むことは境界線を越えることになる。きっと良くないことが起きる。[18]

彼女はコーランの章句を、二度あるいはそれ以上読むことで解決法を見つけ出そうとした。コーランに加え、その他の宗教的文書も繰り返し読む。夜中の二時、三時になっても、眠ることができない。さまざまな精神的葛藤が手の施しようがないほどのしこりになり、ベルキスの心の中に〈居座って〉いる。私が出会った多くの女性も似たような経験をしている。日常的、経済的、倫理的問題がまったく解決されないままになる。それに加え、助けを求めて訪れた組織や団体、具体的には医療サービスや福祉事務所、宗教団体などでの経験が、さらに悪影響を及ぼす。消極的な世渡りに陥ることが多いが、その多くは宗教と結びついている。しかし彼女たちの心の中のしこりは解決されずに、居座り続ける。そのしこりは次第に体中に広がり、肉体の痛みとして表面に出てくる。

女性たちの選択肢

利用できる選択肢を知るには、まずどのような選択肢があるかを把握する必要がある。私がソ連占領下のアフガニスタンの村で女性たちのために働いていた時に学んだのは、それぞれの状況に合った実用的なアドバイスに加え、実際に存在する選択肢の情報がいちばんの手助けになるということだった。ノルウェーに住むマイノリティ女性についても同じことが言える。しかし彼女たちの多くは、権利と義務をベースに正しく機能している民主主義社会で暮らしたことがほとんどなく、さまざまな組織が役割分担していることもほとんど知らない。これは彼女たちが学ばなければいけないことだ！しかし、ギブアンドテイクという社会民主主義のバランスは、わかりにくい。

だれしも人は学ぶ力を持っている。しかしこれは、学ぶ機会も学んだことを活かす機会もあることを意味する。社会についての知識を深めるには、社会の周辺や外ではなく、その社会の中に身を置かなければならない。この前提条件があってはじめて、自由な選択をすることができる。もし選択の機会がなければ、実質的な権利も手に入れられない。

今日のノルウェーで暮らしているマイノリティ女性も自分たちが住んでいる社会について知る能力を持っているはずだ。苦労しているのは中年女性が多い。彼女たちの存在や要求を無視することは、彼女たちを見捨てることになる。そんなことになれば、彼女たちの痛みや病気がさらに悪くなるだけでなく、子どもたちが母親と同じ轍を踏むことにもなる。

私に情報を提供してくれた人たちのように、長期にわたる痛みや苦しみを理解してもらえずにいると、まともに反応する能力がなくなって、絶望したり行動力がなくなったりする。[19] 困難な状況から抜け出すのに消極的な世渡りをしていたのでは、すでに社会に存在する格差をさらに深めることになる。

アレゾもベルキスも、ノルウェーの制度に適応するのにとても苦労していた。結果として、彼女たちはこれらの問題を文化に委ね、解決策として宗教を利用した。これに加え、社会が彼女たちの問題を文化と結びつけて考え、何かにつけ宗教と伝統文化のせいにした。こうして宗教と文化が実社会で重なり合うと、今度はその状況が彼女たちを悩ますことになる。オスロ健康調査による研究では、この点について「人々の健康には教育と経済力と居住地が重要な役割を果たす」と、きわめて明確に言及している。これらに加え、私たちはさらに根本的な問題に直面している。私が出会った女性たちは、暮らしの中の重要な局面で、正しく理解、評価してもらえない経験をしている。たとえば脆弱な状況にある時に親族が病気になって支援先を探す時などがこれに当たる。

問題のある社会環境をたどると、問題のある社会体制に行き着く。つまり社会に根ざす苦痛や痛みがあるということだ。女性たちが抱える痛みの多くは、女性であること、そしてマイノリティであることが関係している。したがって、彼女たちが医師に訴える痛みの多くは、彼女たちから見て外の世界に横たわる大きな問題が凝縮されて身体に表れたものなのだ。このような状況で、理解してもらえない場面に遭遇すると、問題はさらに悪化してしまう。

私がここで取り上げた女性たちを、不平だらけで何にも満足しない、批判的な人物とみなし、無視したくなる人がいるかもしれない。しかしこれは、問題の見方として非常に危険だと思う。彼女たちに自分たちで解決しろと指図するのではなく、どのようにしたら解決する力を与えられるかを考えるべきではないだろうか。社会全体で、彼女たちが抱える痛みや弱みに向き合わなければならない。さらには、医療サービス制度など女性たちが利用する公共機関や団体の非力を認めなければならない。

私が出会った女性たちの共通点は、まず医師に相談している点だ。ここで、患者と医師両者の無力さが出会う。東ノルウェー地域保健医療局のパル・グルブランセン代表は次のように話す。「医療従事者は病を治す教育は受けていますが、日常的な課題に慣れていない人が多く、どうすればいいのかわからないのです。多くの場合、直面している問題を解決することができず、どうしようもなくなって、投げやりになります。その挙句、可能であればその患者を拒否したり、たいしたことはないと片付けてしまったりすることもあるのです」[20]。医療従事者もまた、消極的な対処をしているのだ。

患者も医師も、患者が抱える問題の本質を避けて素通りするのであれば、マイノリティ女性の健康問題は解決されるはずがない。「ノルウェーの医療制度の中で、思いやりがないために、内心、自尊心を傷つけられている人がたくさんいます。原因を突き止めることをせず、患者の言うことを聞こうとしません。現在の制度は、質より生産性を優先しているのです」[21]。パル・グルブランセン代表は、これは構造上の問題だと強調している。今日の多文化社会において、私たちは積極的にノルウェーの制度上の問題を見つめなければならない。さらに、マイノリティ女性が彼女たちを取り巻く環境の中でどんな暮らしをしているか調査すべきである。しかしまずは、マジョリティ社会がマイノリティに対してどのような基本姿勢で接しているか、そしてその逆のパターンも同様に、注目しなければならない。

注

1　この報告書のデータは二〇〇〇年のオスロ健康調査（ＨＵＢＲＯ）の中の、オスロ市民の健康状態に関する実態調査結果に基づいている。この調査は、二〇〇〇年三月三日の時点のすべてのオスロ市民のうち、一九二四～二五年、一九四〇～四一年、一九五五年、一九六〇年、一九七〇年に生まれた人々を対象にしている。

2　この報告書の著者はこの点を考慮し、この区分には問題があると述べている。

3　図４と図５は、オスロ健康調査 p.73,74 の図65、図66と同一。

4　中央統計局公表の二〇〇六年第４四半期に登録された失業者統計による。

5　http://www.ssb.no/vis/magasinet/ analyse/art-2006-12-18-01.html

6　中央統計局公表の二〇〇六年第４四半期に登録された失業者統計による。

7　二〇〇二年オスロ健康調査。糖尿病に関しては p.43、事故、怪我、精神疾患に関しては p.51、自殺に関しては p.28 を参照。

8　マイノリティと精神衛生（Minoriteter og psykisk helse）。精神衛生協議会発行の情報誌（*Et informasjonsheftefra rådet for psykiskhelse*）二〇〇六年版 p.14 に掲載されているエドヴァルド・ハウフ（Edvar Hauff）のインタビュー記事。

9　同前。

10 同前。

11 アブデルマルク・サヤッドは二〇〇四年の著書『移民の苦しみ（*The Ssuffering of the Immigrant*）』の中で、フランス社会における移民の病気について書いている。社会問題と深く結びついているこの種の不調を理解するには、移民が置かれている状況を一種の病気として捉えなければならないと述べている。Abdelmalek Sayed 2004 を参照。

12 Malterud (editor) 2001: Subjektive symptomer uten objektive funn（客観的な所見のない自覚症状）を参照。

13 ノルウェー立法府への報告 No.49(2003-2004) *Mangfold gjennom inkludering og deltakelse. Ansvar og frihet*（包括と参加による多様性。義務と自由）p.180.

14 マーガレット・ロック（Margaret Lock）はカナダの健康管理システムに焦点を当て、多文化主義の在り方を批判している。Lock 1990 を参照。ロックは、多文化主義によって社会の中に存在する階級が見えなくなっていると主張している。

15 ジョアキン・J・F・ソアレス（Joaquim J. F. Soares）とジョルジオ・グロッシ（Giorgio Grossi）は移民とスウェーデン人の筋肉の痛みの経験を比較している。その結果、多くの患者が受け身の姿勢で物事に対処していることが痛みの重要な要因になっていることが明らかになった。Soares and Grossi 1999 を参照。

16 ベルキスは日常生活においてもコーランの教えにおいても、やるべきことにうまく対処できていない。彼女の暮らしの中できわめて大切なこの二つの場面で敗者のように感じている。彼女は信仰を「救い」として利用しているが、結果的に彼女の暮らしは一層葛藤に満ちたものになっている。ここで特筆すべきことは、彼女が向かった先がノルウェーの施設、ジェイコブセンターだったことだ。そこで彼女は宗教的な聖句の抜粋本を与えられ、それを繰り返し読むことになった。

17 「我々」と「他者」の間の境界線についての詳しい説明は、Marianne Gullestad 2001を参照。

18 異邦人は脅威であり汚らわしもの——場違いなもの（Matter out of place）——であるとする考えについてのメアリー・ダグラスの見解はきわめて的を射ている。

19 痛みとは何かについて、さらに詳しくわかりやすい解説は、Arne Johan Vetlesen 2004を参照。

20 Aftenposten紙二〇〇七年九月十二日。ウレヴァール（Ullevål）病院の救急車が二〇〇七年八月、重傷を負ったアリ・ファラー（Ali Farah）をオスロのソフィエンベルグ公園に放置したことに関する記事［訳注：アリ・ファラーはソマリア系ノルウェー人。暴行され救急車を呼んだところ置き去りにされた。その後タクシーで病院に運ばれたが、脳出血を起こし一時重症。その後回復したが、この事件はノルウェーのメディアで大きく報道された］。

21 同前。

第三章　多文化社会と多文化主義

移民と多文化社会の広がりはグローバル化や世界情勢に連動して起きているので、移民だけを取り出して個別に論じるのはおかしい。移民個人が多文化社会を選び取ったわけではない。自国を離れて移住してきたのは、社会的、政治的、経済的な理由があってのことだ。移民の広がりを理解する際は、個人や地域のレベルではなく、地球規模の現象として捉えなければならない。したがって移民が陥っている状況を当事者である移民の責任に帰すべきではない。

ノルウェーでは移住してきた人たちを現実とはかけ離れた見方で論じることが多々ある。移民の大半は自分の意志で移住を決意したと思われていて、移住してきた人が置かれている現状は彼らの自己責任だと片づけようとする。あるいは、個々の移民が抱える現状を無視してしまう。ノルウェーでは、個々の移民が暮らしの中で体験していることを、起きていないものとして論じる。

個々の移民の話は、まさに選ぶ権利を奪われていくストーリーだ。そもそも移民の大部分は、本来生活していた場所に留まる選択ができなかった人たちだ。しかしノルウェーでは、冷戦そのものも冷戦がもたらした悪い結末も知らない人が多い。パキスタンやアフガニスタンやソマリアで起きている暮らしがどんなものかも、知っている人はほとんどいない。知っているのは自国の歴史と現在の（平和な）政治情勢が自分たちの生活に重要だということだけだ。移民はしばしば歴史的事件や世界情勢に直接関わる体験をしているのに、ノルウェー人はそのことに目を向けようとしない。移民はあたかも個人的なストーリーを持たない人間のように思われている。

非西欧移民は、文化や宗教へのしがらみが強い人たちだと思われることが多い。移民は、特定の文化や民族、宗教でくくられた人たちだと思われている。しかし一九七〇年代に最初の移民の波が押し寄せた時から、ノルウェーのマイノリティとマジョリティの関係は政治問題として公の場で真剣に討議されてきた。自分たちとは違う宗教観と文化を持ち、〈いわゆるノルウェー人〉とは異質のグループである移民を、どのように社会に融合させ、どのように扱うかについて論じられてきたのだ。ということは、ノルウェーは国として移民に関して明確で政治的な公式見解を持っているということだろうか?

この議論は、ある程度の融合は必要だが同化は望ましくない、ということでほぼ意見の一致を見てきた。しかしマジョリティとマイノリティの理想的な関係はどうあるべきかについて、一貫した政策が提示されたことはなく、実施方法も整備されていない。ノルウェーにも移民に関する明確な政治戦略はあると思うが、それは未公認のものでしかない。こうした未公認の戦略が数々の好ましくない結果を招いていることを、私は指摘したい。加えて、多文化主義の私的な捉え方が、制度や政党、さらには公の場や公の発言にまで及んでいることも示したい。

多文化的な考え方とは文化の違いを配慮し保護するものだ。多文化政治戦略も、ノルウェー社会の中の異文化を支援し保護していこうという政策である。合言葉は文化の多様性だ。けれども、そのために生じた代償は? 私は、ノルウェーは移民の文化と宗教と民族、そしてその違いに焦点を当て過ぎてきたと言いたい。違いばかりを強調した結果、ノルウェーに移民してきた〈彼ら〉を変形させ、その結果、移民はノルウェー系の人間である〈私たち〉とは基本的に異質のものにされてしまった。

こうして両者の違いの壁は越えられないものになった。〈他者〉としての移民は、精神的にも社会制度においても、この壁に遭遇している。

ノルウェーの融合政策を再考するには、前述の哲学者、アクセル・ホネットの〈承認〉の概念を使えばいいと思う。ホネットの概念は、私たちにはたしかに違いはあるが、同時に非常に似ているところもあるのだから、双方とも他者が求めるものを認めることができるし、他者を受け入れることも可能なのだ、というものだ。ホネットは、愛、正義、連帯という三形式を用いて、大多数の人が良い暮らしと思える暮らしは、この三つのレベルで真に認められてこそ得られるものだとしている。ホネットのこの考え方を用いて、現在の西欧社会の移民の受け入れ状況を見ると、表面上は何とか〈彼ら〉を一つのグループか複数のグループとして受け入れてはいるが、個人をマジョリティと同等には受け入れていない。これでは残念ながら真の承認とは言えない。ノルウェー人は、マイノリティもマジョリティと同じように利益や権利を享受したいと願っていることを認識しなくてはならない。そうしてはじめて、人権や女性の権利についての議論を進めることができる。

多文化主義の考え方は、移民がノルウェー社会に溶けこむのを阻止している。マジョリティ社会とマイノリティ社会が衝突すると、マジョリティが力を持ち、マイノリティは力のなさを実感することになる。マイノリティ女性から、彼女たちが接するマジョリティの人々の態度や、マイノリティの暮らしのありさま、職を見つける困難さ、ノルウェーの公共機関の職員の態度などを聞くにつれ、未公認の多文化主義がマジョリティとマイノリティの対立を数多く生んでいることがわかってきた。いたるところで、ノルウェー人にとって胡散臭い宗教や文化の一員とみなされるのは、移民にはたいへんな負担になる。一方には、違いについて過度な先入観で世論を操作する管理体制とメディアの存在がある。それに反発する移民は文化の違いに独自の先入観を抱く。ノルウェー社会で特に目立つ現象だが、この二つの考え方が相まって、文化の溝が埋まるどころか対立が助長される。違いについて過度の先入観を抱いた結果がどうなったかを理解するには、文化の違いが実際どのように受け止められているかを見る必要がある。自分とは違う人たちをどう考えているか？　マジョリティとはまったく違う〈他者〉の経験をどう受け止めているか？

一九六六年、イギリス人で社会人類学者のメアリー・ダグラスは著書『汚穢と禁忌』を刊行した。その中でダグラスは、すでに道徳や道徳観が確立されている場所にまちがって住んでしまうと、つまり〈場違いな状況〉に身を置いてしまうと、それがどれだけの脅威となり精神的ダメージになるかを示している。他の学者たちもこの説をさらに掘り下げ、脅威を体験しているグループは彼らが想定する他者との境界線を頑なに守ろうとすると結論づけている。[1]ポーランド出身の社会科学者、ジグムント・バウマン（Zygmunt Bauman）も、純粋性と境界線設定について研究し本を著している。彼もまた、グローバリゼーションが個人や集団のアイデンティティに多くの問題を起こしていると指摘している。[2]このような視点は、ノルウェーのマジョリティとマイノリティ双方に当てはまる。

違いがあることは両者共に認めるところだが、その一方で、違いは民族的アイデンティティや宗教的価値観、想像上の国民コミュニティへの脅威だと捉える傾向が、ますます高まっている。このことは、ノルウェーの移民政策がなぜ〈私たち〉と〈彼ら〉という区分けをベースにしているのかを理解する上で、非常に重要な点だと思う。ノルウェーは、たとえばフランスのような宗主国になったことがないにもかかわらず、ポストコロニアル研究で指摘されているような〈他者〉への態度が見られる。[3] こうした区分けは公的な政策や論調に見られるだけではなく、個人レベルの議論や意見、態度にも見受けられる。しかもノルウェー人マジョリティだけではなくマイノリティの人々まで同じような考え方をしている。

私たちはこうした前提に立った上で、マイノリティの排他的なアイデンティティ、つまり宗教や文化、民族、出身にまつわる特殊なアイデンティティがなぜ出現したのかを理解しなければならない。社会科学者のベネデット・ヴェッキ（Benedetto Vecchi）はバウマンを紹介する中で、個人や集団のアイデンティティに関する考え方に問題と限界があるのは、現代社会で宗教的原理主義がもてはやされているからだと述べている。ヴェッキは、アイデンティティを持ちたいという欲求は政治的に利用される可能性があると、次のように説明している。

「多くの宗教的原理主義は、ひねくれた見習い魔術師がアイデンティティの問題を政治の場に持ち込んできたようなものだ。この配置換えの裏にある欺瞞を暴くには、アイデンティティにはつきものの個人という次元を成文化された社会通念に再構築するしかない」。[4]

ベルキスは、ヴェッキの主張のまさに生き証人だ。彼女は自身の個人的アイデンティティを政治と宗教の世界レベルの対立に結びつけ、元上司をブッシュとシャロンになぞらえるほどだった。さらに、後で述べるように、ノルウェーと世界に正義をもたらすためにビンラディンがノルウェーに来てくれますようにと祈ったりもした。シャイーンのストーリーにも同様の例が見受けられる。二〇〇四年にイラク出身のイスラム主義活動家、ムッラー・クレカルがノルウェーの政治家を殺害した容疑で逮捕されたが、シャイーンはこの事件に対するノルウェー当局のやり方に憤慨している。

ノルウェー当局とノルウェーのメディアがムッラー・クレカルを移民全体の代表者に仕立て上げたため、ノルウェー社会を二分してしまった。一連の議論で、クレカルは自身が引き起こした事件を越えた象徴的存在になり、移民の〈危険性〉のシンボルになった。いろいろな意味で、これはアイデンティティに関して硬直した捉え方をした結果だ。宗教つまり〈イスラム教徒であること〉こそアイデンティティの指標だとする考えだ。シャイーンは、メディアがムッラー・クレカルを過度に単純化した極悪人と描写したため、シャイーン自身のアイデンティティが直接侵害されたと感じている。彼女の不満はここにある。「ムッラー・クレカルがテレビに出てくると頭痛に襲われる」。

多文化主義という政治戦略

多文化主義の考え方は常に政治紛争を巻き起こしてきた。カナダの政治学者、チャールズ・テイラー（Charles Taylor）は多文化主義哲学を構築したが、それはケベック州に住むフランス語を話す人たちの権利を擁護するためだった。つまり多文化主義は当初から政治的な問題として登場した。その後、多文化主義の概念は歴史的な変容を遂げてきた。そして今日、西欧の多文化主義は、特に強い保守的な宗教勢力に受け入れられ、利用され、その考え方が今度は女性差別を生み出した。こうして女性たちは、ノルウェー社会で認められている諸々の権利を勝ち取る闘いに負けてしまった。

今日、多文化主義は異論の多い概念になっているが、一般的には多文化社会の中の多様性の問題に取り組むための政治戦略を指す。世の中にはさまざまな多文化社会が存在するように、多文化戦略にもさまざまなタイプがある。多文化主義が取り組んでいるのは文化的アイデンティティの旗印を保つことだ。多文化主義政策は文化の違いを保持する上で助けになる。こうした政策は往々にして、文化の違いは民族グループのアイデンティティにつながるものだとして正当化され、たとえば、さまざまな宗教的コミュニティを経済的にサポートしたり、宗教団体が自治団体を設立するのを許したりしている。その結果、イスラム教のイマーム（導師）が女性をないがしろにするような態度を取っても事を荒立てないとか、マジョリティからみればコミュニティのメンバーとしてふさわしくないと思うような活動をしても公的な対応を取らないといったことも起きる可能性が出てくる。

ノルウェーの政治活動や公の場での発言には、たとえばイギリス人文化理論家、スチュワート・ホール（Stuart Hall）が定義したようなさまざまな形態の多文化主義が垣間見える。たとえばリベラル多文化主義（Liberal Multiculturalism）は、すべての人に共通の市民権があることを土台にした政治的枠組みの中に、さまざまな文化グループを融合していくのが理想だとしている。一方、多元的多文化主義（Pluralist Multiculturalism）は、違いを尊び、個々の文化グループごとに境界を設けるのが良いとしている。営利本位の多文化主義（Commercial Multiculturalism）は市場第一という考え方で、人々がそれぞれの文化に従って消費活動をしている以上、資源や権力の再分配をしなければ文化の違いによる対立を解決できないという。ホールが重要で革命的と呼ぶ多文化主義は、多数の声があっていいという考えを代弁するもので、権力や覇権、抑圧的階級制度に立ち向かうものだ。[6]

私が考える多文化主義は、民俗や宗教、文化による違いを制度化し、それぞれのカテゴリーが社会の中で自立した主体となるような政治戦略である。この考えによれば、単に多言語で情報を流しているから多文化主義ということにはならない。それは、社会の中のすべての市民が同一の情報を得るための一つの手段でしかない。母国語での学校教育は、同時にノルウェー語を学習させていたとしても、多文化主義戦略にはかなっていない。しかしノルウェー語学習に主眼を置いているなら、多文化主義戦略の一部と見なせるし、多様性の問題を潤滑にする手段にもなる。

ホロコースト・宗教的マイノリティ研究センターのホームページでは、多文化主義について次のように定義している。「多文化主義とは、文化の違いを保持するのは大切なことだという考えに基づいている。一つの社会に多くの文化が存在すればするほど、社会は豊かになる。ただし文化の違いを強調しすぎるのは問題で、外の世界との交流を阻止する壁になってしまう」。続けて、この考え方が融合と結びつくかについて、次のように説明している。「多文化主義は融合の一つの考え方だ。多文化主義の中核は違いを受け入れることである。市民は共有する価値観を持つべきだが、そこに法律や規則を持ち出す必要はない。文化や宗教的哲学は大いに違って良い。多文化主義によれば、一つの社会の中で良い人生についての捉え方が個人によって大きく違っても、社会を融合し調和させることは可能だ。要するに多文化社会の秩序とは、マイノリティが自分たちの国籍や文化、宗教の特徴を手放すことなく、等しく権利と義務を享受できることなのだ」［https://www.hlsenteret.no/］。

これは多文化主義をかなり的確に定義している。しかしノルウェー政府が多文化主義にどう対処しているかを言及した次の結びの部分は、かなり不正確だ。「融合は文化の違いを損なうことなく行われるべきで、政府が宗教的、政治的多様性を認めることが不可欠だ。ところがノルウェーの政治的イデオロギーは多文化主義を拒否している。あるグループが特別の権利を行使すると、自然な融合には至らず、文化的境界や違いが固定してしまうと考えている」。この説明はまちがっている。経済援助も政治家の姿勢も、まさに宗教、文化、民族のマイノリティグループにきちんと照準を合わせている。ただ私たちがどう違うかの捉え方によって、〈ノルウェー人〉とそれ以外のマイノリティの関係をどう見るかが変わってくる。この違いの捉え方に、ノルウェーの政治の特徴がある。

宗教や文化の違いは、移民それぞれの中にあるものが客観的に目に見えるものとして現れたもので、移民一般の現状や問題を説明する際に使われる。また多文化主義の考え方は、〈私たち〉と〈彼ら〉の境界線をどこに引くかという国家の考え方の基礎をなすものでもある。[7] 民族、文化、宗教によってグループ分けしても、それだけでは〈国家〉の一部にはならない。これもノルウェーの歴史に関係するものなので、ノルウェーという国のアイデンティティがどう発展してきたかを踏まえてはじめて理解できる。『疑わしいよそ者（*Mistenkelige utlendinger : minoriteter i norsk presse gjennom hundre år*）』の中で、エリザベット・アイデ（Elisabeth Eide）とアンネ・ヘーゲ・シーモンセン（Anne Hege Simonsen）は、国家とのつながりを明確にしている。「他者に対する疑念はさまざまな条件によって生まれるが、特にノルウェーがまだスウェーデンと同君連合関係だった時代に、ヨーロッパ全体を席捲したナショナリズムの台頭によって植えつけられた可能性がある。ナショナリズムを専門に研究する学者の中には、国民国家という考えがいかに強い組織力を持つかを示している人もいる。これが、我々と彼らという差別の体制を生み、組織と官僚の中に違いという概念を植えつけた」[8]。違いを明らかにし、違いを守ろうとするのは、場合によっては必要なことだ。しかし異質なものに対する万人共通の考え方は依然として生まれていない。またノルウェーの歴史を通じて、国民の大半がより大きなコミュニティに併合されたこともない。今日、だれがコミュニティに入りだれが排除されているのか。それにはどういうメカニズムが働いているのだろう。

私は、多文化主義の考え方を〈平等と承認〉という考え方に置き換えるべきだと思っている。多文化主義の理論や政治現場もそれを目指していると言われてしまうかもしれないが、その戦略がまちがった方向に向いているのをそろそろ認めた方が良い。違いを今のように包括的に捉えるのは、平等に反する。現代社会で排除されているのはだれなのかを知るには、実際にどういう人が権利の侵害を受けているかを見つめる覚悟がなくてはならない。加えて、権利を侵害されたのは、グループとしてなのか、それとも個人としてなのかも知る必要がある。

多文化主義は対立の解決策にはならない。逆に、今日の西欧社会では多文化主義によって対立が起きていると考える。たとえばポーランドの社会学者、バウマンとヴェッキが示しているように、個人のアイデンティティを固定化するような考え方が、悪質な政治舞台に入り込んでいる。その具体例として、デンマークの日刊紙に掲載されたムハンマドの風刺漫画が挙げられる。これはイスラム教を風刺したもので、イスラム教過激派とキリスト教原理主義者の間で言論の自由に関する激しい議論が起きた。二手に分かれた両者とも、宗教の自由についてまちがった観点に立っていた。さまざまな組織が断固たる態度を取った。たとえばイスラミック・カウンシルはこの対立を〈解決〉しようと、福祉国家に費用負担をしてもらって中東まで足を運んだ。

私に情報を提供してくれた女性たちは日々の苦労に追われ、この漫画論争には関心がないが、欲求不満がたまっているので自分たちが暮らしている社会を糾弾するデモにはすぐ参加する。そして西欧とイスラムの間に起きているらしい深刻な対立に否応なく〈巻き込まれていく〉。

ノルウェーの多文化主義はマイノリティ女性を承認し平等に扱う姿勢を示そうとしているらしいが、おかしなことに逆のことをしてしまっている。つまり、他の人とは違う人間なのだと認めてもらいたいという欲求を踏みにじっているのだ。この問題は一連の権利についての無知から来ている。たとえば、マジョリティとはまったく異なる考え方をしたり異なる行動を取ったりする〈権利〉もあれば、マジョリティが「この民族や文化や宗教に属する人たちはこう考え行動するだろう」と思っている通りに、考えたり行動したりする〈権利〉もある。

私の母国アフガニスタンでは、女性は抑圧や原理主義と闘い、だれが敵かを知っている。ノルウェーでは、イスラム教の女性は抑圧されながらも〈自由に選択〉して良いとも言われるので、戦うべきものを識別することができない。同時に女性たちは公共機関を含むあらゆる場面で、よそ者とみなされる経験をしている。

ノルウェーのイスラム教を統括しているイスラミック・カウンシルのような団体は、イスラム保守派の男性とノルウェー国家の多文化主義を融合させた団体の典型だ。この団体が、イスラム教であるからという理由でマイノリティ女性の問題に何か建設的なことをしようとしているとしたら、これは多文化主義では許容できない姿勢である。イスラミック・カウンシルは自らを女性の〈代表〉と名乗り、〈イスラム教の女性も自ら選択できる〉と表明しているが、こうした団体の先導者たちは、マイノリティの中でも特権階級に属していて、マイノリティの大部分とは一切関係がない。この団体の経済的支援の裏に潜む多文化主義の姿勢は、マイノリティの中のほんの一部のエリートたちを支援しているに過ぎず、私に情報を提供してくれた女性たちはだれ一人としてこういう団体には属していない。それとは逆に、この団体は今ではノルウェーにいる女性を組織的に社会制御する団体の代表格になっている。ノルウェーでは公然と、イスラミック・カウンシルや他の同様の団体の男性広報員が物事を決定する権力を得て、コーランでは何が正しく何がまちがっているなどと人々に教えている。

多文化主義の考えでは対立は解決せず、かえって対立を煽ることになる。それとは逆に、承認の哲学は対立の原因を理解しそこから抜け出す助けになる。宗教や文化、民族ばかりに目を向けると、対立の本当の原因を見損なうというのが私の主張だ。人間にとって真のニーズが見えなくなるのだ。多文化主義は宗教や民族、文化を重要視し過ぎるきらいがある。〈宗教〉〈文化〉〈民族〉という言葉は意味が広すぎて、私が出会った女性たちを表すにはほとんど意味をなさない。彼女たちが抱えるそれぞれの問題や、一般的な対立について理解する際には、こんな広い括りを持ち出したところで何の役にも立たない。女性たちが〈本当は〉どういう人なのかを探るのにも役立たない。彼女たちはそれぞれ違う人間なのだから。したがって、たとえば医療関係者がマイノリティの人々との対立を解決しようとしてイスラム教の考え方を勉強するなどというのは、誤った戦略でしかない。それぞれの人が何を感じているか、何を考えているか、その人の感情や思考がどう作用しているかを聞くべきなのだ。

　私に情報を提供してくれた一人でアフガニスタン出身のショゴファは、難民のための心理社会センターの医学生たちに難民としての体験や精神科の患者としての体験を話すように頼まれた。自分の体験を話す機会を与えられ、初めて誇りを感じることができたそうだ。アフガニスタンで教師をしていた時のことや、生徒たちに知識を分け与えていたことなどを思い起こすことができた。知り得たことを次々に話した。彼女の経験は彼女独自の大切なものだ。

　社会で起きている対立を理解するには、その人個人のことや権利を侵害された体験を聞くことから始めなくてはならない。[9]対立の種が出てくるのは、お互いのニーズを無視し合う時だ。人間の基本的なニーズは愛、正義そして連帯である。ニーズの中には、パートナーや子ども、その他の家族、親しい友ともっと距離を縮めたい、もっと親しくなりたいという感情がある。ホネットが例に挙げた愛と承認のニーズに、母親と子どもの関係がある。子どもが泣くのは、何らかのニーズがある時だ。お腹がすいた、おしめが濡れている、痛いところがあるなど。そうすると母親は子どものところに行き、どうして泣いているのかを確かめる。母親の子どもに対する愛情が、母親を敏感にする。対立の種となる無視の発端は、愛さなかったり愛されなかったりすることだ。さまざまな感情が対立を深める。戦争によって、このような愛し愛されたいという気持ちが黙殺される。私が出会った女性の大半は、こうしたことを体験していた。しかし生きるためには他のニーズも満たさなくてはならない。たとえば食料や衣服。そこには愛が入り込む余地はない。現実が厳しく困難なものになると、人は愛し愛されたいというニーズを黙殺するようになる。こういうことが戦争によって起き、移民になっても持続するのだ。

ホネットは、対立を回避するには社会が道徳の手引きを持たなければならないと考えている。人間のニーズを知る方法として、文法を引き合いに出す。言語をうまく使うには文法が必要なのと同じで、対立を回避するためには社会にも道徳の手引きが必要だというのだ。ホネットはこれを記した一九九二年当時、ドイツがどのような役割を果たすべきかに関心を抱いていた。私たちは、地域ごとにどんな姿勢で臨むべきかを考える一方、承認の理論を世界中に広める必要がある。人のさまざまなニーズが、地域、国家、地球規模で認められなければならない。

私は、対立を回避するには、グローバルな良心とマイノリティ女性が実際にどう感じているかについての知識を結びつける必要があると思っている。グローバルな良心には、ホネットの言う人間の基本的ニーズが備わっていることがまず必要である。つまり、愛へのニーズ、法律的な権利へのニーズ、連帯へのニーズである。

マイノリティ女性の痛みに関する私の研究で、多文化主義が人間の基本的なニーズを隠してしまうことがわかった。特に女性のニーズに関して、それが顕著である。多文化主義は人々を区分けしてカテゴリーごとに〈権利を与える〉。中心に置いているのは個人ではなく、文化や宗教、民族なのだ。このやり方では、個々の人間が基本的に持っている私的にも公的にも認められたいというニーズが、文化や宗教、民族といった枠組みのニーズの背後に隠されてしまう。こうした枠組みが壁となって立ちはだかり、ノルウェーのマイノリティ女性が今日本当に必要としているものを見えなくしている。

〈私たち〉と〈彼ら〉についての歴史

〈他者〉や〈よそ者〉に対する西欧風の考え方は、植民地時代の不均衡な力関係から生まれた。〈奇妙〉〈エキゾティック〉〈野蛮〉〈非文明人〉などの言葉は、ヨーロッパの人々が自分たちを〈文明人〉とイメージする構図から発生している。[10] これはまさにエドワード・サイード（Edward Wadie Said）の言うオリエンタリズムで、西欧の権力を正当化したものだ。[11]

前述のように、西欧人の自己イメージとヨーロッパにおけるナショナリズムの盛り上がりにはつながりがあることがわかる。一般的に、私たちはドイツ人とフランス人の国家に対する概念を区別している。フランス人が考える国家の概念は政治的国家だ。フランスはその政治的コミュニティに入りたい人々が集まってできた。原則として国民はどこで生まれていてもかまわない。バックグラウンドはどうであれ、国民は平等に扱われ、文化的背景によって特別な権利や配慮を得ることはできないと考えている。フランスのモデルは普遍型であり同化型だ。コミュニティに加わったものがフランス人となる。[12]

一方ドイツのモデルは、主にナポレオン時代にフランスがドイツを占領した時に、普遍主義への反発として生まれた。フランスと異なりドイツモデルは排他的、文化相対的で、各々の国の特異性を強調する。これはドイツの国家的ロマン主義に根づくもので、各々の人間は特別な性格または〈精神〉を備えた唯一無二の個体と考える。このモデルは文化国家と呼ばれる。表面には現れなくても、人と文化と生まれた場所にはつながりがあるという考え方で、共通の言語や歴史、出生地が重視される。彼らは生まれながらにドイツ人であり、後からドイツ人にはなれない。

ヨーロッパの移民政策はこの二つのモデルの影響を受けている。ドイツのロマン主義と国家建設では、地理に根ざして定めた国境や種族で〈文化〉や〈国民〉を識別する。そしてこの境界線により、〈よそ者〉やマイノリティには新たな特質が付与される。フランスの普遍型モデルでは、移民人口と国家につながりはなかった。イギリスとフランスは共に植民地宗主国のリーダーで、両国はそれぞれ異なる政治モデルで植民地政策を実施した。イギリスの戦略はドイツのナショナリズムに近かった。イギリス人は現地の文化、宗教、自治政府を温存することが統治システムとして最良の手段だと考えた。したがって宗教や民族のリーダーは、国と植民地の人々のつなぎ役として利用された。植民地の人々がイギリスに移り住んでくると、政府はこうした移民人口にもこの戦略を続けた。[13] フランスは政策の中核が地域原則主義なので、新たな移民に対しても、同化と普遍的政策をとった。フランスで生まれればフランス人なのだ。反面、イギリスでは種族主義が用いられ、イギリスモデルはドイツモデルと同じく、文化に依存した考え方をとっていた。

国家とナショナリズムは、資本主義の台頭と封建的農耕社会の崩壊に連関している。[14] アメリカの政治学者、ベネディクト・アンダーソン（Benedict Anderson）が国家について良い定義をしている。つまり国家とは、想像上の民族共同体だという。[15] ノルウェーは歴史的に若い国だから、ノルウェー人や国家共同体を重視するのは理解できる。とは言うものの、今は国家の概念を広げ、新たなものを付け加える時期に来ているのではないだろうか。

原初主義は一人ひとりが〈オリジナル〉だという人類学の概念だ。出生地や民族、宗教、母国語といった特徴は人間の原初的な側面である。こういった側面は他者からもたらされたものでありながら、自分を表す際に使われる。同種の人間が集まる社会では表面に出てこない。しかし原初特徴が異なる人々が出会うと問題が起きる。特徴が際立って問題視されると、面倒なことが起きるのだ。しかし、こうした特徴は重要なものだ。固定化したカテゴリーとみなされるので、人間にはきわめて重要だ。この見方で言えば、私という人間は社会人類学者とか母親とみなされる前に、アフガニスタン人となる。多文化社会では隠れていた側面が表面に現れ、アイデンティティの重要な指標となることが多々ある。皮膚が浅黒い人を見るとすぐ、あの人はイスラム教だろうかとか、どこから来た人なのだろうと、反射的に考えてしまう。この原初的な特質が権力構造にも取り込まれ、政策の基盤になっている。

多文化主義は文化や宗教、民族の原初的特徴を際立たせる。多文化主義はこういった原初的特徴を集中的に制度に取り込む政策で、その良い例がメディアだ。口達者な人が当事者を代弁し、他者についてメディアに話したり討論の場で語ったりする。私に情報を提供してくれた女性たちは、こういう代弁者はこの機会を「楽しんでいる」ように見えるという。国家は漫画事件の時のように対立の傍観者になる。シャイーンは、オスロのカルバッケンで起きたパキスタン系ノルウェー人男性が妹三人を殺害した事件についてのテレビ番組を見ていたが、マイノリティのために戦っている多くの団体の代表が討論していて、その全員が多文化主義に関する話題に熱中していたという。シャイーンはため息をつきながら「参加者は殺された罪のない三人の女の子に群がるハゲタカみたいでした」と言った。

個人の中にある潜在的な原初的特徴を客観的なものとして用いると、対立の原因になる。こうしたやり方で成り立っているボランティア団体に財政援助する融合政策は、進む方向をまちがえている。

ノルウェーの多文化主義

自分たちはとにかく違う人間だ、あるいは、〈文化的に異質〉な人間はどこまでも異質なのだから哀れみをかけることはないなどと考えると、どういうことが起きるか。それが明らかになった事件がある。二〇〇七年八月、オスロのソフィエンベルグ公園で頭から血を流して倒れているアフリカ系男性を、救急車の運転手たちが置き去りにした［本書72ページ注20参照］。西欧では違いに対するこうした考え方が長いこと続いている。

私の意見として、グローバルな社会を作ろうとする時にナショナリズムを掲げるのが、そもそものまちがいだ。地域や国、世界は日増しにつながりを深めているが、ナショナリズムはそれを覆い隠してしまう。ペルシャの古いことわざに〈最初のレンガを曲がって積んだら、その建物は空に届くまで曲がる〉というのがある。[16] 民族に結びついた狭義の国民共同体を目指すのが、そもそものまちがいなのだ。

ノルウェーの社会学者、トルディス・ボシュグレーヴィンク（Tordis Borchgrevink）は、ノルウェーの政策はフランスモデルとドイツモデルの中間だと言う。[17] 公式には先住民と移民は平等だというフランスモデルを取っているが、その陰で出身地を重視するドイツモデルがまかり通っているというのだ。同様にマリアンネ・グッレスタ（Marianne Gullestad）は、ノルウェーの一般社会では〈私たち〉と〈彼ら〉を区別する習慣が根づいていて、しかも〈皮膚の色〉が区別の指標になっていると言っている。[18] ヨーロッパの植民地で〈白〉と〈黒〉を区分けして考えていた姿勢が、いまだに存在しているのだと言う。ノルウェーの社会学者、ウンニ・ヴィカンは著書『寛大な裏切り（*Generous Betrayal*）』の中で、〈私たち〉と〈彼ら〉の二分化を強く批判している。[19] ヴィカンはノルウェーで産まれて育った若い移民、アイシャを例に出し、彼女がノルウェー当局や公共機関から〈他者〉扱いされた顛末を語っている。こういうことが人種差別を引き起こし、現にアイシャの権利侵害が起きていることを明確に示している。[20]

ノルウェーは公式には多文化政策を取っていないにしても、ノルウェー社会では〈私たち〉と〈彼ら〉の二分化が依然として存在し、政治や公共機関の活動現場に影響を及ぼしている。さまざまな分野で発行されている白書を読むと、国家の考え方を見抜くことができる。その結果、たとえば移民の両親を持つ子どもは〈移民の子孫〉と呼ばれていることがわかる。[21]ノルウェーは国家ぐるみで〈私たち〉と〈彼ら〉を区別しているとの主張を裏付けるものだ。

理論的には、このような区分けは必要で使い勝手がいいように思えるが、日常の会話や活動の中でこういう区別がしばしば行われていて、対象者は烙印を押され軽蔑されたような気分を味わうというのが実情だ。私の研究では、親が他国の出身者だと、子どもがコミュニティの中で烙印を押され疎外感を味わっている。「どこから来たの?」という質問に、多くの〈移民の子孫〉たちは悩まされている。自分がどこに属しているのかわからないでいる人たちは、こうした排他的な質問をされることで疎外感が増す。ある少女が頼みこんで私立のフランス人学校に入学させてもらったと話してくれた。ノルウェー人の学校ではどうせ仲間外れにされるから、それを避けるためだという。これは、パキスタン人の親が子どもをパキスタンのイギリス人学校に送りこむ理由の一つでもある。[22]

文化や宗教、民族による区分けはほとんど人工的なもので、経験や生活状況の違いとは関係なしに固定観念で同質と捉えた人を一つのグループに押し込む。これはメディアのやり方でもある。メディアは〈私たちノルウェー人〉と〈その他の者〉を無理に対比させる印象操作的な演出をして、マイノリティがいずれノルウェーのマジョリティになってしまうのではないかという恐怖心を煽る。またノルウェーの多文化主義の考え方の中に、移民を異国風な人たちと見る傾向がある。ジェイコブセンターが国会議員の訪問を受けた際に、私もこれを目撃した。ソマリア人従業員とセンターに支援を受けに来る移民たちは、それぞれ出身国の民族衣装を着てお国料理を準備するように言われた。国会議員が到着すると、〈お国の衣裳〉を着た移民たちが厳かに行儀よく並ばされている中、国会議員は彼らを眺め、食べ物を食し、「カラフルなコミュニティだ」と誉め上げた。この光景を見て、異国情緒たっぷりの見世物を娯楽にする植民地の観光事業を思い出さずにはいられなかった。

多文化主義かどうかは、マジョリティとマイノリティで制度を分けていることや、それらの運用法でわかる。子どものいるパキスタン人家庭の五十六%が、宗教コミュニティで余暇を過ごしている。[23]この現象は主に貧困あるいは低教育の人々に顕著で、こうした習慣には強力な社会的支配やグループの圧力がかかっているのはまちがいない。それでもこの習慣は広く受け入れられている。その一方で、文化やアイデンティティ維持を図るマイノリティの団体を経済的に援助する政策がとられているが、それではマイノリティ女性の自由時間を増やすことにならない。むしろノルウェーのコミュニティをさらに強力に、〈私たち〉と〈彼ら〉とに分断している。

これはルールを決める権力の問題で、ノルウェー政府が物事の決定力をいかに使うかにかかっている。ノルウェーの社会学者、グレーテ・ブロックマン（Grete Brochmann）は権力の姿勢がどのように形成されるかを研究してきた。[24]他を排除する権力、包含する権力、無視する権力。〈私たち〉と

〈彼ら〉という考え方にも、権力が決めた暗黙のルールが内在することを示している。ブロックマンはこれを組織的人種差別と呼んでいる。[25] ここで忘れてならないのは、国家の支援で設立された組織の存在だ。そういう組織は、何よりもまずマイノリティをコントロールし抑圧する多文化主義思想を基盤に資金援助を得ている。マジョリティの中には、こうした組織やリーダーをマイノリティの代表とみなしている人たちもいるが、実際はそうではない。こういうことが行われることで、マイノリティとマジョリティの間のすでに顕著なギャップがさらに広がり、その結果、マイノリティは烙印を押されて希望を失うことになる。私はこれを未公認の多文化主義と呼びたい。なぜなら、これは善意の政策で、ノルウェー社会の構成員を平等にする機会であり、意見の不一致や対立を解決するとされているが、じつはまったくの逆効果になっている。このことを指摘するのはとても重要なことだ。加えて、これをコミュニティレベルでの政策と個人レベルの姿勢の両方から検討することも重要である。

昨今のメディアは一般に、マイノリティを問題視するような情報を流している。強制結婚、割礼、福祉サービスを奪っていく存在、といったテーマがたびたび取り上げられる。メディアは人々の考え方を形成する大きな責任を担っている。[26] 移民や一般国民に関するメディアの発言は多文化主義の考えに基づいていて、たとえば社会的階級や目に余る排除など、現実の仕組みの中で起きている事柄には目を向けず考慮もしない。たとえば女性が殺されると、民族や文化に関連するできごととして議論される。暴力や殺人の被害者であるマイノリティ女性の暮らしぶりが経済的、社会的にどういうものだったのか、そういう分析にはめったにお目にかかれない。

全体像を見ることを拒み、マイノリティは〈他者〉であり国のコミュニティの正式なメンバーではないと言い続けるのは、現代社会では差別である。しかも、何世代もノルウェーで暮らしているマイノリティに対しても、こういう姿勢を取り続けている。

ウンニ・ヴィカンは〈沈黙の申し合わせ〉について次のように述べている。この沈黙は「多くの移民や子どもたちの気持ちをかき乱している」[27]。これこそがマイノリティ女性の痛みの中核だと認識しなければならない。あらゆる場面で〈他者〉とみなされるのは、排除であり承認しないことを意味する。こうしてマイノリティは、意義ある人生や良質の暮らしに必要な資金や支援から知らぬ間に排除されてしまう。これがやがて健康問題を引き起こす。

作り上げられた事実と客観的な事実

昨今のノルウェーには、マイノリティに関する誤解がたくさんある。事実と作り上げられた事実の違いを理解するために、生物学を使ってみよう。美しいチューリップの葉を見ると、色は緑だ。でも緑は事実（の一部）である。色の背後では葉緑素と光合成が作用している。しかし私たちはその作用を見ることも触ることもできないし、色は絶え間ない変化の過程でしかない。バスの中でスカーフを頭にかぶったアジア系の顔つきの女性を見ると、イスラム教の女性だなと（おそらく）思うだろう。頭にスカーフをかぶっているのは客観的事実でしかない。しかし今日のノルウェーでは、この女性の態度や意見はこうに違いないと考え、それがあたかも真実だと思ってしまう。イスラム教という〈カテゴリー〉の人たちについて、新聞で読んだりテレビで見たりしたことを鵜呑みにしているのかもしれない。しかし、これはまさに作り上げられた事実だ。

ある日、ソマリア人女性と活動のリーダーとが話しているのを聞いたことがある。このリーダーはノルウェーの刑務所の囚人の状況を理解し改善しようというプロジェクトで活動していた[28]。刑務所の囚人の大多数はソマリア人の少年（十代後半）だった。リーダーがソマリア人女性に、どうしてこんなに多くのソマリア人が犯罪人になって投獄されるのか、理由がわかるかと尋ねた。「こんなに多くのソマリア人が犯罪人になるなんて、何かソマリアの文化に理由があるんじゃないかな？」との問いかけに、ソマリア人女性は「私たちの文化では法律を犯すことは強く咎められています。ソマリア文化には犯罪を許容するものは何もありません」と恥じらいながら答えていた。

ノルウェー人の犯罪者のことを話す時に、〈ノルウェー文化〉に結びつけて話す人など見たこともない。ソマリア人の少年たちは戦争で荒廃したところからやってきた。その多くは学校に通う機会さえ奪われている。彼等は民主主義といった基本的なことすら知らず、ノルウェー社会で成功するための必要最低限の知識もないのだ。戦争は、個人を直撃する可能性のあるいちばん大きな人権侵害だ。ソマリア人女性とプロジェクトリーダーとの間で交わされたソマリア出身の若い囚人についての会話では、それぞれの少年の過去や現在の暮らしぶりはまったく無視されている。代わりに、文化についての質問が話の中心だ。ソマリア人女性の方も、〈ソマリアの文化〉を擁護しようとして、ソマリアの文化では非合法な行動は厳しく咎められると強調した。

多文化主義は学術分野にも大いに浸透している。宗教学の専門家であるベーリット・トルボルンストルード（Berit Thorbjørnsrud）による「東方正教会の司祭の権利と自由とジェンダー」という論文に、こういった多文化主義の議論が明白に示されている。ノルウェーの法律はジェンダーの平等を規定しているにもかかわらず、多くの宗教団体は性別によって役割を振り分けている。トルボルンストルードの論文は、政治的権利は宗教上の信念に勝るかどうかを論じている。[29] 東方正教会の司祭に任命されるのは男性のみとされていて、これはジェンダーの平等を定めるノルウェーの法律に反している。このことから世俗の法律は宗教の戒律を（必ずしも）却下できないことを示そうとした。トルボルンストルードは、女性差別は深刻な問題だと認識しているものの、性別によって扱いが違うからといって、すべてが差別だとは考えない。東方正教会の女性司祭問題のようなケースでは、宗教コミュニティの女性は自分たちが司祭に任命されないのを問題とは思っていないのだ。そこでトルボルンストルードは問いかける。「性別の扱いに関する宗教上の考えを受け入れるか受け入れないかを決めるのは、いったいだれなのだろう？　たとえば、信心深い女性が下す彼女自身の立場を、私たちは覆すことができるのだろうか？　できるとすれば、彼女たちが自由に選択する権利はどうなってしまうのか？」[30]。しかし、トルボルンストルードが念頭に置いているのはどういう女性だろうか。トルボルンストルードはその女性たちの代弁者なのだろうか。私の研究では、〈信仰心のある女性〉は逆のことを言う。彼女たちは平等を望んでいる。実際、保守系宗教を信じている多くのノルウェー人女性たちも同じように、性差による不平等な扱いを受けてきたのではなかったか。その中でノルウェーの民衆は、平等のために闘ったではないか！

トルボルンストルードの分析は権力の捉え方に目を閉ざしていると思う。〈自由とはどういう状態かについて異なった考えが存在する〉からといって、自由を相対的なものにすることはできない。自由は愛することや平等であることや団結することの権利であり、ノルウェー社会で完全に承認されるためのものだ。〈東方正教会の女性〉は自由を望んでいないというトルボルンストルードの考えは、いくつかの条件から作り上げられた概念でしかない。

ノルウェーの多文化主義がどういう結果をもたらしているかについては、多種多様の例がある。多くの場合、影響を受けているのは女性だ。長年、ノルウェー当局は保守的なパキスタン男性が運営するヘルス・アンド・ウェルフェアという団体を支援してきた。この男性は何度もイギリスからイマーム（導師）を招き、パークホテルでコーランと預言者ムハンマドの言行を法源とする法律、シャリーアについて講演してもらった。皮肉にもその費用は〈子ども・平等省〉が支払った。私自身もそのセミナーに参加したことがある。セミナーのテーマには、ノルウェーでの離婚はパキスタン当局からは認められないとか、イスラム教徒が離婚するにはどんな行動を取るべきか、などというものもあった。セミナーで、離婚するのに苦労しているパキスタン女性たちに出会った。彼女たちは、ヘルス・アンド・ウェルフェアはノルウェー当局とパキスタン当局に掛け合って解決策を見つけてほしい、そうすれば非難を受けたり圧力を感じたりせずにパキスタンにいる家族を自由に訪ねることができると、かなりはっきり言っていた。しかし何の対処もされず、問題はまるごと保守的宗教の考え方の中に取り残されていた。移民と女性難民の社会参加を促す研究センター（Ｍｉ ＲＡ）の冊子にも、離婚についての支援を求める際の連絡先としてモスクの情報が〈提供〉されている。困難な生活を強いられて、時には暴力的な結婚をしている多くのマイノリティ女性にとって、離婚の権利についての議論が自分たちの〈宗教の文化〉に縛られるのは大問題だ。これは多文化主義が差別を招く多くの例の一つに過ぎない。こうした多文化主義の政策では、マイノリティ女性が全面的に承認されるわけがないし、法的ニーズ、個人的ニーズ、女性としてのニーズが認められるわけもない。女性たちは、愛のない痛みだらけの結婚から抜け出さなければならないというのに。

注

1　Nancy Scheper-Hughes and Margaret M. Lock 1987.

2　ジグムント・バウマン（澤田眞治・中井愛子訳）二〇一〇年（Zygmunt Bauman 1998, 2004）。

3　Marianne Gullestad 2001, 2004.

4　ベネデット・ヴェッキ「イントロダクション」（ジグムント・バウマン（伊藤茂訳）二〇〇七年（Bauman and Vecchi 2008:8.）に収録）。

5　アメリカ合衆国大統領ジョージ・W・ブッシュ（George W. Bush）と、イスラエル首相アリエル・シャロン（Ariel Sharon）。

6 Stuart Hall 2000:210f.

7 Marianne Gullestad 2002.

8 Elisabeth Eide and Anne Hege Simonsen 2007:9.

9 アクセル・ホネットは多文化主義については論じていないが、この件に関してホネットの理論を検討する価値があると考える。ホネットはドイツのフランクフルト派に属す学者で、ルートヴィヒ・フォイエルバッハ（Ludwig Feuerbach）の影響を強く受けた。フォイエルバッハは主人と奴隷のような相反する関係や相反する社会的利害が、紛争に行き着くことに興味を持っていた。これがフォイエルバッハの言う弁証法の矛盾である。彼は利害の違いが社会的紛争を招くと考えた。ホネットはこの考え方を一歩進め、すべての人に同じ欲求があると述べている。彼の考え方は労働者と資本主義者の相反する利害に関する理論を導いたカール・マルクス（Karl Marx）にも影響を与えた。

10 Jean Comarof and John Comaroff 1991.

11 エドワード・W・サイード（今沢紀子訳）一九九三年（Edward Said 2003）［原書の初版は一九七八年。二〇〇三年はペーパーバック版］。

12 Marianne Gullestad 2002.

13 同前。

14 アーネスト・ゲルナー（加藤節監訳）二〇〇〇年（Ernest Gellner 2006）。

15 ベネディクト・アンダーソン（白石隆・白石さや訳）一九七八年他（Benedict Anderson 1983）。

16 このペルシャの詩はピサの斜塔が象徴するものに似ている。

17 Tordis Borchgrevink 1999.

18 Marianne Gullestad 2004.

19 Unni Wikan 2002.
20 Unni Wikan 2002を参照。また Øyvind Fuglerud 2001:127にも、「移民」という区分けや出身国による「パキスタン人」「ソマリア人」という区分け、また「移民二世」というような区分けが、ノルウェーの政治や公の議論の場で広く行われているという記述がある。
21 White Paper（ノルウェー白書）nr.49 (2003-04):36.
22 Aftenposten 紙二〇〇六年七月二十六日。
23 White Paper nr.49 (2003-04):180.
24 Grete Brochmann 2003.
25 同前 p.83.
26 White Paper nr.49 (2003-04):65.
27 Unni Wikan 2002:2.「(…) 沈黙の申し合わせは (…) 多くの移民と子どもたちの暮らしを台無しにする」
28 これは私がジェイコブセンターと呼ぶ団体の例である。
29 Berit Thorbjørnsrud 2007.
30 同前。

第四章　スラム街の暮らし

十六年前にノルウェーに移住してきた当初、私はオスロ郊外にあるアンガルッド（仮名）というスラム街に住んでいた。[1] アンガルッドの住民はマイノリティのバックグラウンドを持っている人がほとんどだった。移民の増加に伴い、ノルウェー人はごく少数の貧困者と薬物中毒者を除いて、少しずつアンガルッドから出ていったからだ。経済的に余裕のある居住者は引っ越していくのだと、だれもが気づいていた。毎月、引っ越した居住者の名前が貼り出された。

　アンガルッドの建物は皆、地味な十三階建てで、工場のように見えた。近くに住んでいたチリ出身のエリザベスは、昔見た兵器工場を思い出すと言っていた。建物の廊下はどこも汚れ放題。十三階をひっきりなしに上下しているエレベーターの床にもごみが散乱していた。エレベーターは床のごみのせいで足の踏み場がなく、行き先を示すボタンは色あせ、傷だらけの汚れた鏡には顔もまともに映らない。ビルの管理人もこの惨状にはお手上げだった。あまりにも大勢の大人と子どもが一か所に詰め込まれている。管理人は掃除に明け暮れてうんざりしていて、どこの管理人にも負けないほど働いているとこぼしていた。管理人は何度も、火事になる危険があるから廊下には物を置かないようにと住民に注意していたが、それでも廊下にはたくさんの靴や乳母車や自転車が放置されていた。窓が開かないのでムッとし、汚れた空気と食べ物の臭いが混じり合い、ひどく不快な場所だった。住宅組合はお金を浮かすため、住人自身で廊下の壁を塗るようにとペンキを配ったが、結果はみすぼらしく見苦しかった。玄関ホールも花などのデコレーションは一切置かれていない。私は姉が住んでいるオスロの西のもっと良い地域から帰宅するたびに、この廊下を見てみじめな思いをしたのを思い出す。あまりの違いに憂鬱になった。

多くの住人は仕事に就いていなかった。無職であることは家族全体に影響を及ぼしているのに、いちばん苦しむのは女性で、すべての重荷を背負っていた。隣人の一人、エザットもこう言っていた。

「私が苦しんでいるのは、ノルウェーが自分の国じゃないからよ。母国では今よりもっと貧しかったけれど、こんな痛みは感じなかったもの」。彼女以外の家族はフランスに住んでいたが、同じ状況だという。アンガルッドで会った他の女性たちもほとんど、体の具合が悪いと私に訴えてきた。みんな大勢の子どもを抱え、洗濯と子どもの世話と食事作りにあくせくしていた。その上に仕事をしている人もいた。それでも経済的な余裕はなく、子どもたちを放課後の特別授業や幼稚園に行かせることもできない。

アンガルッドは、マルカというオスロ郊外の森から五分のところにある。マルカには泳げる湖や森の中の散歩道や、他にもたくさん体を動かせる場所があるのに、移民の家族はこれらの素晴らしい環境をほとんど利用しない。そのかわりスラム街の近くでグループごとに集まっていた。パキスタン女性はこちら側、アラブの女性はあちら側、という具合に。対照的に、子どもたちはいっしょに遊んでは喧嘩していた。遊具が少なくて全員に行き渡らないのだ。滑り台の後ろはいつも行列。運動場は荒れ果てる。あっちもこっちも芝が剥げ、子どもたちが遊ぶとほこりが舞い上がる。ある住人は子どもが喘息なので、運動場を改修してほしいと管理人に掛け合ったが、住宅組合に修繕費などないとつっぱねられた。

エリザベスの一風変わったストーリー

私に情報を提供してくれた女性の一人で、アンガルッドに住んでいたのがエリザベスだ。チリ出身で離婚経験があり、アンガルッドに住んで十年以上。自分のアパートにお金をつぎ込んでいた。長い放浪生活を経験した彼女にとって、素敵な家に住むことはとても大事なことなのだ。芸術に特別な関心を持つ知的な女性でもあり、その知的センスを満たす家にしようと悪戦苦闘していた。本棚にはチリの詩人パブロ・ネルーダの本を並べ、ネルーダやその他の著名人の写真を壁にかけ、彫刻などの芸術作品をそこかしこに飾っていた。

彼女は私に、アンガルッドの廊下のごみや悪臭、仕事場での話し合いや心配事など、すべてのゴタゴタに疲れ果てて悲しくなると話してくれたことがある。金曜日の夜はリラックスする時間にし、キャンドルを灯し、グラスにワインを注ぎ、座って良い詩を読んで、気持ちを落ち着けようとしているのだという。母国を懐かしむこの儀式は、子どもも時代や家族、母国、良き時代に連れ戻してくれる。日々の生活で起きるすべてのストレスや諸々の問題、職場での葛藤などから逃れることができた。彼女が苦痛に感じていることの一つが、ノルウェーに受け入れてもらえず、コミュニティへの所属感を持てないことだった。彼女はこう言っていた。「ノルウェーに何年住めば外国人と思われなくなるのかしら。どれだけの高さの敷居をまたいだら受け入れてもらえるんでしょう。私には家があり、自然に囲まれている上に、子どもたちも完全にノルウェー人なのに！」。しかし彼女がどんなに素敵な家を築いても、自然を愛しても、イスラム教で聖なる日とされる金曜日の夜に感謝の祈りを捧げても、それで十分というわけではなかった。

　アンガルッドは居心地がよくない。汚れたエレベーターと憂鬱な環境に耐えられない。近所同士の口論や対立、特に汚れた共同洗濯室での小競り合いはもうたくさんだった。特に困ったのは、隣人の一人が共同洗濯室でレストランで使った衣類を洗濯することだ。排水溝が詰まり洗濯室が使えなくなった。結局、彼女は自前の洗濯機を買って問題を解決する羽目になった。彼女がアンガルッドに感謝したことといえば、マルカの森に近いので散歩できることくらいだった。ノルウェー人がアンガルッドから引っ越していき、すでにスラム化しているのに、さらに状況が酷くなっていることも気に病んでいた。

　エリザベスにはノルウェーで生まれた二人の子どもがいる。息子は地域のサッカーチームに入り、娘はダンスのレッスンを受けていた。ところがエリザベスは車を持っていないので、サッカーの試合があっても息子を送り迎えできない。子どもたちがノルウェー人のクラスメイトから孤立してしまうのではないかと心配していた。友だちは皆、マエゾン[2]など良い地域に住んでいる。その上、息子のクラスメイトのノルウェー人の親たちとネットワークを築くのに苦労していた。彼女の子どもたちがノルウェー人の社会に溶け込むにはこのネットワークを活用するしかないと思っていたが、クラスメイトの親たちは、子どもがアンガルッドに遊びに来るのを禁じていた。アンガルッドは劣悪な環境だと思っていて、子どもたちが悪影響を受けるのではないかと心配しているのだ。こうしたさまざまな問題のせいで、彼女は結局ノルウェーでの生活を諦めスペインに移住し、そこで自分の店を開いた。

彼女の問題は、いつも逃げ出すしかないことと、彼女も子どもたちも将来が見通せないことだった。

文化の違いに捕らわれたエザットのストーリー

エザットはモロッコ出身のイスラム教の女性だ。教育は受けていない。彼女もアンガルッドのアパートの一室に住んでいた。郵便局で働いていたが、ノルウェーの保守政権が、幼稚園に通わない子どもを持つ母親に養育手当を出すという法律を通した時に、仕事を辞め、この養育手当と子ども手当で生活していた。五人の子どもがいて、そのうち二人は三歳にもなっておらず、いちばん年長の子が小学校五年生だった。

彼女の家は風通しが悪く息が詰まりそうだった。窓を開けないのだ。冷たい空気に触れると子どもが〈肺がん〉や、彼女が伝染すると信じるさまざまな病気にかかるかもしれないと心配なのだ。にもかかわらず、子どもたちは毎年冬になると風邪をひき、しばしば学校を休む。いつもカーテンを閉めているのでアパートの中は薄暗い。壁にはメッカやエルサレムのモスクなど神聖な場所の写真がかけてある。

エザット自身は子どもたちの世話でいつも疲れていた。近所の住人の間では、共同洗濯室の洗濯機の利用時間を延長させてほしいと頼み込むことで有名だった。各家庭に割り当てられた時間では、家族全員の衣類を洗濯することができないのだ。そういうわけで毎日のように洗濯室に出かけて行っては、彼女のように無職の女性たちと顔を合わせることになった。妊娠中の人を含む女性たちの間で、政府の養育手当や母親のための支援金のことが話題になる。家庭の収入を増やすために、もっと子どもを産んだらどうだろう。互いに励まし合いながら、子どもを増やすことの良し悪しを話し合う。おまけに、この国にもっと子どもが生まれれば神さまに祈る人が増え、神さまも喜ぶのではないかと考える。子どもをもっと産む意義が見つかり、信仰心でそれを正当化した。

子どもは大事な収入元とみなされるが、その収入を得られたとしても、子どもたちの生活を補うには不十分なことを多くの女性が実感していた。光熱費やその他の費用に消えてしまう。子どもを増やしたところで、彼女たちの懐具合の向上にはつながらない。それどころか、期待に反して経済状態は悪化する。貧乏暮らしでは、子どもたちがノルウェー社会で権利を得て、将来まともな仕事につけるわけがない。[3] 結果的に貧困は次世代にも引き継がれ、多くのマイノリティ家族はこの悪循環から逃れられなくなる。

にもかかわらず、エザットには子どもたちの権利について彼女なりの考えがあった。子どもたちがイスラム教への信仰と伝統を失うのではないかと心配で、子どもたちが確実にコーランを身につけるように仕向けた。日曜日にはコーランについて学べる地域のセンターに連れていき、イスラム教と彼らの文化とアラビア語を習わせた。[4] このセンターは彼女が家の外に出たくなった時に行ける数少ない場所の一つとなった。センターのことはモスクで知った。

エザットは子どもたちが自分たちの信仰や文化から離れてしまうのではないかと、とても心配していた。「子どもたちが本物のイスラム教の学校に通える」と宗教団体に勧められ、イギリスに移住したが、しばらくしてノルウェーに戻ってきた。イギリスの福祉は手薄いと感じたからだ。エザットは、ノルウェー人にとって当たり前の規範や彼女が考えるノルウェー文化からは距離を置いていた。娘には特に厳しく兄の言うことをよく聞くようにしつけた。親世代から受け継いだ文化の名のもと、こうして娘たちは容赦なく服従させられる。エザットの夫は無職だったが、運転免許をとれば仕事を見つけやすくなると期待して、運転免許を取るためのクラスを受講していた。エザットは夫が子ども手当を運転免許の受講料に使うことに抗議したが無駄だった。「女性の定めはこんなものなのよね」とエザットは悲しそうに言った。「夫が喜べば神さまもお喜びになる。私たちはイスラム教徒なんだから、ちゃんと家族の面倒を見なければ。さもないとノルウェー人みたいになってしまうもの」。

エザットは、自分も恩恵を受けている社会福祉制度以外は、ノルウェー社会のほとんどすべてを否定的に見ていた。これは、文化や宗教が違うのだからノルウェー人とはこういう人と、マイノリティが固定観念を抱いてしまう良い例だ。ノルウェーの文化に関する誤解や平面的な見方は、彼女たちの宗教や文化のきわめて保守的な考え方から来ている。その結果、越えられない違いがさらに大きくなり、対立が避けがたいものになってしまう。

一般的に言うと、アンガルッドでは社会の締め付けが強く、しかもますます強くなっているように見えた。女性や娘たちは、きちんとした人間だということを証明するためにヒジャブをかぶるよう強制される。信仰の薄い人は、大多数を占める信心深い住人にいじめられる。離婚した女性や独り住まいの女性は異常であり、娼婦とみなされる。独り住まいを隠すため入り口の名札に複数の名前を書く女性もいる。子どもたちの間でも社会の締め付けは明白だった。たとえば豚肉を食べる子どもはいじめられる。恥を知れというわけだ。

マイノリティの子どもの余暇活動の大部分は、宗教団体が企画しているのが実態だ。パキスタン出身の親の五十六％が子どもを宗教団体の活動に参加させている。[5] これはアンガルッドに住むマイノリティの子どもたちにも当てはまる。

そうなる理由は至って簡単だ。経済状態とノルウェーの住宅政策、あるいはノルウェーの住宅政策の欠陥により、大勢のマイノリティ女性が一つの場所に集まる。全員、経済状態は良くない。彼女たちは料理や洗濯、その他子どもたちに必要なありとあらゆることに責任を負っている。家の外で仕事をしている人はほとんどいない。そのため、彼女たちはノルウェーのマジョリティ社会からは、かなり孤立した生活をしている。排除されているという思いとマジョリティ社会との接触不足で、彼女たちはますます宗教にのめり込む。

こうした環境のせいで、エザットは単純な信仰心とノルウェーに対するネガティブな態度を助長させている。エザットの周囲にいるノルウェー系の人たちも、ほとんどが無職だったり薬物中毒だったり健康状態が悪かったりして、社会福祉に頼っている。社会福祉事務所に行く時か医者にかかる時以外は、ノルウェー人マジョリティと直接関わることはまずない。そのため彼女の偏見が是正されることもない。彼女のネガティブな考えは宗教活動によりさらに確固たるものになっていく。

特にオスロでは、ノルウェーの住宅政策によりマジョリティとマイノリティの分断が進んでいる。

その結果、ノルウェー人はアンガルッドのような住環境にはなじめず、こんなところには住みたくない、こんなところで子どもたちを遊ばせたくない、ということになる。アンガルッドが実際に抱える貧困と苦難は、それを外から眺めるノルウェー人にとっては乱雑な汚い場所としか認識されない。こうした環境が女性や娘たちへの社会的な締め付けを一層強くする。その実態をさらに説明しよう。

スラム地域での社会的な締め付け

アンガルッドでの社会的な締め付けはどういうものか、私がヤスミンと名付けた政治難民の女性を通して説明する。彼女はアンガルッドの状況を変えるため、積極的に闘おうとしていた。政治について理想を持ち、宗教や戦争には飽き飽きしていたし、人を民族や文化、宗教などで色分けすることにもうんざりしていた。彼女はジョン・レノンのイマジンを聞きながら、戸外のベンチや近所の野原に固まって集まる女性たちを見ていた。苦痛を抱えているあの女性たちは、どうして近くの森を利用しないのだろう。このような惨憺たる状況のアンガルッドを知るにつけ悲しくなり、何とかできないものかと考えた。そこで彼女は時々、数人の子どもを森の散策に連れて行き、母親たちにも来るように促した。母親たちはいつも何かしら用事があって来られなかったが、子どもたちを連れて行ってもらえることはありがたがった。

ヤスミンはこれらの母親とその子どもたちの状況を改善したいと思い、彼らのためのイベントを企画したのに続き、男性や女性を動員して〈ウィメン・イン・アンガルッド〉という団体を立ち上げた。

コミュニティを整備して女性たちの自由時間を確保しようという団体だ。その戦略の中には、女性たちが自ら立ち上がれるように、自分たちがどんな状況に置かれているかを悟らせる活動もあった。彼女はアンガルッドで宗教グループの影響力が大きいことにも批判的で、〈ウィメン・イン・アンガルッド〉が宗教グループの代わりになることを期待していた。ところがこの活動によって命が危険にさらされた。活動を止めなければ殺すぞと脅されたのだ。多くの女性が落胆し、彼女と活動を共にした者たちは孤立した。ヤスミンは警察に通報したが、結局、子どもたちの安全のためアンガルッドから引っ越す羽目になった。

スラム地域での社会的締め付けにはさまざまな形がある。この社会的締め付けという代物はしばしば、ある特定の地域社会の、特に女性たちを苦しませる。しかし、スラム地域に住む人々に悪影響を与えるものは他にもある。人々は何か良いことに出会えるからという理由でそこに住んでいるわけではない。家賃が安いから住んでいるだけだ。その結果、最も貧しい住民が一か所に集中することになる。家計の状況と将来性と階級で人は集まるのだ。

階級は、必要な物にどのくらい手が届くかで決まる。必要な物とは、食べ物と衣類と生活する場所だ。[6] 人はそのための生活費を稼がなければならない。多くのマイノリティ家族が真っ先にするのが生活費の確保だ。たとえば、彼等は〈悪い生活環境から抜け出す〉ためにお金を使う状況にはないのだ。ノルウェー人社会ではすべての住民が教育を受けられるので、次にすることといえばさまざまなリスクから抜け出すためにお金を使うことだ。健康や住居、食事、仕事、そして老後への備え。[7] しかし、こういうことができない人もいるのだ。マイノリティ女性は世界中の社会的弱者と同じく、過剰労働による怪我、失業、貧しい生活環境、貧弱な食事などのリスクにさらされている。

今日のノルウェーのメディアは、マイノリティの社会的階級を引き上げることに集中している。しかし一部の若者は置き去りにされている。多くのマイノリティ住民も置き去りにされている。カリン・スヴェーエン（Karin Sveen）は、個人が社会的階級を移動できると思い込むことに警鐘を鳴らす。なぜなら、批判すべき社会環境が今なお存在するのに、その事実を見損なうからだ。「いずれにしても、社会的階級の移動に注目し過ぎると、一部の人しか階級を移動できないという社会構造に注意を払わなくなる」。[8]

階級という視点は、ノルウェーのマイノリティについての議論から欠落している。しかしじつは、たとえばメディアが最も難しい問題として取り上げる女性に対する暴力、社会的締め付け、犯罪などに潜む文化の問題より、はるかに大きな意味を持っている。階級は、非西欧型マイノリティの身心の健康に大きな影響を与えていて、メディアが「名誉殺人」と名付ける習慣の決定的要因にもなっている。

痛みに満ちたスラム街

貧しい中での生活は大きな緊張を伴う。これは長い研究を経て実証されている。[9] 貧しい地域を〈問題の場所〉と言うのは実にうまい表現だ。[10] 貧しい地域にマイノリティばかりが住むと、そこはスラム街と呼ばれる。そのような地域にはしばしば烙印が押され、マジョリティはそこで暮らすことや子どもがその地域を訪れることをためらうようになる。スラム街は程度の差こそあれ、西欧のどの国にも存在する。ノルウェーのスラム街はひどいところだが、英国やフランス、ドイツ、米国などの国々よりはましである。[11] どの国であれ、スラム街は複雑な社会経済問題を示す場所である。[12]

スラム街では統計上、住民の暮らしぶりがすべての点で悪くなる。これはノルウェーのスラム街にも当てはまる。そこで暮らしている人たちは、マジョリティに比べ貧乏で、しばしば無職で、健康上の問題を抱える頻度が高い。[13] オスロでは、マイノリティのバックグラウンドを持つ人のほとんどがスラム街で暮らしている。こうした移民は、世界で最も裕福な国の一つに住んでいるというのに、深刻な不平等を体験している。実際はノルウェーの多文化社会で分断が起きているのだ。どうしてこのようなことになったのだろう。同じ文化の人々が同じ地域に住みたがるからだろうか。でもこれではあまりにも安易な説明だ。ノルウェーのスラム街では多種多様な文化を持つ人々が交じり合って暮らしている。彼らの共通点と言えば、民族的にノルウェー人でないことと、典型的なマジョリティよりも経済状態がはるかに低いことくらいだ。

長年にわたる調査により、同じ民族が一か所に集まるのは経済的な理由が決め手になっていることがわかっている。マジョリティより低い収入と少ない蓄えしかない非西欧移民は、やむを得ず家賃が最も安い地域に住む。一九八八年のオスロで民族により居住地が分かれている状況を見ると、四十％近くが経済格差による結果だと〈説明〉できる。この数字は他の西欧諸国の大都市より大きく、時代と共に増加している。ただし家族や友人の近くにいたいという願いや、住宅市場での差別、行政による移民コミュニティ政策も、移民の集中を招いている。[14]

ここ十年を見ても、居住地の分離は依然として続いている。今日のノルウェーでは、最低収入の人々の大部分は民族的マイノリティだ。マイノリティであっても、どの都市のどの場所にも住めるなどと信じるのは幻想でしかない。

歴史家のクヌート・シェルスタドリ（Knut Kjeldstadli）はオスロの発展の歴史を研究してきた。[15]それによると、階級による社会の分離は一八七〇年代から大きくなったが、分離の形成と維持には政府の住宅政策が大きくかかわっているという。以前は労働者階級の地域であったところが今日では非西欧移民が大多数を占める地域になっていることも示している。この地域に住んでいたノルウェー人労働者階級は経済と住宅条件が向上して出て行き、その代わりに移民が入ってきた。

さらに、この現象に興味を示している他の学者もいる。数年前、レイフ・アンストロム（Leif Ahnström）はノルウェーで発展した差別化された都市の研究で、ガムレ・オスロ、グルネルロッカ、ソフィエンベルグ、ソンドレ・ノールストラン、ロムサスなどの都市の中に非西欧マイノリティが密集している場所があることを指摘している。

彼はこの地域に非西欧マイノリティが大勢住んでいるのは、偶然ではないと言っている。[16]その後、これらの地域はかなり変化した。マイノリティが出て行き、マジョリティ出身の人々が引っ越してきた。当然のことながら、並行して、これらの地域の格が上がった。こうした現象はグルネルロッカとソフィエンベルグで見られ、ガムレ・オスロでも同じことが起きている。これらの地域では地価が急激に高騰し、マイノリティは町の中心から追い出されている。それでもなお、アンストロムがオスロのスラムに関して次のように述べたことは、いまも正しい。「都市の中で民族的マイノリティグループを地理的にどこに配置するかによって、マジョリティがその場所やマイノリティの社会的役割をどのように見るかが決まる」。[17]

建築家のハリーナ・ドゥニン＝ヴォイセット（Halina Dunin-Woyseth）教授も、居住地の分離が差別や汚名につながることに関心を抱いている。[18] 平等という概念が特徴のノルウェーのような社会でも、こういうことがたしかに起きる。平等の概念によって、マジョリティはスラム街をよりネガティブに見るようになるのだ。ドゥニン＝ヴォイセットは、スラム街が生まれる重要な要因は社会経済学的メカニズムだという国際的な調査結果を提示している。[19]

上記のように多くの学術的研究は、非西欧移民が隔離された住宅地に集中する主な原因は経済だとしている。彼らは都市の最底辺地域で暮らしている。たいていは騒々しい道路のそばだ。充分なスペースがある暮らしとは言えず、アパートはマジョリティの人々の平均的なものより狭い。近隣はしばしばマジョリティの人々が社会問題の巣窟と思っているような場所だ。

社会人類学者のトーマス・ハイランド・エリクセン（Thomas Hylland Eriksen）教授が言っているように、マイノリティが民族ごとに集まって暮らしても、社会的環境が容認できるものであれば特に問題ではない。[20] しかし今日のアンガルッドの社会経済的な環境は、大多数の人が容認できないと考えるようなレベルだ。もしアンガルッドの失業者がもっと少なく、人々の学ぶ機会がもっとあり、経済状況や健康状態がもっと良ければ、多文化の地域としてノルウェーの財産になるだろう。しかし実際は〈社会の中の一社会〉として、しかも極端な宗教的社会として分断されつつある。[21]

住宅環境と健康には密接な関係がある。何といっても健康は幸福に直結するものだ。二〇〇六年の健康影響評価で、ノルウェー医学会会長のオイヴィン・ラーセン（Øyvind Larsen）は、住宅環境と健康の関係を次のようにまとめている。

「ノルウェー社会では大部分の場所で百五十年間、住居の衛生に取り組み有害な住居を取り除いてきた。しかし新たな住居でも衛生面に問題が出てきている。その理由は、健康の概念が広がり、幸福に不可欠なものと考えられるようになったことが大きい。個人が住居を探す際には、必要性、好み、成功のチャンスが考慮される。一方、たとえば二つの世界大戦にはさまれた二十世紀初頭の住宅は、当局が衛生的な家を意図的に計画することが多かった。しかし現在は、こうした住宅が自由市場で取り引きされることはめったになく、必要性や好み、成功のチャンスで選ばざるを得なくなっている。健康面は優先事項にはなっていないのだ。社会の仕組みと住宅建設の関係は大きいから、その時々の社会が持っている良い条件を利用して、保健サービスの拡充や社会環境の整備をしていくことが大切だ。この作業は、実質的な規則の履行から政策立案まで、あまねく行われなければならない」[22]。

エリザベスとエザットの潜在能力

エリザベスとエザットは暮らしを良くするという点でまったく違うチャンスに恵まれた。哲学者でフェミニストのマーサ・ヌスバウムは正義に関する進歩的理論のもと、人それぞれが活躍し堂々とした良い人生を送るためにどんなことができるかについて研究した。

私たちは皆、人間として基本的な資質と能力を兼ね備えている。この基本的潜在能力を発揮するには、たとえば社会への適応、学校教育や私的な教育、実践活動などによる適切な環境が必要だ。それぞれの社会環境に順応すれば、私たちは実際に役立つ能力を獲得し、今度はその能力が人としての資質を作り上げていく。人はだれでも潜在能力を持ち、言語を学べる下地がある。しかしそれを本当に使って一つ以上の言語を話すには、潜在能力を開花させなければならない。これは人間の能力の大部分について言えることだ。

実体のある自由を得るには、能力を充分に活かしていけるような環境が望ましい。こうしてはじめて自由になり、質の高い暮らしが実現する。[23]

必要なものがあるのに黙っていたのでは、到底先に進まない。声を上げなければ周囲は支援できず、潜在能力やアイディアを技能やエネルギーに発展させて暮らしを変えることはできない。

私が会った多くの女性は、実体のある自由を得てそれを活用する能力に欠けていた。その結果、彼女たちはまっとうな権利も行使できなかった。多くは声も上げずに憂鬱な気分で暮らすことになった。

エリザベスは高等教育を受けていて、チリの環境にもよく順応できていたので能力や将来性を高めることができた。彼女は自由な女性であり、実体のある自由を持っていたので、消極的な世渡りはしなかった、逆に、人生を変えるのに欠かせない有効な戦略を選んだ。あらゆる手立てを尽くしてノルウェーに移住するという極端な選択をしたのだ。しかしノルウェーの社会に溶け込むことはできなかった。その上、暮らしに追われることになり、自身の能力と潜在能力を発揮できずにいた。そして今度は、自力で生活を立て直そうとスペインに渡り、成功した。

休暇でノルウェーに戻ってきたエリザベスから話を聞いた。とても満足している様子で、健康状態も良くなったと言っていた。疎外される苦しみから解放されたことが何より嬉しいとも。エザットがたどった道とはまったく異なり、エリザベスは自分の人生を変えることができただけでなく、痛みまで軽減したのだ。

一方のエザットは教育を受けていない女性で、今の状況は決して改善できないという考えに捕らわれていた。そのような姿勢で暮らすようになったのは、ノルウェー人から問題のある意見を吹き込まれたからだった。ノルウェー人の団体がアラビア語とコーランの授業を受けさせたのだ。その団体から今度は、ノルウェーのイスラム教団体や国際的な団体を紹介され、その一つからイギリスに移住するように説得された。彼女はノルウェーとイギリスの両国でイスラム教団体と接触したが、そこは〈我々イスラム教徒〉と〈西欧〉をはっきり区別する団体だった。エザットは落胆してノルウェーに戻ってきた。しかしここでも彼女は自分を成長させて能力や可能性を活かす機会に恵まれず、生活環境の改善を自ら選択できる実体のある自由を獲得することはできずにいる。

注

1 アンガルッド（Angarudd）はペルシャ語で「すべてが混ざり合って乱雑」という意味。ただし、ハーブや植物薬について語る際には良い意味で使われることもある。

2 マエゾン（Maezon）はペルシャ語で「調和がとれている」という意味。

3 ここでは実生活における人の能力と可能性を論じている。Martha Nussbaum 1999 とアマルティア・セン（石塚雅彦訳）二〇〇〇年（Amartya Sen 1999）を参照。二人はこれらの能力についてさらに詳細に取り上げている。具体的には、内包している能力を向上させる機会のない子どもたちについて論じている。

4 これはジェイコブセンター（仮名）のこと。このセンターについては本書で再度取り上げる。

5 ノルウェー立法府への報告 No.49 (2003-2004):186 を参照。

6 筆者は特にピエール・ブルデューの階級の概念に興味を抱いている。階級にはその構成要素をはるかに越えたものが含まれることをブルデューが解き明かしているからだ。階級によって「満足な暮らしを維持増進するための身体的、精神的な援助を得る手段とその利用の仕方」に違いが出ると考える。Hans Baer, Merrill Singer and John H. Johnsen 1986:95 を参照。

7 カリン・スヴェーエンは著書『階級旅行——生活史のエッセー（*Klassereise: et livshistorisk essay*）』で、階級の定義の新たな要素に「危険への接近度」を加えると述べている。スヴェーエンが定義を膨らませたのはきわめて興味深いことで、人の階級と不健康の関係においても意味がある。

8 Karin Sveen 2001:80.

9 私に情報を提供してくれた人たちの大部分はこのような地域で暮らしていた。

10 Aje Carlbom 2003.

11 Philippe Bourgois 1995.
12 Aje Carlbom 2003.
13 オスロ健康調査 2000-2001.
14 Svein Blom 2002:3f.
15 Knut Kjeldstadli 1996.
16 アンストロム（Ahnstrøm）はオスロの居住地分離と人種の集結について十地点を挙げている。そのうちのほんの数か所をここに掲げた。
17 Leif Ahnstrøm 1996.
18 Halina Dunin-Woyseth 1996.
19 同前。
20 Thomas Hylland Eriksen 1996.
21 Aje Carlbom 2003.
22 Øyvind Larsen 2006.
23 アマルティア・セン（Amartya Sen）は『自由と経済開発』（石塚雅彦訳、日本経済新聞社、二〇〇〇年）の中で、真の自由と彼の言うところの後ろ向きの自由を区別しなければならないと言っている。センによれば、後ろ向きの自由とは力のない自由だ。一方、真の自由と生活の質には強い関連性があるので、社会開発の目標に掲げるべきものである。したがって真の自由こそ政治活動の基本方針とすべきである。Sen 1999:37 を参照。

第五章　女性　戦争　痛み　愛情

〈これは私のお墓、私のベッド〉――ベルキス戦争は、人々の最小限の欲求である〈承認〉、つまり〈評価され認められること〉とは両立しない。私が会った女性の多くは戦争を経験している。戦争の経験と記憶は、彼女たちの体に消えることのない痛みの痕跡を残している。

戦争は良い人生を享受する権利を奪う。グローバル化が進んだ今日、戦争によって荒廃させられた国々の女性の苦しみが世界中に広がっている。戦争はあらゆる分野で、人それぞれが自らの社会で活躍する権利を破壊する。政府は機能せず、法的権利が崩壊し、社会とのつながりがなくなり、学校や職場に行けるような平和な生活環境が失われる。さらに、愛を育む権利も奪われる。戦争の渦中にある社会では、女性へのさまざまな虐待が広まるものだ。したがって、戦争は愛の領域でも女性を荒ませる。

第二章で述べたように、ドイツの哲学者アクセル・ホネットは承認について三つの領域を特定し、人それぞれが完全な〈人間〉であると感じるには、この三つの領域すべてで認められることが必要だと主張している。人はさまざまな法的権利に出会い、その権利を獲得する機会を与えられなければならない。政治的、文化的なコミュニティの、とりわけ職場で意見や要望を表明することが認められなければならない。しかしまずはそれぞれのプライベートな領域で認められ支持されることが必要だ。だれもが友人や家族の中でありのままの自分を認めてもらう必要がある。愛と友情は、私たちの人生の基本的な欲求だ。親子、配偶者、友人との間で、私たちは釣り合いの取れた関係を構築する必要がある。私たちの資質や価値を表現し、自分自身の一部として相手を認めることができる平等な信頼関係の構築が必要なのだ。

理解と尊敬を伴う心のこもった支援をしてもらった経験がないのは、自分を成長させる上で重大な躓きになる。つまり愛される経験は、〈幸せ〉と言える良い人生を築く上で重要な前提になる。

権利の侵害は承認の反対だ。私が出会った女性の多くは、通常の生活でも愛という領域でも権利の侵害を経験している。

女性にとってのベッド

私の情報提供者に、〈ベッド〉という言葉はどんな意味を持つか聞いたことがある。私にとって、ベッドの概念は深い愛と結びついた言葉だが、彼女たちにとって、ベッドは痛みを連想させる言葉だった。

その痛みの連想は多くの場合、彼女たちの母国に起因するが、移住先の状況にも関係している。彼女たちの大多数は、〈移民〉になったことで暮らしの中に愛がなくなったと感じている。友人や家族、パートナーとの関係や、正常で愛に満ちた安全なセックスなど、個人的な愛を経験したり維持したりするのが難しいのだ。しかし皆、この話題には触れたがらない。そもそも移民という状況では、住居を得、仕事に就き、新しい言葉を学び、新たな環境に適応することで精一杯なのだ。またセックスや愛情行為、友情や愛へのあこがれを、研究目的のインタビューで話すことはタブーでもある。

これとは矛盾するようだが、ノルウェーでは宗教団体が女性の体や性や愛について意見を述べても良いことになっている。メディアも、マイノリティ女性のデリケートな部分を大々的に取り上げる。彼女たちが自分の体の中で最も大切に思っている部分が、多くの人が奇妙に感じる風習との関連で取り上げられるのだ。マイノリティ女性も女性器切除には反対している。それでも、この問題を公衆の面前で議論されるのは、はなはだ不愉快なのだ。

精神科医のソールヴァイ・ダール（Solveig Dahl）は、かつて難民のための心理社会センター（現在は閉鎖）で働いたことがあり、戦争を経験した多くの女性に会っている。彼女に、〈ベッド〉の概念について話してもらいたいと頼んだところ、次のような回答が寄せられた。

「〈ベッド〉とは第一に、辞書にある通り、睡眠のための場所である。しかしながら〈ベッド〉には、たとえば性に関連した別の意味もある。だれかと〈ベッド〉を共にするとは、その人と性的関係を持つことを意味する。〈ベッドに臥す〉と言えば、病気を意味する。重病なら長いことベッドで過ごさなければならない。庭のベッドと言えば、種をまき、花や野菜を植える苗床といった繁栄や成長の意味も持つ。〈ベッド〉はまた、〈永遠の休息〉、すなわち、〈死〉を連想させる言葉でもある。〈ベッド〉で何をするかによって、〈ベッド〉はさまざまな意味を持つ。私はベッドで二度と寝たくないという女性たちに会っている。かつてベッドで起きた痛々しい記憶を抱え込んでいるからだ。彼女たちは床で寝ている。また、レイプの被害に遭い、その恐ろしい記憶のせいで横になることがどうしてもできず、椅子で眠っている女性たちにも会ったことがある。〈ベッド〉は、人がそこで何を経験したかによって、さまざまな意味を持つ」。

ダールが指摘し、私も出会ったことがあるベッドの否定的な捉え方は、愛の領域でも認めてもらえないケースがあることを示唆している。過去に実際の暴力を受けたケースもあれば、現在の暮らしに愛がないケースもある。

ショゴファと愛のベッド

ショゴファにとってベッドは愛の場所だった。「愛は人生の中で最も重要なものよ」と彼女は熱心に話した。彼女と今は行方の知れない夫との間に起きたカブールでのできごとについても話してくれた。「私が仕事から疲れて帰ってきた時のこと。服を着替えていると、最愛の夫が、アフガニスタンの革命評議会議長のバブラク・カールマルの写真を私たちのベッドの横に置いたんです。私は怒って夫に言いました。『その写真を引っ込めないなら、私も議長の敵のグルブッティーンの写真を置くからね。私たちのベッドは愛のための場所だってことを忘れないでよ。ベッドを政治で汚さないでちょうだい！』と」[1]。そしてショゴファは私に、「ファリダ、覚えておいて。私たちは愛の世界の中でこそ、平和を生み出すことができるってことを」と言った。

ショゴファはさらに続けた。「今、私は最愛の夫の魂と結婚しているの。彼の名前と彼の記憶を抱えて暮らしてます。彼は夢の中で私のところに来て、日々起きる問題について助けてくれるんです」

と。ショゴファは昔を懐かしみ、自分で何でも決められた頃の夫との幸せな日々を回想している。彼女は愛情について話す時はいつも、私の方に歩み寄って肩をしっかり抱く。「私がノルウェーに来た時、福祉事務所からダブルベッドをもらったの。でもそのベッドではゆっくり休めないの。夫が寝る場所が空っぽだってことを思い出してしまうから」。

結局、ショゴファはそのベッドをフリーマーケットに寄付することにした。「愛は大人の女性になった私にとって、人生でいちばん大事なもの。毎晩、結婚式の写真を見て、最愛の夫がもし生きているなら、彼が無事に過ごせますようにと祈ってます。それからコーランの言葉を読むんです。罪深い行為を避ければ、まともなイスラム教徒になり、天国に入れるって箇所です。そのあと、困難な日々を夫が助けてくれる夢を見たいと思いながら、眠りにつきます」。彼女は話を終えて、拳を握りしめた。その後、左手を右手の上に置き、彼女を苦しめている血管の膨張を抑えようとした。目に涙をいっぱい溜めながら。ノルウェーでシングルマザーとして生きる日々は、彼女にとって困難をきわめている。彼女は今、すべての愛を子どもたちに注いでいるそうだ。それでも、一人の女性として過ごした愛と労りに満ちた日々を思い出す。失ってしまったアフガニスタンでの幸せな暮らしを。

戦争前のショゴファの暮らし

小学生のころのショゴファは毎朝母親に起こされていた。母はショゴファの頭を撫で、励ますような声でこう言った。「太陽が昇ってますよ。早く起きて学校に行きなさい。西の方を見て急ぎなさい。

この国も急いであいう国にならないとね」。

ショゴファは私に、愛に溢れ、幸せで、将来の心配などなかった子ども時代のことを話してくれた。大人になってからはアフガニスタンで教師になろうと一生懸命勉強し、ソ連による占領が始まるまで学校で働いていた。周囲の人たちと同じように、〈ごく普通の生活〉と呼べる暮らしぶりだった。活発な女性だった。教育を受けていたおかげで経済的にも自立できた。

ショゴファは愛し合って結婚した。結婚後も、男友だちとも女友だちとも連絡を取り合っていた。そして、だれに奨められたわけでもなく自分で、ソ連の占領と戦う決心をした。彼女も他の女性もヴェールをかぶったり身体を覆ったりする必要はなかった。現代のアフガニスタンで行われているような一日五回のお祈りもしなかった。友達とカフェや映画館に行ってもだれにも咎《とが》められなかったという。

この時期、宗教はショゴファのアイデンティティとは関係がなかった。宗教としてのイスラム教は社会のさまざまな分野を発展させる存在だった。また当時のアフガニスタンには、男性に混じって大臣や議員や弁護士のような重要な役職に就いている女性も大勢いた。

ショゴファは今日の欧米でよく言われる現代風の都会っ子だった。しかしアフガニスタンの貧困層、特に田舎で暮らしている人々には、〈現代風〉に振る舞える経済的余裕もなければ実際の機会もなかった。たとえば彼らは、内心は望んでいたとしても医者にかかったり現代的な医療を受けたりしない。代わりに伝統的な薬草を使う。同時に、病気や〈事故〉から身を守るために宗教的指導者であるムッラーのところへ行く習慣もある。そこでよくタビスを貰う。タビスというのは宗教的な詩の一種で、ムッラーや宗教界のリーダーが書き下ろしたものだ。人々はそれをお守りとして持ち歩く。お守りとは言っても、実際はせいぜい信仰心の厚い人たちの気休めなのだが。

私が思うに、タビスは貧困や知識不足、十分に発達していない医療制度と結びついた消極的な世渡りの一例である。ショゴファもアフガニスタンに住んでいた当時は、同じ見方をしていた。教育を受けた多くの人と同じように、ショゴファも知識を持たない人たちに、タビスには効果がないと伝えようとした。「私は家族をタビスから引き離しました。自分の子どもを病気から守ろうとタビスを使っている人たちには、こう言いました。『お医者さんに行って、子どもにワクチンを打ってもらいなさいよ！　タビスは効かないの。あなたの子どもの健康をもてあそばないで。タビスは見せかけの希望でしかないのよ！』と」。

戦争は人を変える

現在ショゴファは自らの過去を懐かしく振り返りながらも、自分がどうして変わってしまったのか、どのように変わったのかを理解しようと努めている。「あとで考えれば見せかけの希望でしかないのですが、私は安全なところに逃げ出したくなりました。姿を消した愛しい夫を見つけるために、捨て鉢になっていたのです。できることはすべてやらなければならないと思って」。

ショゴファは夫がいなくなってから、彼を探しはじめた顛末を次のように話してくれた。「さまざまな村の身の毛もよだつような刑務所を巡り、人々がどのような仕打ちを受けているかを目の当たりにしました。カブールに近いチャラシアの村には、チューナで処理された遺体を納める引き出しがありました。チューナは、証拠を隠滅したり死体の身元をわからなくしたりするための腐食性の薬品です」。彼女はこの話を私に語りながら、手の血管が再び腫れてきたのを見せてくれた。彼女はしばらく黙り込んでいたが、やがてこう言った。「ファリダ、見て。喉が腫れてるでしょう。私の体はいったいどうなってしまったんでしょう?」。そう言いながら両手の跡が残るほど自分の喉を力いっぱい押さえつけた。彼女は悲しみに満ちた声で言った。「これが今の私の人生、そして体なんです」。

国と民間の刑務所の両方を長い間探し回った結果、彼女はタビスを試すことにした。他には何も思いつかなかった。その過程は大変だった。「力になってくれそうなムッラーに会うには、順番待ちが大変で、とてつもないお金もかかるんです」。彼女が探し出したムッラーは、女性の太腿に聖句を書くような人物だった! ショゴファは自分の腿を見せることなど嫌だったので、毅然とした態度で言った。「たとえあなたがムッラーであっても、私は見知らぬ男性に自分の腿を見せることはできません」。そのムッラーは両手を彼女の体に回し、自信に満ちた声で言った。「その人によってやり方は違うのですよ。あなたの場合は特殊なのです。違ったやり方が必要なのです」。ショゴファは私に続けた。「私はテイマニでの、このムッラーとの面会を決して忘れません。このムッラーと、似たような事をやっている人たちに、合計で五万カルダール以上も支払ってしまいました」。

アフガニスタンには内戦で難民になり絶望している人たちに、見せかけの希望を売りつける巨大な市場が存在する。多くの人が、特に女性が、ショゴファと似たような目に遭っている。ショゴファは自分の思いや行動が、どのように変わってしまったかを自問自答している。その変化は深い悲しみにつながる。「戦前は教師だった自分のような人間が、どうして迷信深い無力な女になってしまったのか理解できません！」。

彼女は自分が受け取った最後の〈処方箋〉についても教えてくれた。例のムッラーから、夫がかつて身に着けていた服を見つけなさいと言われたのだ。ショゴファは夫のいちばんきれいな服を取り出した。服には夫の匂いが残っていて幸せな気分になれた。ムッラーは服の上にアラビア文字で、色々な名前やさまざまな幾何学模様を描きつけてから、その服を細かく裂いて燃やすようにと言った。

「そんなことをするなんて嫌でした。義理の両親に魔女と思われるかもしれませんし。私は座り込んで泣きながら、ああでもないこうでもないと考えました。最後には義理の兄が助けに来てくれました。彼に言われたんです。『何て馬鹿な！　夫が残した思い出の品を裂くなんて、どうしてできるんだ？』彼は服を取り上げ、破かないでと言いました」。

ムッラーが命じたのは夫の服を燃やし、その煙を追いかけて夫を見つけよ、というものだった。彼女はあまり上等ではない服を見つけ、それを燃やした。「でも、煙は方角を教えてくれることもなく、ただ空中に消えて無くなってしまいました。愛する夫を見つけるために私がしでかした、ばかげた行動を見てください。私は頭のおかしな女になってしまいました」。

白いハトと宝石

「ファリダ、白い雌バトの話を聞いて」。私がショゴファの家を訪ねると、彼女は私に腕を回しながら言った。「白いハトには、いなくなった人のいる方角を見つける能力があると言われたんです。真っ白な胸をしたハトを見つけなければなりませんでした」。私はその経緯をもっと詳しく話してほしいと頼んだ。「そのハトと一晩いっしょに過ごしたあと、ハトを放して、どっちに飛んでいくかを見るんです」。

アフガニスタンでは、ハトを育てるのは、特に失業中の男性の間でごく普通の趣味になっている。彼らはハト使いと呼ばれるが、この呼称を女性に対して使うと屈辱的な言葉になる。ショゴファは白いハトを、家で飼っている他のハトといっしょに一晩、手元に置いてから放した。彼女は体の前で両手をしっかり組み、笑顔を浮かべながら聞いてきた。「その白いハト、どうなったと思います？」。私は「方角を見つけたのかしら？」と聞いた。私たちはその様子を思い描いて笑った。「がっかりしましたよ、ハトがハト小屋に戻ってきたんですから。どうしてハトは戻ってきたんだろう？　泣いても泣いても、答えは出ませんでした。ハトは方角なんて教えてくれなかったんです」。

ムッラーはショゴファを慰めてこんな説明をした。「ハトが戻ってきたのは当たり前だ。あなたが飼っている他のハトに愛着を感じたんですよ。他のハトといっしょにいたくて戻ってきたわけだ。泣くのをやめなさい。ハトは自分の愛の道を見つけてしまった。あなたが愛している人の方角を見つける気はなかったのです」。ムッラーは、白いハトを他のハトといっしょにしてはいけなかった、一晩まるまる手元に置いておかなければいけない、そうしてはじめて効力を発揮する、と説明した。

ショゴファは白い胸をしたハトをまた買った。「ひどい夜でした。ハトを寝室に入れたので、眠れなかったんです。ハトがずっと羽をバタバタさせるし、臭いし。眠ろうとすると、周囲の壁に羽のシルエットが見えて。ハトは、一時もじっとしていないんです。早く夜が明けないかと、そればかり思っていました。夜が明けてハトを放せば運命の方角を見つけられるんですから」。やっと夜が明けて、彼女はハトを放した。するとハトは、テロ組織、ヘズベ・イスラミの恐ろしい監獄があるチャラシアの方向に飛び去った。それでようやく、夫が生きていないのを受け入れなければという気持ちになった。

ショゴファは夫を探すのに、迷信や超常現象だけを試したわけではなかった。パキスタンに逃げたあと、赤十字などの西欧の団体にもコンタクトを取った。「あの当時、ジハードを実行するムジャヒディンへの抗議に耳を貸してくれる人がいたと思います？　私はあらゆることを試しました。あらゆる団体やメディアに連絡しました」。彼女は、西欧の団体やメディアに無視されて、どんなにがっかりしたかを語ってくれた。「愛する夫が行方不明になったことを話そうにも、事務所に入ることさえ許してくれません。他になすすべもなく、私は事務所という事務所に話をしに行って、泣きながら守衛に中に入れてくれと頼んだんです。それなのに彼らは、あなた自身が生きているのを喜んだらどうだって言うのです」。さらに彼らに言われたのは、「こんなところでぐずぐず言わずに、自分の暮らしをどうにかしたまえ！」だった。

パキスタンで西欧の団体から拒絶されたあと、ショゴファは問題を解決するために、またもや信じられないような手段に出た。「ヘズベ・イスラミの事務所の親切な男性が宝石を貸してくれたんです。夫を探すのにたぶん役立つと言って」直ちにお金を要求してくることもなく、こう言われた。「もしご主人が見つかったら、千五百カルダールを払ってください。もしうまくいかなかったら、宝石を返してくれるだけで構いません」。ショゴファは私の肩を抱いて自分を嘲笑いながら、にっちもさっちもいかなくなった時に、理性とかけ離れた手段に身を任せた顛末を話してくれた。「宝石は何の役にも立たないだろうと強く疑っていたのですが、愛する夫が戻ってくるかもしれないと言われては、試してみるしかありません。宝石を手にしながら、教えられたコーランの一節を読んだのですが、何も起きませんでした」。彼女は最後にこう言った。「ねえ、ファリダ、これが、以前は家族からタビスを取り上げて破いた人間なんですよ。それなのに今では、タビスと同じ迷信を利用している。教育を受けた女性でも、私のような状況に陥ると、いったい何が起きるんでしょうね。理解できません。私は教師だったんですよ。どうしてこんな人間になってしまったのかわからないんです」。

このように宗教や超常現象の魅力に逆らえなくなるのは女性に限ったことではなく、男性にも起きる。最近はアフガニスタン人やパキスタン人など中東の人々の間で、これが当たり前のような風潮になっている。

ソマリア生まれのアヤーン・ヒルシ・アリ（Ayaan Hirsi Alis）によると、ケニアのソマリア人の間に同じような現象が起きているという。彼女の観察によると、魔術や迷信の市場が猛烈な勢いで成長しているそうだ。「以前は食料品の店が並んでいた通りに、地味な教会が出現しています。エホバの証人の信者が一軒一軒訪ね歩いているし、十字路にはもちろん、さまざまな部族の昔ながらの預言者や魔術師がいます。イスラム教の女子中学校の私のクラスにも、割れた爪や動物の毛皮から作った媚薬や、試験で良い成績が取れるお守りのアムレットなどを買う生徒がいるんです」。[2]

合理的な考えを持った女性が妄信や迷信に捕らわれるようになっている。それがノルウェーのようにマイノリティに対して多文化主義を掲げている国で起きるのは、何とも矛盾に満ちている。こんな状況にありながら、宗教や文化を理解し保持しようなどというのは、いったいどういうつもりなのか。ショゴファはどの〈文化〉に属していると言えばいいのか。どんな〈文化〉をアフガニスタン出身の女性の文化とみなせばいいのか。彼女たちに宗教的なアイデンティティが備わっている場合は、どうなるのだろう。アフガニスタンやソマリア、イランなどから来た女性は、ヨーロッパの中世よりさらに古い文化か、さもなければ超現代社会の文化を背負った人間とみなされることがよくある。[3]彼女たちは、反発し闘ってきた文化に、最近になって依存するようになったというのに、あたかもその文化に属す人たちとみなされている。西欧によって西欧の観点で引かれた昔ながらの境界線のせいで、こうしたことすべてが正当化されている。

セックスの記憶と女性器切除への抗議

「ねえ、ファリダ。犠牲になっているのは、私たち女性だけじゃありません。戦前の私たちは、素晴らしい暮らしをしていたんですよ。教師だった頃が人生でいちばん幸せでした」。戦前のショゴファは自分のことを自由な女性だと思っていた。そして良い性生活も送っていた。周りの女性の大部分も、同じような暮らしぶりだった。

ショゴファは彼女や他のアフガニスタン女性の戦前の暮らしがどんなに良いものだったか、さかんに話してくれた。ほとんどの女性が、夫との開放的でわくわくするセックスライフを送っていた。クリトリスをペルシャ語ではセンジェッド（グミの木の実）と呼ぶ。新年のお祝いの飲み物に使う果物の名前だ。他の材料と共に数日間お湯で煮ると、七種の果物を意味するハフトメワという美味しいジュースになる。その飲み物は、自然への愛や新しい年、セックスを連想させる。彼女は夫と共にハフトメワを飲んだ時のことを懐かしそうに話した。夫とグミの実の味のことをあれこれ話した。数日間水に漬けておくと味が濃くなる。飲み物を飲んで、自然や女性器を連想すると、新たな刺激を受けてセックスをより楽しめた。彼女にとって、これこそ良い暮らしだった。彼女はため息をつきながら言った。「戦争は私たちから男性を奪っていく。私だけじゃないんです。アフガニスタンにはサンドクサインに思い出を閉じ込めたままの女性が山のようにいますから」。サンドクサインはペルシャ語で〈棺〉の意味で、心の中の思い出をこの中に閉じ込めるのだ。[4] ショゴファは女性器切除を受けているソマリア人女性たちに強く反発していた。自分とソマリア人女性を比べると、違うところが多々あるという。「ソマリア人はセンジェッドを切り落としているでしょう。私たちはそれを良いものとして讃えるというのに！」。

ショゴファは、おおかたの西欧女性と同じく、女性器切除をかなり異質のものと感じている。ところが非西欧諸国出身の女性の例に漏れずショゴファも、女性器切除を受けているのかという質問にたびたびさらされる。ノルウェー人の目には、彼女たちは一様に〈イスラム教徒の女性〉と映るのだ。つまり、同じ特性を持った人たち――確固たる信念のもと、宗教や文化によって抑圧されている人たちだと。ショゴファは、自分はソマリア人女性とは違うと胸を張っているものの、今もアフガニスタンにいる女性たちが苦労しているのはよくわかっている。女性器切除をされていなくても、女性たちの性はこれまで以上に抑圧されているのがわかるのだ。

ソマリア出身のソマリア人女性でも、自分の子どもには女性器切除を受けさせるつもりのない人は大勢いる。ジェイコブセンターでイスラム教を強く信仰しているソマリア人女性にこの問題を問いかけると、彼女は突然目を閉じて詩を歌い始めた。その歌は、どんな被造物も決して傷つけてはならない、体の一部を切ってはならない、なぜなら預言者ムハンマドが私たちは創造された時のままでいるようにとお考えだからだ、というものだった。

ショゴファはノルウェーに逃れてきた。そして今はパリに住み、姉と共に雑貨店で働いている。彼女はいまだに大変な生活を送っていて、愛への欲求を押し殺している。今日のアフガニスタンには彼女のような女性が山のようにいる――愛情の場が破壊されたにもかかわらず、その記憶と憧れを持ち続けている女性たち。

ショゴファは西欧にも女性への抑圧があるのを見てきた。「ここ西欧のほうがひどいです。多くの男女が動物のように嘘をつき合っている映画、見たことありますか？　幸せなことに私たちはあんなじゃなかった。私たちのほうがましです。ポルノも卑猥な本もなく、女性たちは互いに学び合っていましたもの」。

ショゴファはノルウェー人からも、他のマイノリティグループ、特にソマリア人からも距離を置こうとしていた。例外は自分のグループだけ。他を見下すことで自分たちの文化の方がましだと思おうとしていた。多くのマイノリティグループが、このような偏見にさらされている。ノルウェーのマイノリティの序列では、ソマリア人はたいてい底辺に置かれる。こうした一般化、誇張、文化の違いへの誤解が、結局は人種差別につながる。西欧のセックスライフに対してショゴファが抱いている見方には、意図的ではないものの多文化主義への否定がはっきりと表れている。ポルノは西欧の人たちの多くが距離を置いている産業だということを、ショゴファは理解していない。ポルノを一般的な西欧文化の一部と見ている。見たものを自分の文化のレンズを通して解釈しているのだ。同時に、見たものを自分の生き方を正当化するために利用し、自分の生き方は西欧のものより文化的に優れていると考える。こうしてショゴファは、他人にされたくないことを他人にしている。マジョリティがショゴファに多文化的な視線を向けるのと同じように、彼女は自分の多文化的視線を西欧に向けている。そして、こうしたことが彼女を抑圧されたイスラム教女性――彼女の存在の一部になっている文化と宗教の犠牲者――にしてしまった。その結果、彼女は大きくて不正確なカテゴリーに入れられている。

女性、性、自由にどう向き合っているかという話題はすぐに熱気を帯び、非西欧出身のマイノリティ女性を動揺させる。この対立する社会のあらゆる立場の人たちが偏見と戦おうとしない限り、前進することはできない。何よりも重要なことだが、愛情という領域でも女性には認められる権利があることを議論の前提にすべきだ。実際、愛情の領域が暴力や抑圧、恥ずかしくて不潔なものという考えで侵害されると、どういうことが起きるかについては、心理学の知見が多々ある。こうした知識を無視し、文化を笠に着て女性のプライベートな領域を侵害することは、あってはならない。その上で問題の複雑さに目を向けるべきだ。たとえばショゴファは安全で良好な愛情生活を送っていたが、それを失ってしまった。彼女の中にはもともと、平等で愛情に満ちた関係を邪魔するような文化はなかった。こうした良い生活を失い、かつては尊敬される自立した女性だったのに、今はその暮らしを失っている。その悲しみで、彼女は脆弱で、新たな侵害に過剰な反応を示す女性になってしまった。しかし、これがまた、他人への偏見を助長したようにも思われる。

愛情不足のシャイーン

シャイーンは高等教育を受けており、社会や文化を前向きに捉えてよく適応している。世界は因果関係で成り立っているので説明可能だという。しかし自分の人生については何も語らない。だれのことも信じていないので、自分の身に起きたことをだれにも話さないのだ。かかりつけの精神科医のことも、彼女のことを通報するスパイとみなしている。私にも出身国を書かないでほしいという。

痛みが彼女の人生を占領してきた。彼女自身は世界で起きている悪いことはすべて、帝国主義者の仕業だと主張している。シャイーンは共産主義者だ。移住してくる前の国の政治体制の中で、伝統的なイスラム教の価値観を持ち続ける良い手本になるように〈育てられた〉のだという。

共産組織の委員の多くは男性である。特にここ三十年は、宗教と文化が重要なアイデンティティの指標になり、共産組織にとってイスラム教徒と合体することが重要になっている。反帝国主義者としてホメイニが現れたイラン革命では、イスラム社会のマルクス主義が進歩的なイスラム教と結びついた。しかしこういう状況の中で、左翼の女性は沈黙することになった。ヴェールの強制着用に反対する女性はブルジョアだとして追放された。こうした運動が権力の座に就いたら女性たちはどうなるかなど考えもせず、西側も含めた多くの組織がアメリカ的なものすべてに反対してきた。

このような政治風土の中で、シャイーンは個人的な欲求を満たすことができずにきてしまった。彼女にとって愛情やプライベートな欲求について話すことはタブーだ。「愛なんて、私はじつは一度も経験してないわ」。彼女はそれ以上のことを話したがらない。

その一方、シャイーンはベッドを嫌っている。眠れないのだ。同時に、ベッドは夫と過ごした短い時間を懐かしむ場所でもある。今そのベッドは本で埋め尽くされている。彼女は祖国で所属していたマルクス・レーニン主義の運動で重要な役割を果たした自分の過去を誇らしく思っていて、後々まで伝えられるべきだと思っている。しかし彼女は過去にこだわり過ぎているのだろう。現実にはノルウェーでとてつもなく大きな問題を抱えている。痛みや戦争の記憶、排除や孤立に日常生活を支配されていて、政治的にも個人的にも、何かの活動に関係したり参加したりすることができなくなってしまったのだ。仕事を見つける努力も諦めた。社会保障による給付金を頼りに、他の国民に比べて貧しい生活を送っている。

今の自分の状況について彼女が話すのは、ほとんどが病気のことだ。人生に意味を感じるのは、孫といっしょにいられることだけ。彼女の現在は、郷愁と過去について繰り返し語ることで占められている。未来は死に近づくことでしかない。他の西欧諸国で暮らす仲間と自分を比べてみても、皆同じような運命だと思う。これがまた悲しみの原因になる。シャイーンは安全で心地良い愛情という領域で、女性として満たされたことがない。これが彼女の特徴である。いまは子や孫と愛を分かち合うこともできる。しかし彼女のほとんどは悲しみと痛みと過去の記憶で占められている。

孤独な女性、ベルキス

ベルキスのストーリーは既に書いたように（本書45ページ）、最初は清掃の仕事をしていたものの病気休暇を取り、その後働くことができなくなった。ある日私が訪ねると、彼女は深くため息をつき、せわしく動き回りながら、私に作り笑いを投げかけてきた。「子ども部屋を見てくださいな、ものすごくきれいだから！　こうしないと気がすまなくて。子どもにはゆっくり休んで羽をのばせる自分の部屋が必要ですもの」。次に彼女は床にスポンジのマットレスを敷いただけの汚い部屋を私に見せて言った。「見て、ファリダ。これが私のお墓なの、私のベッドが」。

ベルキスがベッドを墓に例えたことは、それ以来私の脳裏を離れず、これを書きながらもそればかり考えてしまう。このことは移民女性の状況について私に多くのことを語ってくれる。アブデルマレクとサイードが、フランスのアルジェリア移民が自分たちの状況をどのように受け止めているかを調べて書いた病状にも通じるものだ。

ベルキスは慢性的な病気を抱えている。彼女の中には母国にまつわる過去がどっしりと居座っていて、新たな故郷となるべき国に来ても孤独で孤立し、挫折している。とりわけ彼女の絶望的な状態を決定づけているのは、これを改善するチャンスがノルウェーにはないことだ。個人と社会構造の両方がこの状況を作り出していると私は考える。ノルウェーでは、病気に悩まされている人の暮らしを価値ある質の高いものに変える多くの法的権利が個人に与えられている。しかしそれを得るのは簡単ではなく、ベルキスのような女性には目に見えるものも見えないものも含めて多くの障害が立ちはだかる。

ベルキスはテレビで見たイスラム教指導者イマームについて話してくれた。彼は、ノルウェー人女性と同じようにイスラム教の女性も同棲しても問題ないと言っていた。そんなことはできないはずなのに、イマームがテレビでこんなことを言うのはおかしい。ベルキスによれば、ノルウェーにいるイスラム教徒の日常生活には、明文化されていない法やルールがいろいろあるのだという。たとえばスーダンなどにいる人より西欧で暮らすようになった人のほうが、これらの不文律やルールにより注意を払って暮らしている。しかし彼女は疑問に思う。「結婚しないまま男性といっしょに住んでいるノルウェー人女性は、赦しを請うために牧師のところに行くんでしょうか？　それに、牧師がノルウェーのテレビでそのことについてコメントするでしょうか？」。
女性のプライベートな暮らしや性生活に影響を与える宗教上の制約があるのに、実際には女性の人権が侵害されているのは受け入れられない。加えて彼らの文化の〈代表者〉が公然と前に出て、女性に許されている行為に関して嘘を言っているのであれば、状況は一層絶望的だ。

希望をもつ女性、バーリン

バーリンはシャイーンとはほぼ正反対の女性だ。権威を振りかざす家族との過去について批判的な見方をしている。痛みを伴う離婚も経験した。愛情や自由を制約するものを捨てて生きてきた。愛がどれほど大切か、バーリンは美しい言葉で記している。

「愛のない生活には、意味がありません。日常生活の困難を乗り越える力をくれるのが愛です。愛があってこそ、人間は完成されます。自分に必要なものを得ようとする女性にとって、愛は生活の土台です。人間の歴史は、アダムとイヴが愛を求め、楽園から追い出されたことで始まりました。愛は、人間が人間であることの最終的な意味であり、愛によってこそ幸せをつかむことができるのです。人間の幸せの土台である人類の文明、詩、音楽、芸術も、愛から始まりました」。

バーリンは、ベッドにも美しい意味があると話してくれた。「ベッドは静寂の庭です。自分が存在することを感じて、平和と静けさを見つけることができる場所です。生きている今について考えます。私は今、ここに生きています。静寂の庭の中でよく眠るためには、活発に動くことと愛に満ちた暮らしが必要です」。

バーリンは体に刻み込まれるような辛い数々の経験をしてきた。しかし今を生きることに焦点を当てている。だからこそ自分の痛みをコントロールし、意味のある暮らしをすることができる。大人の女性として、自分に何が必要かを受け止めながら暮らしている。

バーリンにとって、難民であることは戦争からの贈り物だった。戦争は、多くの人の命を奪い、破壊と殺戮の忘れられない思い出と共に、社会と個人の心に共通の思いを刷り込む。そうした記憶は、完全に脳裏を離れることはない。どうしても忘れられないのだ。バーリンは、移民女性にとって特に必要なのは、認められること、愛されること、受け入れられること、理解されることだと言う。その正反対のものをさんざん経験してきたのだ。新しい国で良いスタートを切るための大前提は、安らぎ、静けさ、安全だと強調する。

離婚後しばらくの間、バーリンの体調はよくなかった。医師もなぜ彼女の体が痛むのか理解できなかった。しかも彼女は幼いころから「男性は神の影である」と教わり、父親や成人した息子を尊敬するようにしつけられていた。男性優位を説くこの考え方のせいで、彼女は男性に距離を置くようになった。日々の暮らしの中で男性と愛し合うことができなくなった。離婚は家族や伝統に背くことであり、苦渋の決断だった。立派な女性なら、どんな困難にも耐えて夫と父に従うもの。自分の人生を惨めなものにした父も夫も、彼女にとっては愛すべき人たちなのだ。立派な女性として父と夫を愛し従っていたが、その一方で、すべてを夫に管理され、生きることが痛みと苦しみになった。

ノルウェー入国前に、バーリンは数か国で暮らした経験を持つ。どこに行っても困難はあったし、子どもや家族への責任に苦しみぬいた時期もあったが、ノルウェーでの生活は自分に新しい可能性をもたらしてくれると思っている。ノルウェーで自立した女性たちに出会ったことで、自分が生まれ育った社会について別の目で見ることができた。自立した女性として一人で生きるチャンスも得た。離婚してから、安らかな気持ちで過去を振り返ることもできるようになった。平凡だが、多くの女性たちも同じように過ごしてきたではないか。

バーリンは、こう考えることができるようになったのは勝利だと感じている。ノルウェーに来る機会を得たことで、男性も女性も平等な社会を目にした。過去について語ることも怖くなった。過去の自分の行動を良く思い出すが、それも受け入れることができる。自分が生まれ育った社会では、あれが普通の女性だった。今では、自分の過去について人に伝えることができる。自分は一歩先を行く存在だと思う。自分の経験を伝えることで、他の女性にも過去を受け入れ自分に必要なものを認識してもらいたい。心のバランスを得たことで、子どもにとっても前より良い母親になれたと思っている。

社会学者のピエール・ブルデューは、〈ドクサのハビトゥス〉[5]と〈内省のハビトゥス〉[6]の違いについて記している。〈ドクサのハビトゥス〉とは、疑いようのない当たり前のものとして潜在意識の中に存在するもので、これがその人の本性となることが多い。〈ドクサのハビトゥス〉と〈内省のハビトゥス〉の間には、〈ドクサの壁〉と私が名付けたものが横たわっている。その壁には、保守的な伝統や宗教上の慣例、哲学的な手法や考え方が詰まっている。アラブ・イスラム系の移民が移住する先では、それらを一括りにして文化を理解しようという考え方が大半を占めている。ノルウェー社会に広がる多文化への姿勢も、文化をこのように理解することを推奨している。そのため、〈ドクサのハビトゥス〉と〈内省のハビトゥス〉の隔たりはさらに大きく越えがたいものになっていく。これを変えるのはほぼ不可能だ。なぜなら、本人は忘れ去りたいことを思い出させるようなアイデンティティを押し付けられるからだ。

バーリンは人生の転換期を乗り越えて、自分の人生を自分で決める女性になった。しかしもし彼女がヴェールを被っていたら、ほとんどの人は彼女をまったく違う人間として見るだろう。

グローバルな良心と愛を求める気持ちを認めること

アフガニスタンやソマリア出身の人たちの苦しみは、元をたどると冷戦に原因がある。冷戦が原理主義やそれに伴う組織を発生させた。アフガニスタンがソ連に占領されている間に、パキスタンでもイスラム組織が成立した。当時は宗教的背景を持った勢力でなければ、西側から軍事援助や経済援助を受けることができなかった。その際、世論を動かすことができる西側メディアが重要な役割を果たした。さらには西側の支援団体は草の根レベルで宗教組織とつながっていた。それで最も保守的な宗教勢力が大きくなる機会を獲得し、その後、特に女性に対して非現実的な要求を繰り出しては、見せかけの希望を抱かせるようになった。

「見せかけの希望は人を縛ります。苦しみや痛みを長引かせるだけです」とショゴファは言う。彼女自身、伝統的な宗教や文化に引きずられ、ずっと消極的な世渡りに囚われていた。ベルキスにいたっては、非現実的な要求と、将来に対する見せかけの希望の両方に囚われた。夜寝る前にコーランの聖句を三十回唱えなければ生活していけないと信じ、自分で考えて暮らす力を徐々に失っていった。

彼女たちはノルウェーに来て、母国では持っていなかった宗教的アイデンティティを押し付けられた。そして西側の政治的事情のせいで、この新たなアイデンティティが一人歩きするようになった。さらには移民という立場上、攻撃されやすく、なかなか個人の意見を言うことができず、自分の文化と宗教について誤解されたまま、自分がどのような人間で何を考えているのか伝えられなくなった。

戦争被害者の女性が難民になってやってくると、個人としてではなく、国籍、文化、民族によって分類される。支援組織は個人を見ることなく、どの集団に入れるべきかを考える。その女性の個人的事情は考慮しない。それぞれがアイデンティティを持つ女性だと認識する姿勢が葬り去られる。それぞれの女性にとって、国籍や宗教や文化で構築されたアイデンティティは、逃れることができないものとなる。彼女たちは大まかで不適切に区分けされた集団に入れられる。こうして集団の一部になり、その集団の構成員として責任を負うことになる。移民に至った個人的な背景――しばしば人権侵害がからんだ話――が顧みられることはない。

移民女性にとって、ノルウェーで生活を始めるのは容易ではない。しかし、彼女たちがそれぞれ違う個人だと認められたなら、状況はもっと良くなるはずだ。それぞれ背景も必要としているものも違うことを、認めてもらわなければならない。非西欧諸国出身のマイノリティ女性の痛みを和らげるためには、まずこうした現実を理解すべきである。

精神科医であり精神分析医でもあるスヴェレ・ヴァルヴィン（Sverre Varvin）は、オスロの難民のための心理社会センターで長年働いてきた。彼は、難民や難民申請者は周りから認められないことで、背負っている心の傷をさらに深くすると言っている。「過去に深刻な人権侵害を受けてきた人は、〈心が踏みにじられた〉と感じる度合いが他の人より低いことがある」と指摘している。同時に彼は、新たな国でどのように扱われるかが、その後、品格ある良い暮らしをできるかどうかの分かれ目になると考えている。「だれかに頼らざるを得ない状況ではあるが、難民は困難を乗り越えてきた人たちなので、認めてさえもらえば強くなれるはずだ」。

移民女性は、ノルウェーで築く新たな家庭でのプライベートな人間関係でも個人として認めてもらう権利があるはずなのに、それが権利と認められずにいる。同じ国にいる他の女性たちには、その権利がある。例外はあるにしても、ほとんどの人にとって当たり前の権利だ。悲しいことだが、マイノリティ女性にとって、この権利は黙殺されている。マジョリティは多文化という考え方のもと、マイノリティのプライベートな暮らしはプライベートな領域だとして踏み込まずにいる。

私の妹のマリアム・アズィミは、女性の権利のために活動する詩人である。彼女は〈ベッド〉という言葉について独特の捉え方をしている。私がソ連占領下のアフガニスタンで刑務所に入れられていた時、マリアムはドイツにいたが、アフガニスタンに戻ってレジスタンスに参加する道を選んだ。彼女が書いたとりわけ美しい詩の中に、最も清潔なベッドを探し求める一節があるが、このベッドはレジスタンスとアフガニスタンへの帰還を象徴している。この詩は、移住する女性たちの愛や希望について、こんな考え方もあると語っている。

逃避[7]　　一九八三年十月　アーヘンにて

希望が消え入りそうな場所を歩いた、悲しみの泥沼を
考えられる限り清潔なベッドにたどり着けるはず
ここを歩いていけば、過去の日々を脱ぎ捨てられるはず
考えられる限り清潔なベッドに横たわれるはず

立ち上がり
朝陽を浴びて赤く光る小窓に向かった
外の道に朝陽が広がる
あの道を歩いて行けば、本当の自分に会えるはず

足早に歩いて、今の自分を静かに捨てる
そして逃げ場を探す
故郷の燃える丘の中に

〈bestar〉という概念はペルシャ語で文字どおり〈寝床〉を意味するが、他にもさまざまな意味合いを持つ。たとえば「こんなに苦しい〈ベッド〉に横たわるなんてがまんできない」などと言う。または、「こっちに来て、私の〈ベッド〉に座って」とも使う。近くに来て、そばにいて、という意味だ。〈ベッド〉は、自分がいちばん居たい場所。花や草は川の〈ベッド〉に生い茂る。子どもが来てあなたの〈ベッド〉に横たわる。この場合は、あなたの胸を意味する。〈あなたの胸〉は心地良い。

妹はさらに、「目覚め」という詩で〈ベッド〉について書いている。

目覚め[8]　二〇〇三年　オスロにて

ひとりぼっちで座った
夜が居座るベッドに
目を見開くと
自分の心が見えた

夜が居座るベッドで
私の家を照らしている心が

夜の黒いベッドでは
眠れない
夜が居座るベッドで
心安らかに
愛を交わせるだろうか

たぶん
そんなの簡単！と思うだろう
でも――
夜が居座るベッドでは
悪夢ばかりが現れる
彼の愛とぬくもりは、
どこに行ったのだろう

あなたの腕の中の
静かな眠りは
見つからない
見あたらない

夜が居座るベッドでは
目覚めることを
学ぶしかない
光のように目覚めなさい
目覚めるだけでいい
目覚めなさい

これは現代女性の歴史だ。ベッドは暗闇を意味するものでもあり、光輝く夢でもある。

こうした女性たちがプライベートな領域でも認められるように、その権利を勝ち取らなければならない。[9]〈彼女たち〉は〈私たち〉とは異質だ、などという考えから始めてはならない。そういう考えには、彼女たちは本当に認めてもらいたがっているのだろうかという疑念が潜んでいる。同じように、彼女たちを文化や宗教の文脈で捉えてはならない。彼女たちは、そんなことは望んでいないはずだ。

注

1 バブラク・カールマル（Babrak Karmal）はソ連占領下のアフガニスタンの革命評議会議長で親ソ連パルチャム派のリーダー。グルブッティーン・ヘクマティヤール（Gulbuddin Hekmatyar）は、欧米やパキスタンから経済的・軍事的支援を受けていた原理主義組織、ヒズベ・イスラミのリーダー。

2 アヤーン・ヒルシ・アリ（矢羽野薫訳）二〇〇八年（Ayaan Hirsi Ali 2007（ノルウェー語版）:110）。

3 たとえば、マルジャン・サトラピ（Marjene Satrapis）の *Persepolis* がこれに当たる。『ペルセポリス——イランの少女マルジ』（園田恵子訳）全二巻、バジリコ、二〇〇五年。

4 精神衛生協議会発行のブックレット Minoriteter og psykisk helse（少数民族と精神衛生）二〇〇六年版 p10,11 に記載の、カーリ・アンドレセン（Kari Andresen）によるスヴェレ・ヴァルヴィン（Sverre Varvin）のインタビュー。

5 特定の偏向を伴った認識、臆見。ブルデューがプラティック理論で導入した言葉。客観的な社会構造によって産出されたものが、自明なものとして認識されると、思考や知覚に誤認が生じることがある。これをドクサと呼んでいる。

6 日常の経験で蓄積され無自覚のうちに出現する慣習行動。ブルデューの社会学の中心となる概念。

7 この詩とその後の文は、Det brente hjertet 誌 Aschehoug forlag(Oslo)1999. より引用。インガー・エリザベス・ハンセン（Inger Elizabeth Hansen）と協力して書いた詩。

8 マリアム・アズィミ（Maryam Azimi）の未発表の詩。本書ではヨハネス・ジェルドケル（Johannes Gjerdåker）とファリダ・アフマディによる英語の翻訳を基にしている。

9 ここで再びアクセル・ホネットを取り上げた。承認してほしいという女性の欲求は司法の場でも、仲間の間でも、愛情の面でも無視されている。ドイツ人哲学者のアクセル・ホネットは、承認を言語と比較している。言語を機能させるには文法が必要だ。同様に承認を機能させるにも文法が必要である。ホネットはこれを倫理の文法と呼んでいる。倫理的思考が必要なのだ。ドイツが国家として機能し、人々が良い生活を送るには、公私の暮らしで承認してもらいたいという欲求を優先させる倫理が必須である。私はさらに良心が必要だと考える。良心は、国家を超えたグローバルなものでなければならない。

第六章　男性による支配と社会による支配

女性への抑圧は、特定の宗教や文化に関連があるわけではない。あらゆる宗教や文化で起きていて、ノルウェーも例外ではない。しかし、マイノリティ女性が抑圧や暴力を受けると、もっぱらイスラム教や伝統的な非西欧文化に結び付けられる。女性に対する抑圧と暴力はあらゆる文化に存在するものなので、あらゆる文化において阻止しなければならない！

現在ノルウェーにいるマイノリティ女性の多くは、家族再会プログラムの一環で入国し経済的に夫に依存しているか、または夫がノルウェーで落ち着いた後に新しい妻として連れて来られた人たちだ。[1]その多くはノルウェー語を学んでいないので、ほとんど自由を行使できていない。この状況では、独立した女性として自分を磨いたり地位を確立したりする平等の機会は得られない。また彼女たちの多くは、絶えず夫から精神的な苦痛を受けながら暮らしている。その結果、自分が何をすべきかまったくわからない機能不全に陥ることが多々ある。こうしたことは、人目につかずメディアに取り上げられることもないが、どう見ても男性による支配の結果である。

暴力は、殺人など極端な場合にのみ注目される。最近は、ノルウェーだけでなくヨーロッパの郊外やスラム街のあちこちで殺人が多発している。名誉殺人は女性への暴力の極端な形であり、男性支配にとどまらず社会による支配の結果でもある。他にも抑圧が極端な形で表れるものに、マイノリティ女性の自殺があるが、これはたいていい見て見ぬふりをされる。ノルウェーの公衆の間で議論される抑圧には、名誉殺人に加えて強制結婚や女性器切除がある。名誉殺人や強制結婚、女性器切除は、非西欧民族の文化、イスラム教徒の文化と説明されることが多々あり、非西欧諸国出身のマイノリティも全イスラム教徒も懸念している。巨大な集団のほんの一部の考えなのに、集団のすべてに当てはまるものとみなされている。

暴力と支配についてのストーリー

私はジェイコブセンターのコーランのグループでナイマに出会った。ナイマがこのグループに参加しているのは、神さまに夫を懲らしめてもらいたいからだ。彼女は体中についている傷跡を見せてくれた。夫が彼女のところにやってきて、金を奪おうとして殴ったのだという。殴るだけでなく、離婚したことを彼女の両親に言いつけると言って脅し、彼女にプレッシャーをかけていた。ナイマの家族は、離婚は女性に非があるという考えなので、離婚の事実が発覚するとナイマの立場はひどく悪くなる。ナイマは前夫に支配されているだけではなく、家族や知人、宗教的な環境といった社会的な支配も受けている。

二番目の妻であるアレゾも、同じような社会的支配に苦しんでいる。アレゾは、夫と親戚の両方から支配されている。これは多くの移民女性の典型だ。彼女は泣きながらこう言った。「夫と結婚して二十一年以上経ちますが、結婚式の数日後から、私の悲惨な生活が始まりました」。アレゾがまだ夫の店で働いていた当時、倉庫で働かなければならないと私にこぼしたことがあった。重いバナナの箱を運ぶのがあまりに重労働なので、座ってできるレジの仕事をしたかったが、夫は彼女を恥じていて許してくれなかった。「私たち女性は隠れていなければいけないんです。恥ずべき生き物ですから」。

やりたいのに夫に禁じられるのは店の中の仕事だけではなかった。ノルウェー語を学びたくても勉強してはいけないと言われ、自分の家族に連絡を取ることも好きにはさせてくれない。その結果、結婚と同時に社会的ネットワークのすべてを失ってしまった。

アレゾは自分のことを、パキスタンの家族文化としてよく紹介されるような、年寄りの世話をするために家にいたがる女性とは思っていなかった。「パキスタンの男性は、これが女性の義務であり、この義務を果たさないのは恥と考えているんです」。本当は、自分自身の家族に会いたいのだが、「女性の義務は、夫と夫の家族の世話をすることとされていますから」と言う。彼女は家にいても自由だとは感じていない。担当医からはビタミンDが不足しているので日光浴をするようにと勧められた。ありがたいことに、夫と義理の両親が数か月パキスタンに帰っていたので、バルコニーで日光浴をすることができた。夫と離れている間は自由を味わえるが、夫が三番目の新しい妻を探しているのではないかと心配でもあった。後に病気になると、病気が原因で三番目の妻が来るのではないかと気をもんだ。

それがイラン出身のバーリンの身に起きた。彼女の夫は、三人の子どもと前妻の子どもを彼女のところに残して、数か月間家を空けていた。戻ってきたと思ったら、彼は新たに三番目の妻と結婚した。彼はイランにいた当時、強姦罪で有罪判決を受けたような男で、ノルウェーに来た時、バーリンにはノルウェー語の授業で他人と話すことも許さなかったのに、同じコースを受講していた彼自身は公然と他の女性を口説いていた。彼女は音楽を聴くことさえ許されなかった。「なぜお前は愛の歌なんか聞いてるんだ？　だれか他の男に恋しているのか？」などとなじられた。彼女は夫の神聖な財産であり、彼女が座ってぼんやり宙を眺めているのを見るだけで何を考えているかわかるなどと言われることもあった。彼女がどこへ行き、何をするか、どのように考え感じるかまで支配しようとする夫のやり方を、バーリンは不本意ながら受け入れていた。夫を喜ばせることが神様の御意志だと信じていたからだ。ところがしばらくすると、この関係から逃れ、抑圧や嫉妬や支配から離れるべきだと気づいた。前述のように、現在彼女は離婚している。

個人を上回る集団の力

これらの女性が苦しんでいる絶対的支配の背景にあるのは、男性による支配だけではない。より一般的な社会的支配もある。モラルに反する言動をとった人に与えられる集団による支配や噂、集団的制裁などだ。男性による支配と社会による支配は共存することが多いが、マイノリティが圧倒的多数を占める地域では、男性も社会による支配で圧力をかけられていると思う。

前述のとおり、アレゾが医者に痛みについて相談したところ、運動するように勧められた。運動が痛みの緩和に効果があることは実証されている。パキスタン人があまりいない町に住んでいた時は、医者に言われたとおり運動でかなり良くなった。しかしオスロのグロンランドに移ってからは、体を動かす機会がなくなった。彼女は涙をヴェールでぬぐって泣きながら、私にこう言った。「ここではみんな、ジムよりもモスクに行くんです。これ以上話したら、ヴェールがびしょびしょになってしまいそう」。彼女はこれ以上は話せないと身振りで伝えると、再度女性であることが恥になる話に戻った。「ねえ、ファリダ、私、パキスタン女性は恥ずべき生き物だって言いましたよね。私がジムに行くと夫が恥ずかしい思いをし、家族全員の恥になるのです。皆に『見て、アハメドの奥さんがジムに行くよ』と言いわれ、モスク中に噂が広がります。こういう恥のせいで、痛みがさらに強くなるんです。パキスタンの頃よりひどいです。あっちでは皆それほど厳しいことは言いません。なぜなんでしょう？　家族や隣人と対立するのは耐えられません。みんなに、立派な女性ではないと言われるでしょうから」。

アレゾが話した内容は、支配の問題のきわめて厄介な側面だ。アレゾの夫と同じ状況にある男性は、糖尿病の妻が医者に勧められてジムに通うなら、その間に子どもの面倒を見てやりたいのだが、オスロのグロンランドではそんなことはできないと言う。「パキスタンでは周囲もそれほど厳しいことは言いませんでした。グロンランドにいるパキスタン人がどうしてこうなったのか、わかりません。グロンランドでは皆モスクに集まり、他人のこと以外話題がなく、自分の妻たちを監視するのに恐ろしく長けています。ムッラーは、イスラム教の価値観と伝統をノルウェーでも保っていくのはとても大事なことだと言うだけです」。

ノルウェーの公的な場での議論では、このようなタイプの抑圧は文化と切り離せないと言われることが多い。しかし、この男性が故郷とグロンランドを比較して話してくれたことと、アレゾが述べたノルウェー郊外の暮らしでは運動ができたという話はどちらも、文化が実際には変化することを示している。文化と宗教は、集団や男性がどうしてこのような行動を取るかを説明する際に、必ず持ち出される。しかし、彼らがなぜ文化に支配されてしまうのか、その理由を議論することはできない。いったいだれの文化のことを言っているのか、と他人事になってしまうからだ。私たちはむしろ、抑圧自体に目を向け、抑圧が現実に起きていると認めることが大切だ。

アレゾは、自分が周囲に支配されている様子を、次のように話している。

「外出するのはとても大変です。何よりも先に、なぜ私が外出するのかを義理の父と母に説明する必要があります。もし二階のご近所さんに会ったら何と言うかも考えなければなりません。特定の人に会わないように、歩く場所にも注意を払います。パキスタンの服を着るように気を付けなければなりません。さもないとノルウェー人かぶれしていると噂されるでしょうから。なぜ男性はパキスタンの服を着なくても許されるのに、私たち女性は強いられるのでしょう」。

グロンランドのようなスラム地域は都会の真ん中にありながら、パキスタンの村落よりも社会的支配が強い田舎じみた状態になっている。しかし、そのような抑圧がここでも続いているのは、故郷の文化のせいとばかりは言えないかもしれない。

ノルウェー在住のマイノリティの大半はパキスタン、アフガニスタン、トルコ、モロッコ、エチオピア、ソマリアなどの古風で家長主義の強い村から来ている。そのような国の強固な基盤である名誉と恥の法典が、グロンランドやその他の地域でも社会の支配によって守られているのは確かだ。たとえば、ノルウェー在住のパキスタン人の大半はパンジャブ州から来ているが、ウンニ・ヴィカンによると、そこでは年間五百件を超える名誉殺人が行われ、デオバンディ運動のような原理主義団体が大きな影響力を持っているという。[2] アフガニスタン、ソマリア、イラン、トルコ、アルジェリア、モロッコは家長主義や伝統や宗教に価値を置くことで成り立っていて、これらは政治的にも大いに利用されている。そしてこういう国々ではやがて、戦闘的な原理主義運動が歴史的影響力を持つようになっていく。[3]

しかし、ここで重要なのは、しっかりした評価を実施し、こういうこととは文化の違いだと決めつけないことだ。[4] 第一に、移民がもたらす文化は社会化の過程で生まれたものであり、それ自体が植民地主義、冷戦からグローバリゼーションへの移行、イスラムと政治のつながりなど、社会のさまざまな歴史が絡み合って生まれたものである。第二に、移民がもたらした〈文化〉は、社会による支配を誘発する原因の一部に過ぎない。〈文化〉と言われるものは多様である。ここ数十年の間だけでもたびたび急激に変化していて、今後も変化する可能性が大いにある。ノルウェー社会の諸要素は、じつはいわゆるイスラム文化の中身や方向性に大きく左右されていると断言する。

ここまで見てきたように、非西欧諸国出身のマイノリティは、特にオスロで多数派から隔離された〈社会の中の社会〉で暮らしている。[5] 原因は前述のとおり、主に経済力だ。こうした状況は比較的短期間に生まれたもので、ヨーロッパ、北米、カナダのすべてに見られる現象だ。〈社会の中の社会〉

の特徴は、〈皆が皆を知っている〉ことだ。人も家族も外部の人にはわからないさまざまな役割を担っていて、互いを知っている。オスロのグロンランドやアンガルッドなどのスラム地域では、ノルウェーに来てから生まれた親しい付き合いに加え、家族同士の絆が強いことが特徴になっている。[6]この小さな社会が独自の構造を作り出しているが、その出発点は文化ではなく経済なのだ。

また移民がどのようにしてノルウェーに出会ったかという観点から、社会による支配を見ることも重要である。一九七〇年代に最初のパキスタン人労働者がノルウェーに入国した時、彼らはじつは仕事に就いていたが、自らの地位を確立する上で大きな問題を抱えていた。彼らの大半は、当時評判の悪かったグロンランドで、経済的に恵まれていないノルウェー人や薬物中毒者に囲まれて暮らしていた。ノルウェー語を話せない人が多く、家族もいない。そのため生活は困難で、ノルウェー人と接触したり関係を築いたりするのに必要な条件はほとんど持ち合わせていなかった。彼らは最初こそ労働組合で活動したものの、しばらくするとモスクに出入りするようになり、会合もモスクで開くようになった。周囲に認めてもらえないのは現代社会の一側面だが、移民にとっては特に問題だ。そこでモスクの出番となったのだ。モスクでは帰属意識も得られるし、アイデンティティを構築しなおすための基盤も提供してもらえる。こうして、モスクはオスロの重要な集会場所になった。

ノルウェーに来た最初の移民は労働移民だったというのに、移民の失業率はマジョリティに比べてはるかに高い。人が定着するには仕事も重要な要因だ。[7]本書にすでに登場したベルキスは、「仕事が人間を作る」と言った。自活していることが誇りだったとも言っていた。福祉の恩恵を受けずに自分で稼ぎ、アパートも見つけ、子どもたちを余暇活動に参加させることもできて満足していた。すでに話したように、そんな彼女も失業して絶望し、それが引き金になって彼女の人生は宗教の虜になってしまった。

すでに一九八六年に、カリード・フセイン（Khalid Hussain）が著書『パッキス（*Pakkis*）』の中で、父親が失業してから頻繁にモスクに通い始めるようになったいきさつを記している。父は伝統的な服を着始め、子どもたちにもモスクへ行くよう強制したという。モスクや宗教団体の影響力が増大するのは何よりもまず、そこが社交の場だと捉えなければならない。[8] ノルウェーのイスラム教コミュニティの信徒数が一九八〇年に約一千人だったのが、二〇〇三年には七万三千人に急増したが、それは偶然ではなかった。[9] もちろん、この増加原因の一部は移住者が増えたことだが、それだけではない。失業と宗教の活性化には関連が見られる。またモスクが組織のメンバー数に応じた助成金を国から受け取っていたことも明るみになった。これもまた、モスクがメンバー増強に力を入れるようになった要因の一つだろう。

社会による支配は宗教との関連が強いが、少なくとも部分的にはアイデンティティと社会的帰属の問題に絡んでいることを理解しなければならない。なぜなら、これら二つの要因はグローバル化した世界のあらゆるところで問題になっているからだ。[10] アイデンティティ、モラル、言語などの象徴秩序が脅かされている集団は、自分自身と他者の間の分断を強める傾向がある。[11]

ノルウェーの政策とノルウェー人のマイノリティに対する考え方が大きく作用し、社会の中に社会的支配が強い小社会ができたに違いない。そして、これがもたらす女性への抑圧は、男性優位社会をまるごと受け入れる非西欧型価値観によるところが大きい、と思い込まれてきたようだ。その結果、こんな考えの移民をさらに受け入れることができるのか、定住後の移民はノルウェーの良質な価値に適応できるのかが、頻繁に議論されてきた。

しかし男性による支配と女性の抑圧は、進歩党や反イスラムのジャーナリストであるヘーゲ・ストールハウグ（Hege Storhaug）やアヤーン・ヒルシ・アリが主張しマジョリティの多くが信じているように、単純に非西欧文化と信念によってのみ引き起こされているわけではない。西欧の国にマイノリティが到着した時に、変えることのできない強固な文化の鞄を持ち込んでいるわけではないのだ。私のように多くの移民は人生の一時期に、西欧以外の生まれ故郷で大いに自由を味わっている。さらに大半の移民はノルウェー人と同じく、文化や宗教によってあらゆる考えや行動を支配、管理されるような生活はしていない！　非西欧文化は民主的ではなく、固定していて変えようがなく、西欧のモデルとまったく異なるという考えは、宗教と文化を型にはめ、人種差別の根源になる。またこの考えは、ノルウェーの多文化主義は失敗だという見方を基に文化を誇張し、干渉しないことへの言い訳に使われるようにもなった。

したがって人や文化に原因を押し付けて満足すべきではなく、もっと複雑な原因に目を向ける必要がある。しかしまずは、支配的態度が女性にどのような影響を与えているかを見なければならない。そうして初めて何らかの対処ができる。

フィールドワークやマイノリティ女性のインタビューを始めたころは、彼女たちの夫が学校での保護者会にも参加せず、家事を手伝うでもなく、毎日の雑用のいくつかを引き受けもせず、妻を助けようとしないことに私は憤慨していた。ところがフィールドワークが終わりに近づくにつれ、女性の暮らしが困難をきわめている原因は男性優位だけではないと結論づけざるを得なくなった。男性優位は多くの社会分野で非常に身近な問題である、夫による支配は、さらに大きな社会的支配への第一歩になる。しかし、この社会的支配を男性だけのせいにはできないと思う。男性の態度もさることながら、男性もノルウェーの文化によって今まさに制裁を受けていること、そして現在も行われている宗教上の習慣が女性の暮らしに少なからず影響を与えていることにも目を向けなければならない。

宗教による支配

権力をもった宗教団体は、マイノリティの環境にはつきものである〈社会による支配〉の維持・保全に、大いに力を振るってきた。この分野については、さらなる分析が必要だ。私に情報を提供してくれた女性たちは、社会による支配の経験を説明する際に、よくモスクのことを持ち出した。またイマームの発言には、マイノリティへの社会的支配を支持するようなものも見受けられた。たとえば男性が妻を殴るのは合法だと述べるなど。[12] しかし、こうした発言は、イマームの影響力を制限するよう要求しているマイノリティからは特に強い反発を受けた。

最近のイマームは、マイノリティが抱える多くの問題について自らの考えをメディアで述べるようになり、彼らの出身国よりもノルウェーで大きな力を持つようになっている。[13]

これらの組織が見かけ通り、社会的支配を維持する中心的役割を果たしているなら、重要な問いかけをすべきだろう。ノルウェーの一般社会への影響力について。そして、国から受け取っている助成金について。つまりこれらの宗教組織が絶大な権力を持っていることを指摘するだけでは不充分で、彼らがなぜ、どのような状況のもと、このような強い影響力を獲得したのかを調査しなければならない。[14]そしてノルウェー国家が、この影響力に寄与しているのではないかという点も、思い切って議論しなければならない。

社会人類学者のマリアンネ・グッレスタはきわめて明快だ。彼女は次のように書いている。「(多文化主義は)強い束縛を受けている人や、互いを排除し合うようなグループに属している人を危険にさらす。統計や規則を重視する政権には、自らの権威を強固にするために民族や宗教上のリーダーと協力し合いたいという願望があるからだ」。[15]トーマス・ハイランド・エリクセンは数々の著作の中で、宗教は個人の問題だというノルウェーの考えに疑問を呈している。宗教は市民に影響を及ぼしていると言う。オッドビョルン・ライルヴィーク（Oddbjørn Leirvik）も、宗教は社会的関心事だと指摘している。[16]宗教が公共の領域に入り込んだのは、性別による差別を禁じる一九七八年に制定された男女平等法にもかかわらず、国家が宗教コミュニティの自治を認めることにしたからだ。しかし宗教の自由の名のもとに女性の権利が侵害されている場合、民主主義社会では干渉しないわけにはいかない。抑圧を認めるようなことを言う宗教のリーダーが、公の場で文化グループ全体の代表として振る舞うことを許してはならない。

女性が社会的支配に弱いわけ

仕事をしていない女性は、支配を受けている環境以外の人とほとんど接触しない。一方のマジョリティは、社会的ネットワークとは無縁の生活をしているので、多くのマイノリティ女性の暮らしに関わることはほとんどしない。

ノルウェー社会でまともに暮らすには、家族や同質の生活環境から外に出て人間関係を作ることも必要だ。これは子どもにも大人にも当てはまる。母親は、アンガルッドに住んでいたエリザベスのように、自分の子どもがノルウェー人の友だちと遊んでいるかを確認しようとする。ノルウェー人と接触して友だちになることは、多くの移民が直面する最大の関門の一つなのだ。このようなネットワークは、所属意識や存在意義を育むのに役立つだけでなく、親しくなりたいという基本的要求も満たす。しかも実生活に役立つ。たとえば仕事を見つけたり、言語を習ったり、暮らしている社会についてより深く知ることもできる。しかし多くの人はそうできずにいて、マイノリティとマジョリティの暮らしは離れてしまうことが多い。マジョリティのコミュニティと接触することなく疎外されているマイノリティは、社会の支配を一層受けやすくなる。

今日、ノルウェー移民が密集している地域では、女性も男性も社会による支配に苦しんでいる。ただし、より苦しんでいるのは、やはり女性である。アレゾが「アハメドの妻がジムに行った」場合の周囲のリアクションについて話したことや、これは恥になると口にしたことからも、社会による支配は特に女性に向けられていることがわかる。恥という概念は、社会による支配に潜んでいる。デンマークの政治家ナサ・カダー（Naser Khader）は、名誉と恥について関心を持っている一人だが、多くのイスラム教徒の日常生活を不文律がどれだけ支配しているかについて語っている。[17] ノルウェーの人類学者、マーリット・メルフース（Marit Melhuus）は、名誉と恥は性別と密接につながっていて男女に異なる振る舞いを要求すると言っているが、これと同じくカダーも、女性は女性らしい振る舞いによってのみ名誉を得られると言う。[18] その一方、男性はさまざまな要因で名誉を得る。たとえば家族を養う能力や家族が尊敬されるように仕向ける能力、女性の性的な振る舞いや女性らしさを保護する能力などで名誉を得る。妻や姉妹の面倒を見て性的関心をコントロールすることも、男性の名誉には必要だ。[19] 女性は、このように社会的支配を受けているので、個人として果たす役割は小さい。母であり、妻であり、娘であるだけだ。

女性に対する男性優位や社会的支配に何らかの手を打つには、マジョリティ女性を含む女性を個人として認めることがきわめて重要かつ必要だと、社会が認めなければならない。同時にこれは、個人レベルで解決できるものではなく、社会の仕組みの問題だ。社会を機能させる仕組み自体が、女性の活動を阻止しているのだから。結論として、この問題の解決には個人と社会構造の両方から迫る必要がある。

どんな宗教や文化に属していようとも、女性への暴力も社会による支配も許すべきではない。社会からの強い支配や制約にさらされて暮らしている女性たちは、暮らし方を変える決断をめったに下さない。だからこそ、私たちは、さらなる研究を重ね、ノルウェーの多くのマイノリティ女性の暮らしが今なお男性や宗教リーダーや保守的な地域コミュニティによって支配されている理由を突き止めなければならない。

トリル・モイ（Toril Moi）は、社会の現場を競争の場と定義している。マイノリティ女性にとって、運命を決するほどに重要なのはプライベートな領域だ。彼女たちは、男性がすべてを支配する場では力関係から見て敗者だ。しかも社会の現場でも敗者である。マイノリティのコミュニティは足りないものだらけで、尊敬される女性になれるわけがない。私が出会ったほとんどのマイノリティ女性は、ノルウェー系の住民と対等な立場で友情を育むのは不可能だと思っていた。自分が暮らす社会で、敗者のように感じることがたびたびあるという。しかし彼女たちは、その理由を理解していないので、これを足掛かりに状況を変えることもできないでいる。マイノリティとマジョリティの間の大きな対立を生んでいる組織はたくさんあるが、先に述べたように診療所はその一つだ。そして、ノルウェーのマイノリティがどんな目に遭っているかを理解しようとするなら、構造的な原因にもっと注目すべきだ。それればかりでなく、公共機関で遭遇する問題についても注目しなければならない。女性たちの重荷になっているのは、プライベートの領域でも公的領域でも認めてもらえないという特殊な二重苦なのだ。

注

1 Monica Boyd and Elizabeth Grieco 2003 を参照。

2 Aftenposten 紙二〇〇六年五月二七日。

3 Kari Vogt 2000:24.

4 ブルゴワ（Philippe Bourgois）は、一九九五年に行った米国ニューヨークで暮らしているプエルトリコからの移民の状況分析において、人が暮らしている社会の現場を理解するためには、機関と機構の間の微妙な力学を調べる必要があることを示している。Bourgois 1995.

5 Aje Carlbom 2003. カールボムは、スウェーデンのマイノリティの生活環境に多文化主義がどのような影響を与えているかを明確に示している。

6 農村の状況は、人間関係が一面的な都会とは違い、さまざまな社会的力学が働いて多面的な人間関係になっている点に特徴がある。多面的な人間関係とは、さまざまな役割や状況によって人が互いに知り合う関係である。グロンランドの農村やオスロの他のスラム地域では、これに加え、親密な親族関係やノルウェーで新たに生まれた強い絆が目立つ。

7 Abdelmalek Sayed 2004 を参照。

8 アイデンティティと帰属意識の崩壊は、特に移民やマイノリティで起きているが、ポストモダン社会自体の一般的な問題でもある。これはアイデンティティが基本的に問題化している不安定な現状の中で特に目立つ。バウマン（伊藤茂訳）二〇〇七年（Zygmunt Bauman 2004）を参照。またノルウェー人がアメリカに移住した時に、新しい国にどのように定住したかを記憶しておくことも重要である。

9 White Paper nr.49 (2003-2004) :180

10 Anthony Giddens 1991.
11 Mary Douglas 1966, Nancy Scheper-Hughe and Margaret M. Lock 1987.
12 Dagsavisen 紙二〇〇五年十一月十三日、p.8.
13 Unni Wikan 2002, Marianne Gullestad 2002.
14 Unni Wikan 2003:265.
15 Marianne Gullestad 2002:302.
16 Oddbjørn Leirvik 2005.
17 Naser Khader 1996.
18 Marit Melhuus 2001.
19 語源的に「sjærm（恥）」は、女性の外性器を意味する「sjærm-gah」と関連がある。

第七章　メディアとマイノリティ女性の日常

かつてこんなことがあった。ある日、仕事帰りのショゴファが乗っていたバスに一人の老女が乗り込んできた時のことだ。バスが動き出した瞬間、老女が転びそうになったので、ショゴファは駆け寄って自分の席を譲ろうとしたが、老女は憎しみに満ちた目でショゴファを見つめ何かつぶやいた。よくわからなかったので聞き返したが、老女は同じことを繰り返す。老女が「ファン・ゴッホ」と言っているのかと思い、「いいえ、次のバス停はジョンコレットスクエアですよ」と言ったが、老女はまた同じことを繰り返した。その時はじめて、老女が「あんたらがファン・ゴッホを殺したんだろう」と言っているのがわかった。いったい何のことか見当もつかなかったが、何か不愉快な事態が起こっているのだろうと思った。

家に帰り、子どもたちにそのことを話すと、子どもたちは「最近のニュース、見てないの？ イスラム原理主義者がオランダのファン・ゴッホって映画監督[1]を殺したんだよ！」と教えてくれた。子どもたちは学校でこの事件に関連した嫌な質問を浴びせられたという。メディアがこうした対立を生み出す。イマームなど宗教上の権力者が、その宗教の代表者と名乗ってメディアに登場し、ファン・ゴッホ殺害事件のようなできごとについて論争を繰り広げる。それで状況がエスカレートしてしまうのだ。

ノルウェーのメディアでマイノリティが対等な人たちだと認められることはほとんどない。ジャーナリストがマイノリティをノルウェー人とは異質なものとして書き立てるので、マイノリティはノルウェー系の人とは根本的に異質なのだと思われてしまう。彼らの文化も歪曲して描かれるから、民主的で開かれたノルウェー社会の敵のように見られる。

〈ある人たち〉の人間性を断定し、自分たちとは基本的に違うと言い立てると、圧倒的な力でその定義が正しいものとして広まる。このことについて、ノルウェーのジャーナリストは十分に反省しているだろうか。現実にどういう問題に発展するか、わかっているだろうか。

ノルウェーのメディアは、マジョリティの代表者の意見ばかりを取り上げる。そこでのマジョリティは、マイノリティを仲間として受け入れるかどうかを自分たちで〈選択〉できるかのように話す。このような姿勢一つを見ても、いったいだれに決定権があるというのか、ノルウェー住民の多くを占める人たちについて受け入れるかどうかを勝手に決めていいものか、という疑問が沸き起こる。

ノルウェーのメディアは、これと逆の取り上げ方はまずしない。マイノリティが前面に出て、ノルウェー系の人たちのさまざまな習慣を受け入れるか否かを考える、などということはあり得ない。〈国民的〉コメディアンとして尊敬されるマイノリティ出身者でもなければ、まず受け入れられない。マジョリティにはマイノリティに関する意見がある。その多くは、良いか悪いかという二者択一だが、それでも偏りのない見方として提示される。マイノリティの側は、過激思想の持ち主として新聞に大々的に掲載されるのを望まない限り、マジョリティに対して何ら批判めいたことは言えない。

エリザベット・アイデとアンネ・ヘーゲ・シーモンセンは著書『疑わしいよそ者〈*Suspicious Foreigners*〉』の中で、ノルウェーのメディアでは〈私たち〉と〈彼ら〉を対立したものとして取り上げることが、一世紀以上にわたって普通になっていると述べている。そして、スウェーデンとの合併時代以降、メディアはマイノリティを国家にとって異質な住民で社会になじまない〈よそ者〉として取り上げてきたことも示し、これこそ勢力バランスの表れだと言っている。二人はこう結論付ける。「規範を決める中枢は特権を利用して、ある人々を（しばしば無用の）〈よそ者〉と決めつけるが、通常はそう決めた責任は取らない。こうしてまた、マジョリティこそノーマルだというアイデンティティが強められていく」。[2]

アイデとシーモンセンは、歴史を見ると〈私たち〉と〈彼ら〉という区分けはナショナリズムの成長と共に出現したもので、このことはナショナリズム研究でもたびたび指摘されているとも述べている。「国民国家という考え方は強固な組織力を持っていて、我々の中にある違いを体系化し、公共機関や官僚制度での差別を引き起こした」。[3]

新聞やその他のメディアはきわめて重要な地位と権力を持ち、ノルウェーの大きな国民コミュニティ、つまり大きなノルウェー人グループである〈私たち〉の考え方を作り上げ、これを維持している。

多文化主義とメディアの危険な結びつき

アイデとシーモンセンが描いたこの〈私たち〉と〈彼ら〉という区分けは、ノルウェーのメディアに一世紀以上、居座り続けてきたと思う。それが今、いわゆる多文化主義という新しくて危うい考え方で正当化されている。

多文化主義は違いに注目する考え方で、宗教と文化の観点から他者を判断する。

ノルウェーのメディアはノルウェー社会の多くに多文化主義の考え方が存在することを認めていて、新聞もこの考えに基づいて報道している。ノルウェーのメディアは〈ノルウェー人〉のために作り出されものである。その〈ノルウェー人〉コミュニティは大きくて一目置かれる存在で、見た目には均質だ。そして〈その他の者〉は常に良い意味でも悪い意味でも異質なものとされる。良い意味ではマイノリティという負のバックグラウンドにもかかわらずスキー選手になった、苦労して職に就いた、学校の成績が優秀だ、などという見方をされる。悪い意味では犯罪者など。メディアの報道は、非難と物珍しさを織り交ぜたものになることが多く、移民を個人としては見ていない。宗教を率いる人の発言を取り上げ、それが〈ノルウェー系ではない〉という共通の特徴を持った大きなグループを代表する意見のように見せるのは、先に述べた通り、個人を無視するやり口に他ならない。

社会学者のシャラム・アルガシ（Sharam Alghasi）は、一九八九年から一九九七年三月の間のNRK（ノルウェー放送協会）やTV2などの討論番組や報道番組で移民がどう扱われたかを研究した。[4]そして、こうした番組では移民とマジョリティの関係をもめ事や対立として描くのが一般的で、対立は文化の違いによるものと説明され、外国文化へのこうした考え方がノルウェー人の差別姿勢の元になっているという。そして彼はテレビ番組によって既存の対立が増殖・蔓延していくと考えた。この研究から十年が経ち、アイデとシーモンセンは、状況は改善されているように見えるものの、道のりは依然として長いと言っている。

アイデとシーモンセンは、ノルウェーではマイノリティに関した報道に、対立をテーマにしたものがどれほど多いかも示している。ノルウェーのメディアでは、マイノリティを代表するような人たちが果たす役割は、これまでも今も限られている。アイデとシーモンセンは今日のメディアに見受けられる四つの異なる論調を浮き彫りにした。一つ目は、マジョリティを問題視する論調だ。マジョリティ社会はマイノリティにとって障害になっているとして、厳格な移民政策や人種差別やその他の差別を取り上げ、〈その他の者〉の文化や価値への敬意が足りないことを問題視する。たいていは〈その他の者〉を被害者として捉える。もう一つの論調では、〈その他の者〉を脅威や問題として取り上げる。犯罪やさまざまな文化の誇示、ノルウェーに移り住んできた大勢の移民やイスラム教徒へのいら立ちなどが、このケースに当てはまる。実際には、ここでも〈その他の者〉は被害者になっているのがわかる。ただしそれは、彼ら自身の文化的背景、たとえば女性器切除や強制婚などによる抑圧の被害者として取り上げられる。三つ目と四つ目の論調では、多様なコミュニティと〈その他の者〉を財産と考える。ここではたびたび異質性を肯定的に捉えることに重点が置かれ、彼らは文化的、宗教的に違いがあるが、それでも平等であると言う。私たちが日々接する報道では、最初の二つの論調が圧倒的に多い。[5]

人々の暮らしとメディアの力

メディアは、マイノリティにとってもマジョリティにとっても、相手への姿勢や考え方を形成する上で非常に重要な存在になっている。その大きな理由は、マイノリティとマジョリティは互いにほとんど接点を持たず、したがって両者の感じ方はかなりの部分、テレビや新聞の影響を受けるからだ。エリザベット・アイデはマスメディアを経済力に次いで力を持っている存在と位置づけている。[6]そうなると、メディアは強大な力と共に大きな責任も担っていることになる。[7]

しかしながら不幸なことに、対立志向の報道ではマジョリティとマイノリティが敵対者として描かれ、これがマイノリティとマジョリティが社会の中で接点を持つ際の土台になってしまっている。メディアによって作り出されるこうした姿勢は、学校や地域社会、電車の中、職場など、さまざまな場所に顔を出す。ノルウェーに住み、ひと目でマイノリティだとわかる人々は皆、このことを知っている。

移民である彼らは好ましくない人物という偏見を押し付けられ、否応なしに注意深く暮らさなければならなくなる。差別なく受け入れてもらうためには、マジョリティと付き合う際に完璧に模範的な人間にならなければならない。このように、移民はメディアのせいで、実社会でも生きづらくなっている。アレゾは多くのマイノリティが感じていることをこう代弁する。「ノルウェー人は私たちのことが好きじゃないのよ」。汚名を着せられていると感じているアレゾは、その原因の大部分は移民を好ましくない人物として描く新聞にあると考えている。

マイノリティは往々にしてメディアが提供する自分たちの像を黙って受け入れるしかない。彼らは議論に参加することもないため、自身を弁護することも、メディアの生み出す虚像と違う実像を示すこともできない。対立志向のメディアが話を聞く相手は、さまざまな宗教団体の代表者が圧倒的に多く、それによって〈他者〉の文化や宗教はやはり〈異質〉だと追認される。そこで語られる言葉は極端になる。それとは別に、自分たちの文化を自ら攻撃する人たちもいて、メディアに取り上げられることで姿を現す。彼らは自身のことをノルウェー人以上にノルウェー人だと豪語するが、それはそれで脅威になる。

私が出会った女性たちは、ノルウェーのメディアが報じる画一的なイメージに苦しんでいる。その苦しみは、子どもたちにも及んでいる。

シャイーンとクレカル、ベルキスとビンラディン

シャイーンは高等教育を受けている。自意識が高く、世界経済に興味を持っているが、ノルウェーの政治環境でよそ者のような疎外感を味わっている。ムッラー・クレカルがメディアに登場するのを見るのは耐え難い。原理主義者に味わわされた痛みが蘇るからだ。「犯罪者がテレビに登場して、あたかも権力者のように他の人たちと討論するなんて、こんなものが言論の自由なの？　政治家を殺したムッラー・クレカルがテレビに出演するたびに、世論調査で移民に対する憎悪が急増するんです。カール・I・ハーゲン（多くの人に右翼のポピュリストと思われている進歩党の政治家）を支持する人が増え、私たちとノルウェー人の間の憎悪が増し、ますます距離が広がってしまいます」。ムッラー・クレカルがテレビに登場するたびに、シャイーンは〈肩こり〉と頭痛を発症し、やがて無力感

にさいなまれる。「ノルウェーの社会は私の敵を私の代表者みたいに紹介するんですから」。

シャイーンは、メディアがマイノリティをどのように紹介するかを気にしていて、進歩党が第一党にのし上がる原因を作っているポピュリストの姿勢を、とりわけ心配している。メディアの俗悪化とポピュリズムが、マジョリティとマイノリティ双方の認識力を弱めている。イスラム教徒の中の過激な宗教観に注目が集まり、マジョリティにイスラム教徒への恐怖心が芽生えてしまった。このことはイスラム教徒一人ひとりに影響を与えている。ムッラー・クレカルとは何の関係もない人たちや、ムハンマドの風刺画など気にもかけない人たちに、影響を与えているのだ。移民はふだんから偏見の対象にならないようにと細心の注意を払って行動しているが、さらに特別の負担を強いられることになる。メディアによる報道は、地域レベルでの融合をさらに難しいものにしている。新たな移民は、ニュースから学んだ拒否的な姿勢が定着している場所にやってくることになる。これはアパートに引っ越してくる人たちや職場で昼食を取る人たちにも当てはまる。

メディアの世界はシャイーンの暮らしを直撃し、彼女の痛みの原因にもなっている。シャイーンによると、ムッラー・クレカルが画面に登場すると体調不良になるだけでなく、他の報道、たとえばイラクの捕虜の報道や、自身も体験した人権侵害や抑圧が世界のどこかで行われている報道を見ても、気分が落ち込んで無力感に襲われるのだと言う。世界各地の悲劇が彼女の暮らしの一部になっていて、うつや病の一端にもなっているのだ。シャイーンは、「じわじわと死に向かっている」と言う。

ベルキスに話を移そう。彼女は、失業した時、暮らしに四苦八苦しながらも、社会福祉の世話になるのではないかと心配していた。これまでは、ノルウェーのメディアが描くような移民ではないことに誇りを感じていた。仕事を持ち、アパートを所有し、自分で稼ぎ、シングルマザーとしてうまくやってきた。ところが病気になって働くこともままならなくなり、これまでの暮らしと自己イメージが崩れ去ったのだ。

彼女がはじめて病気療養のための休暇を取って間もなく、私は彼女といっしょにテレビを見たことがある。貧しい人々にスープを配るアラビアの王様を紹介する番組で、王や国家が人々を慈しんでいることを伝えていた。ベルキスは「王様はどうして食べ物ではなく仕事を与えてくれないんだろう。そうすれば、好きなものを食べられるようになるのに」と憤慨した。この番組を見ている最中にベルキスに電話がかかってきた。主治医の病院からで、病気療養のための休暇が十五日間延長されたという知らせだった。ベルキスは「ありがとうございます」と答え満足そうに見えたが、電話を切ると、こう言った。「ねえ、病気休暇は王様が貧しい人たちに配ったスープみたいなものよね。仕事をしていた時は給料をもらうのが楽しみで、王宮にあるのと同じ家具だって買えるわ、なんて思ったものよ」。彼女にとって仕事は、家を住み心地良くしたり家具を買ったりして、より良い暮らしにしていくための希望だった。稼いだお金は良い暮らしをするための機会を与えてくれた。自分は、〈ただの移民〉とは違う。

この直後、ベルキスは事故に遭って怪我をし、フルタイムの仕事に戻る希望を失った。病気休暇の延長にも限りがあり、疾病手当ももらえなくなり、リハビリに通わなくてはならなくなった。こうして経済事情はさらにひっ迫し、これを自分の敗北と捉えてしまった。

失業し、自由に体を動かせなくなったベルギスは、テレビを見る時間が多くなった。それもアラビア語のチャンネルだけを見ていた。ビンラディンの発言も耳にし、イラクやその他の地域からの戦争報道も見た。そして自分自身やノルウェーでの暮らしを、中東での紛争やイスラム教徒とパレスチナ人の状況に重ね合わせるようになる。イスラム教徒は世界各地で弾圧を受けているんだ、と思った。すでに述べたように、ノルウェーでの自分と上司との関係を、イスラエルとその占領下にいるパレスチナ人になぞらえ、以前の上司はシャロンと同じ憎しみのこもった目つきをしているなどと言うようになった。

ある日、いっしょにテレビを見ている時に、ベルキスは「まだ希望があるわ」と言い出した。「体重が二十五キロもないビンラディン（この人は超自然能力を持っていると彼女は信じこんでいる）が、不信人者のブッシュをやっつけてくれるもの。いつの日か世界はもっと正義に満ち、すべての人がイスラム教徒になるんだわ」[8]。

ベルキスがビンラディンを知ったのは、ノルウェー郊外の自宅の居間にあるテレビで見たからだ。彼女はビンラディンのことを正義の神さまで、自分を苦しめている不正と戦ってくれる人だと思っていた。彼女はビンラディンの過去を何も知らないのだ。私が原理主義の歴史やアフガニスタンでは原理主義者に女性がレイプされたり殺されたりしたことを話すと、ショックを受けていた。ベルキスはメディアの影響をもろに受けた良い例で、具体的には日常生活での対立を、メディアが伝える世界規模の危険な紛争と同類のものとして捉えてしまっていた。

一地域の、すでに弱い立場にある個人の考えなのに、世界規模のできごとと混同してしまう。このメカニズムは、それぞれが置かれている生活環境全般、この場合は個々の移民の生活環境全般で見られる現象だ。

社会環境や日常生活で問題が蓄積している場合や、人々が痛みや無力感の正しい原因がわからずにいる場合には、自らの暮らしぶりをきちんと理解するのが難しくなる。問題を、すでに存在している状況や、すでに明確になっている対立事情のせいにする。しかしそうなると、問題の解決はその原因と同じく、掴みどころがなくなってしまう。

地域と国内と世界の一体化

シャイーンとベルキスが自分たちの暮らしを通して世界を見る時、出身国の一地域での体験が、メディアで伝えられるグローバルな紛争やノルウェーという一地域での体験と混じり合う。地域と世界をいっしょくたにしてしまうのは、マスメディアによるところが大きい。イギリスの社会学者、アンソニー・ギデンズ（Anthony Giddens）は、今日のメディアのせいで「遠くのできごとが日常の意識に入り込み、彼らの認識の相当程度を作り上げている」と述べている。[9] 私に情報を提供してくれた女性たちに共通しているのは、苦しみが日常茶飯事である地域から来ていることと、個人的に苦しい体験をしたことがノルウェーに移住した大きな理由になっていることだ。また移住の過程も大きな重荷になっているようだ。ノルウェーなど西欧の国にやってくる移民は新たな環境、つまり移民の暮らしを体験する。アブデルマレク・サヤッド（Abdelmelk Sayed）によれば、移民であること自体、病的体験と言えるという。[10]他の場所での世界規模の紛争や苦しみが、新たな生活の場での体験と混じり合い、自分たちと似たような体験をしてきた世界の他者のことを思い〈共に苦しむ〉。彼らは弾圧の構図も広い視野で捉える。この種の体験は現代社会の特徴になっている。

私に情報を提供してくれた女性の中には、世界のできごとと住んでいる地域の日常的な問題が一つになって、体に異常をきたす人もいた。自らの体験を他者も体験しているという意識が、彼女たちの体の中にどんどん積み重なっていくのだ。シャイーンもベルキスも、こうした多くの例に含まれる。自分と他者の痛みが合体するタイプは、新たに生まれた障碍とも言えるもので、私は苦しみのグローバル化と呼んでいる。このようにマイノリティ女性が抱える問題の原因を理解する上でも、メディアは重要な要素の一つなのである。

メディアが伝えない女性たちのトラウマ

戦争によって負った心の傷や戦争の記憶は、私に情報を提供してくれた女性たちの多くにとって、暮らしの一部になっている。戦争のさまざまな記憶が彼女たちに傷跡を残している。シャイーン、ベルキス、ショゴファ、バーリン、タジェバは、私が出会った女性のごく一部の例に過ぎないが、彼女たちの脳裏には処刑や大量虐殺の記憶が焼きついている。彼女たちは身内を失うなど、戦争を身近に体験してきた。戦争や紛争は個人にも集団にも痛みの記憶を植えつける。

私はフィールドワークの一環で〈ノレッジセンター〉に加わり、民族博物館に行ったことがある。そこにはエチオピア、ソマリア、パレスチナ、アルジェリア、イランなど、戦争で破壊された国々出身の女性たちも来ていた。博物館には銃を持った男性たちの写真も並べられていたが、女性たちはその写真を見て立っていられなくなった。二人のソマリア人女性は泣きながら座り込み、ソマリア語で言葉を交わしていた。彼女たちは過去の経験や記憶に常につきまとわれながら暮らしている。

このソマリア人女性たちも、将来が不安だと話してくれた。嫌な記憶とノルウェーでの新たな暮らしで生じる問題の両方を抱えながら、途方に暮れていた。過去と現在が共鳴し合い、悪い体験だったという認識を強めてしまうのだ。彼女たちは今も戦争体験の影響を受けながら暮らしている。その上、ノルウェーでも多くの困難に出会っている。

シャイーンは精神科医に会うたびに、どうしたら悪夢を見ないですむか、悪夢さえ見なければ体が痛むこともなく暮らせるのに、と相談している。シャイーンは毎日悪夢を見るという。刑務所に戻され、そこで仲間の処刑を目の当たりにする夢だ。そしてテレビでニュースを見ると、さらに悪い夢を見るという。ヤスミンはイラク出身ではないのに、やはり悪夢を見るという。以前テレビで見たことがある、囚人がピラミッドを積み上げる光景だ。囚人たちは皆ウルドゥー語を話し、「母さーん」と叫んでいるそうだ。これも過去の痛みと現在の痛みの一体化だ。アンガルッドで強い社会的支配を受けたことによる死の恐怖が、悪夢をさらに恐ろしいものにしている。悪夢をたびたび見るのは日々の暮らしの中で受けるストレスのせいだが、悪夢の内容はイラクから送られてくるテレビ画像である。

ショゴファが恐ろしい体験を語ってくれた。一九九一年四月二十八日、アフガニスタンの首都カブールではサマナックが行われていた。サマナックは春の訪れを祝う伝統的な儀式である。女性たちにとって、皆で集まって夜通し歌う一年に一度の機会だ。自分たちで作詞作曲した歌の歌詞は、春や自然や恋愛など、ふだんは公衆の面前で口にするのはタブーとされているものだ。女性たちは歌いながら大釜でサマナックというご馳走を作る。ショゴファの出身地のような貧しい地域では、冬にこの料理を作るのは無理なので、過ごしやすい春になったことを喜び祝うというわけだ。

当時はちょうどアフガニスタンからソ連軍が撤退したあと、反ソ・ゲリラ部隊がカブールに侵攻してきていた。この夜、ヒズベ・イスラミとドーストム将軍、アフマドシャー・マスードがやってきて、突如戦いが始まった。町に向けてミサイルが発射され、人々は逃げ出した。住宅地のバラヒサールにもミサイルが撃ち込まれた。バラヒサールはアフガニスタンの中央軍事基地で、十九世紀から二十世紀にかけて三回起きた血なまぐさい戦争ではレジスタンスのシンボルとなり、アフガニスタンの占領に失敗した英国軍との戦い（一八三八年）や、ソ連占領軍との闘い（一九七九年）も経験した場所だ。ショゴファはこのベルヒサールに住んでいて、新年を祝うサマナックの祭りを楽しんでいたが、その最中にミサイルが着弾したのだ。その瞬間、お祭りは悪夢と化した。

人々が叫び、子どもたちが泣きわめいてパニック状態になった様子を、ショゴファが話してくれた。一人の女性が殺されるのを見たが、子どもたちを護るため逃げるのが精いっぱいで、助けることができなかったという。家もビルも瓦礫の山となり、どこが安全なのかもわからないまま、やみくもに混乱の中を逃げるしかなかった。「想像してみてよ、ファリダ。最後の審判がどんなものか。あれはまるで最後の審判みたいだったわ」とショゴファは言った。[11]

ショゴファはカブールの中心部近くのデマザングに逃げたが、そこで、ドーストムの兵士たちが町を略奪しているのを目撃したという。死体が散らばる道を歩いていると、兵士たちが嬉しそうに笑いながら、〈カブール・ネンダリ〉劇場から電話器や電話線、高価な絨毯、小間物など、あらゆる価値あるものを持ち出していた。そして数台の自動車に飛び乗って去って行った。兵士たちの中には、女性や少女を連れ去ってレイプする者もいた。ドーストムの兵士たちは、〈カーペットを盗む人たち〉と呼ばれている。ショゴファはヒズベ・イスラミのメンバーで、ロシア人相手の闘いで武器の輸送をしていたが、この事件のあと見方が変わり、ヒズベ・イスラミやドーストム将軍など軍閥のリーダーを犯罪者とみなすようになった。

数日後、ショゴファはデマザングにたどり着いたが、ここでも攻撃が続いていた。ヒズベ・イスラミとドーストムが周囲の山々に立っているテレビとラジオの塔を管轄下に置こうとしていたからだ。ミサイルによる攻撃は三か月続いた。ショゴファは夫と子どもたちといっしょに一か所に一週間、別の場所に一週間と、絶え間ない移動を余儀なくされた。デマザングでも最初の一か月は移動を続けたが、一人の殉教者が埋葬されていて安全と思える地下室を見つけ、男女、子ども合わせて六十人と共に暮らすことになった。寝る時も足を伸ばすことができないほどのすし詰め状態だった。皆いっしょに池で洗濯をし、その隣の池から飲み水をくんだ。

女性たちが子どもの布おむつを洗濯用の池で洗うので、池は汚物だらけになり使えなくなった。飲み水の池はすぐに空っぽになった。水を求めて遠くに行った人たちは戻ってこなかった。近所で水を見つけることも難しかった。ミサイルの攻撃で、近くの家の水道が破壊されてしまったからだ。ショゴファの家族はミサイルの攻撃の中、ここで二か月暮らした。「ロケットが雨のように降ってきました」とショゴファは述懐している。

二か月後、ヒズベ・イスラミとドーストムは一週間の停戦を宣言した。ショゴファはこのチャンスを利用した。以前はヒズベ・イスラミのメンバーだったので、たくさんの伝手《つて》がありカブール脱出に成功、パンジシール渓谷に移動した。ここならパキスタンに入ることができる。移動の途中、カブールの中心からプラザホテルまで車で通ったが、道路は死体や遺体の一部で覆い尽くされていた。だれも車を降りて死体を動かすことができず、目をつぶって運転を続ける他なかった。恐ろしい光景だったとショゴファは言う。

カブールを出たところで車を降りたショゴファは、道端に座ってタイヤを見た。その時、首に痛みを感じ、はじめてサアディーの詩の意味がわかった。[12] 人はそれぞれ一つの体の一部であり、体の一部が痛いと他の部分も痛くなる、という詩だ。逃げたつもりでも、死者の苦しみは体の中に生き続ける。彼女は首が痛み、血管が膨れ上がった。「人権なんて、どこにあるんでしょう?」。彼女はいま、当時のできごとを思い出しながら言う。「人権を擁護しようとする人は、いったいどこにいるんですか？　タイヤについていた血の持ち主たちの人権は、どこにあるというんです？　ブッシュとロシアは否定するでしょうが、責任はあの人たちにあるんです。アフガニスタンは、あんなロケットは持っていませんでしたよ。外から来たんです。ああいう武器を持ってきた人たちは、命を落とした人に対して責任を取るべきです」。今日、ショゴファと同じような経験をしたマイノリティ女性が大勢いる。市民の虐殺、レイプ、地域に致命的影響を与える政治決断。

女性たちのこうした体験にメディアは見向きもしない。マジョリティの人々もこういう苦しみを考えようともしない。こういう苦しみは、世界のメディアの映像によって気づかされ、体の中に埋め込まれるものなのに。

注

1　［訳注：画家のファン・ゴッホの弟テオのひ孫。］

2　Elisabeth Eide and Anne Hege Simonsen 2007:9.

3　同前。

4　Sharam Alghasi 1999.

5　Elisabeth Eide and Anne Hege Simonsen 2007:177.

6　Elisabeth Eide 2004.

7　ノルウェー立法府への報告No.49 (2003-2004) :65

8　ベルキスをはじめとする大勢の人々が、ビンラディンをピュアな魂そのものとみなしている。軽く、目には見えず、透明で、神聖な魂なので、アメリカの最新機密情報収集機器にも見破られることなく山の中に隠れていられると考えている。

9　アンソニー・ギデンズ（秋吉美都・安藤太郎・筒井淳也訳）二〇〇五年（Anthony Giddens 1991:27）。

10　Abdelmelk Sayed 2004.

11　最後の審判（Mahshar）は、イスラム教の教えによると、混乱と恐怖で混沌とした状態になる日のこと。

12　この詩は、ニューヨークの国連本部ビルのホールの壁に飾られている。本書の冒頭と第十章最後のページを参照。

第八章　女性たちの経験は制度を変えるためのヒント

私が話を聞いた女性たちは自分たちが評価されないことをどんなに気にしているか、どうすれば明らかにできるだろうか。認められないことが、彼女たちの日常生活に大きな影を落としているのはなぜか。彼女たちはどういう場面で認められない体験をしたのだろうか。

ノルウェーは近代的な社会で、他の近代社会と同じく、社会制度が中心的な役割を果たしている。ノルウェー人の学校、健康保険、社会保障、そしてメディアが、暮らしの大部分を占めている。女性たちが、きちんと対応されず本来の自分が認められていないと感じるのは、これらの公共機関に接触する時だ。社会福祉団体や宗教団体やボランティア団体と接する際も同様の経験をしている。私が面接した多くの女性は、健康保険制度を利用する際に嫌な思いをしたという。しかし残念ながら、移民第一世代の女性たちが問題だと感じているのは健康保険制度だけではない。私に情報を提供してくれた女性たちは、ノルウェーのさまざまな公共機関に行っては、失望したり、対立したり、悲観的になったりしている。また、こうした女性たちを助けるはずの団体も、組織や構造上の問題をたくさんはらんでいる。どういうことなのか。福祉国家の公共機関でマイノリティ女性はいったい何を経験しているというのか。善意の組織で、彼女たちはどんな目に遭ったのだろう。

近代ノルウェーの制度は、情報を提供してくれた女性たちの出身国の制度とは違う。ノルウェーの制度は自国民の権利を最優先で保護するように作られている。健康保険制度や社会福祉制度は、自国の市民が病気になったり経済的に困難な状況に陥ったりした時に援助するために作られた。こうした制度を利用しようという人たちが、なぜこんなにも葛藤を感じるのだろうか。社会保険事務所は寛容な福祉制度の基盤であるはずなのに、数々の負の体験の現場になっているとは、どういうことか。事務所の受付や事務所内での個人的対応で、何が起きているのだろう。組織の力関係はどうなっているのか。

ノルウェーの公共機関は大体において、理論的で形式的な一連の規則で管理され、その規則には職員も市民も従わなければならない。私に情報を提供してくれた女性たちの多くには、この一連の規則を理解できないという問題がある。

公共機関の職員は移民に関する知識に欠けていることが多い。そこで起きる典型的な問題は、移民と職員との面談で生じる誤解だ。その結果、移民たちは機関そのもの、あるいは職員を、〈人種差別主義者〉あるいは敵意をもっている者と思い込む。その一方、職員は移民を、過度な要求をして問着を起こす輩とみなしてしまう。

社会福祉事務所でイライラさせられる経験

私が会った女性の何人かは社会福祉事務所との関係に問題を抱えていた。ショゴファはその中の一人だ。今はようやく仕事を得たので、気分はずっと良くなっているが、ここまでの道のりは葛藤と苛立ちに満ち溢れていた。

ショゴファはアフガニスタン出身の経験豊かな教師だが、ノルウェーでは自分の子どもたちを経済的に支えられない状況だった。最初に彼女に会った時の言葉は、「将来が見通せません」というものだった。

ショゴファは教育を受け、本国ではソ連による占領と精力的に戦い、自分の考えを持つ自立した女性として認められていた。それがひどい状況に陥ってしまい、屈辱を感じていた。「ノルウェー人は経歴も見ずに、〈貧しいアフガニスタン人〉と決めてかかります。戦争が起きるまでは、私たちだって教育を受け、人格を認められ、まともな生活を送っていたのに、それをわかってくれないんです」。

長年の教員生活にもかかわらず、彼女の職歴はここでは認めてもらえなかった。「それがいちばん辛いです」。ノルウェーで働いたことがないというだけで、ノルウェー人やノルウェーの役所に、移民には能力がないと思われてしまうことに、うんざりしていた。「仕事の経験を積まなければいけないと言われ、役所をたらい回しされるんです。仕事の経験はもう何年もあるのに、そんなことは配慮してくれません」。すでに四十通もの申請書を送っていた。「切手が四十枚。お金のかかることといったら！」。しかし長い間、一通の返事も来なかった。それまでにいくつかの実務研修を受け、優秀であるという推薦状まで受け取っているのに。

仕事が見つからなければ、次は社会福祉事務所に行き支援を求めることしか選択肢はない。しかしそれはどうしても嫌だった。社会福祉事務所の前をバスで通るたびに血管が膨れ上がり、両手が痛くなるという。二つ先のバス停に行くまで喉元を両手で強く抑え、目をつぶっている。「私は社会福祉事務所を〈拷問の部屋〉と呼んでいます。中には良い人もいましたけれど」。

社会福祉事務所ではノルウェー語の授業を受けた証明書を要求され、それがなければ支援できないと言われた。そこで、証明書を得るために学校に通い授業を受けた。しかし証明書を持って行くと、若い女性のケースワーカーが、ノルウェー語無料受講券はあとどれだけ持っているかと聞いてきた。このケースワーカーにしてみれば、規則通りの対応をしただけだ。社会福祉事務所が出している無料ノルウェー語クラスの受講券を使い果たすと、失業手当を申請しなければならず、その結果、社会福祉事務所からの支援金は受けられなくなるという規則だ。ショゴファはまた学校に行って、無料受講券を使い切ってはいないという書類をもらってこなければならない。このように行ったり来たりすることに彼女が怒ったのは無理からぬことだ。彼女は泣きながら、このできごとを語った。

「書類を粉々に破いて、ケースワーカーの顔に投げつけて、泣きながら叫びました。嫌がらせも屈辱ももう限界。私は乞食ではありません。食べ物やお金のためでなく、戦争から逃れるために、この国に来るのを余儀なくされたんです。アフガニスタンでは社会的に高い地位にいました。夫は大将だったんですよ！　私は武器や戦争から逃れてきたんです。私たちは武器なんか持っていなかった。あらゆる武器を送り、私たちの平和な生活を崩壊させたのはあなた方ではないですか。ロシアは協力者に武器を送り、欧米も協力者に送っている。いまやアフガニスタンは武器の貯蔵庫。銃はいたるところにあり、殺人も日常茶飯事。すべては外国からやってくるんです。どうか私たちに武器を送らないでください。そうすれば私たちはここにいる必要がなくなりますから！　ここに来たって、嫌がらせや屈辱が延々と続くんです！」。

彼女はその公共機関で逆上し、泣きながら戦争の惨めさを叫んだ。他のケースワーカーが何人か飛んできて慰めた。彼女の説明はこうだ。「私はロシアからの屈辱や支配を受け入れず抵抗運動をしていたんです。それなのに社会福祉事務所で働いている若い女の子から、こんな屈辱を受けるなんて許せない。思いやりがなさすぎます！」。

その若いケースワーカーはとても驚いていた。明らかにショゴファが何を言っているのか理解していなかった。ショゴファによれば、そのケースワーカーは彼女の絶望に対応しようとして、精神的問題があるのではないかと助言してきた。「あのね、ショゴファ、私は戦争について何も知らないの。今まで武器を送ったこともありません。かわいそうなショゴファ、精神科医に診てもらったほうがいいわ」。しかし第一、ショゴファは自分を精神病とは思っていない。精神のバランスを失わせたのは社会福祉事務所なのだ。精神的な病気だから助けが必要だという助言は、彼女をさらに激高させた。「かわいそうですって！　私がかわいそう！　あなたのほうでしょう?!」。泣きながら、さらに言う「あなたやあなたのお祖父さんが武器を送ったと言っているんじゃないの。ノルウェーや他の国、特にNATOの国々が送ったの。かわいそうなんて言わないで！　歴史を読んでごらんなさい。あなたの国が私たちにしてきたことを！」。

若いケースワーカーにとって、アフガニスタンの歴史など現実味がなく、宇宙人のことと思っているのかもしれない。ショゴファにとってはその同じ歴史が、まさに人生で経験してきたことで、それが絶望となって出てきているのだ。彼女にとって、これはアフガニスタンの外にまでずっとつながっている話、つまり資本主義や東西関係が重要な原因になっているグローバルな話なのだ。その歴史が彼女の人生をめちゃめちゃにした。ノルウェーで彼女が経験したのは、このことを理解したり考えたりする人がほとんどいない、ということだった。

ショゴファは冷戦の犠牲者だ。抵抗運動のメンバーとして、チャドルの下に武器を隠してカブールのイスラム武装組織ムジャヒディン[1]のもとに運んだ。ムジャヒディンが必要としていたのは薬だが、だれも薬を送らなかった。送られたのは武器だけ。当時の彼女は疑問を抱くこともなかったが、今はこう問う。「武器を送ったのは、本当はだれだったんでしょう」。世界の一地域の武器と戦争のため、彼女は移民となり世界の別の地域で大きな問題に直面している。

ショゴファには、この関連がはっきり見えている。しかしケースワーカーには理解できない。そういう知識がケースワーカーには欠けていたため、そしてショゴファは近代的な組織である社会福祉事務所の機能を理解していなかったため、二人は会うたびに衝突し、お互いを非難し、理解できずに別れることになった。[2]

最終的にショゴファはノルウェー公共職業サービスの助けで仕事に就くことができた。現在幼稚園でパートタイムの仕事をしている。

「この仕事に満足しています。受けてきた教育や経験には見合いませんけれど。見込みのない就職応募用紙も社会福祉事務所への申請書も、もう書かずにすむので幸せです。出勤する時は学生時代に味わったような気分になります。新鮮な空気を吸って、健康だと感じられます。きちんとした服装でお化粧をすると、希望が湧きます。ちゃんと暮らしているという気になれるんです」。

ショゴファは仕事に専念している。安定したフルタイムの仕事を目指して一生懸命働いているのだろう。幼稚園に行く時にはヒジャブをはずす。イスラム教に向けられる偏見や不安を意識しているからだ。それに子どもたちを怖がらせたくない。仕事が終われば、またヒジャブをかぶる。

ショゴファはケースワーカーとのもめ事を今思い返し、別の観点から見ることができるようになった。若い女性のケースワーカーを攻撃したのを後悔し、彼女のせいではなかったと認めている。「あの子も気の毒だったわ。〈歴史を勉強しなさい〉なんて言って、私はバカだった。何の歴史?　でも、なぜ私たちがここにいるのか、ノルウェー人に理解してもらうのはとても大事なこと」。

公共機関は猛省を!

ショゴファのように、多くの移民女性は切羽詰まって助けが必要になると、社会福祉事務所や社会保険事務所や医者に行く。もちろん一人の人間として会いに行く。しかし私が話をした女性たちは、そのような状況で行くと人間として扱ってもらえないと言っている。面接官は彼女たちが助けを必要としている背景には興味を示さない。女性たちは〈困窮者〉になってしまったと感じる。これが自分たちの新しいアイデンティティなのだと。メディアは、移民がノルウェーにやってきたのは〈我々の〉利益を食い物にするためだ、という考えを広めがちだ。だから、問題が起きるのは〈彼ら〉のせいだとし、移民たちにさらなる重荷を背負わせる。こういう傾向は、たとえば社会福祉事務所のような公共機関での移民への態度や接触の仕方に顕著に見られる。

マイノリティの問題、つまり社会の中でマイノリティをどう位置づけているかは、現代社会の根幹である公共機関の実態という文脈の中で考えるべきだと思う。マイノリティ女性が、病院やヘルスセンターや社会福祉事務所で人格を傷つけられたと感じている事実を、きちんと捉えなければいけない。〈最前線〉で働く公務員と支援を受けるマイノリティの対立を真剣に受け止めるべきだ。二〇〇七年の晩夏に、この対立が頂点に達し、アリ・ファラー事件として知られる事件が起きた。脳出血を患った男性が、隊員の偏見に満ちた行動によって、救急車に乗せてもらえなかったのだ（本書72ページ注20参照）。[3] 乗せないという判断は、アリ・ファラーのような黒い肌の人が救急車を呼ぶ行為で連想される世間一般の考えに基づいたものだった。

公共機関の職員とその支援を受けるマイノリティは双方とも、お互いの対立や誤解、偏見に悩んでいる。しかし、片方は権利が侵害されていると感じている人たちで、もう一方はお金を支給し病気の時には助けを提供できる権力を持った人たちだ。

ノルウェーの法律は、どんな組織であれ差別を禁じている。たとえば民族や文化や宗教によって差別することは許されない。つまり、ある人々が他の人々より恩恵を受けるようなことは許されていない。差別的用語の使用もご法度だ。この意味で、これらの規則は優れている。それなのに、制度化された組織の中で人権侵害を受けたと強く感じる人がこんなに多くいるのはなぜなのか。このタイプの差別をどう考えたらいいのだろう。

現代社会の公共機関には三つの重要な特徴がある。つまり統制し、規範に則り、認知によって物事を進めるという特徴だ。統制では、専門家が作った正規の規則通りに対応しようとするものだ。正規の規則は、行動を推奨したり抑制したりして機関に与えられている目的を達成しようとする。規則は個人の感情とは別のもので、いかなる人も地位や家族背景などには関係なく守らなければならない。たとえば社会福祉事務所では、偏ることなく〈どの人も同じ物差しで測る〉ように統制している。多くのマイノリティが陥っている特殊な状況は考慮せず、自由裁量を働かせる余地はほとんどない。ショゴファが特定の書類の提出を要求されたのは、統制という側面が時にはマイノリティ女性を苦しめる例である。

公共機関による規範は時間をかけてゆっくりと形成される。組織で働く人たちの価値観や行動基準に関わるもので、文書に書かれた規則には表れない。現行の組織で、どこまでを倫理的に〈正しい〉とするか、その枠組みに関係している。ノルウェー人は自分たちの社会は宗教と無関係と見ているが、キリスト教的価値観がノルウェーの公共機関の広範囲に広まっている。健康保険制度のもとで病気になったり死亡したりすると、どのように処遇されるかにその一端が見える。健康保険制度の中では、ルーテル教会の牧師が関与するのが慣習化している。別の例に、ノルウェーの学校での価値観もある。

他の宗教も教えるが、キリスト教の伝統やルーテル派の価値観が今でもしっかり守られている。

認知した通りに物事を進めるという公共機関の特徴は、その意味や意図が団体全体に広まり、組織内の個々の職員の行動に影響を与える。つまり印象をどう受け止め処理するかに関わってくる。認知通りに物事を進めることは、組織内の職員にとっては当たり前のことだ。〈そうなっているのだから仕方ない〉という思いが、対処する際の一般的な行動マップになる。それは個々の状況を扱う職員が受け入れることのできる、ごく普通の対処法か否かを判断する指標になる。

マイノリティ女性がノルウェーの公共機関に気持ちよく行けるようにするには、統制うんぬんでは解決にならない。規則が必要以上に厳格に、〈四角四面〉に運用されているのだ。それなら、もっと自由に判断できる余地が色々あるのではないだろうか。しかしさらに大きな課題は、組織の規範へのこだわりや認知重視の姿勢である。

またノルウェーでは、何が正しく何がまちがっているかの規範や認識を考える際に、平等主義と差別主義が奇妙に入り混じることがある。一方では、すべての人は制度に適応でき、同じ用紙に記入し、同じ種類の書類を手に入れ、同じ質問に回答できるなどと、平等のふりをする。また、だれでも好きな場所で暮らし、好きな教育を受け、好きな仕事をし、痛みがあれば数時間ジムで過ごすことができ、望めば社会に充分参加できるとしている。皆が平等だという誤った考えを持っているのだ。その上、ノルウェー社会の全メンバーを平等にすべきという考えに取りつかれている。同時に自分たちと異なる人たち、違った文化や宗教の人たちに着目し、無知や保守的行動に至るすべてのことを文化や宗教の違いで説明する。これこそが解決の鍵というわけだ。この行動マップによって組み立てられた行動が、ノルウェーのあらゆる組織で後生大事に温存されている。

この行動マップと世界観が、移民管理や融合政策を形作っている。たとえば、制約を重視する行動マップが福祉に関するあらゆる問題を国家的立場で考えるように仕向ける。すると、福祉国家を脅かし〈我々の福祉〉を奪うために〈我々〉のところにやってきたグループや個人を非難するようになる。進歩党が〈我々の福祉〉と言い、女性の権利のために活動しているジャーナリスト、ヘーゲ・ストールハウグが〈我々の自由〉と言っているのと同じだ。しかしながら移民も、ノルウェーや他の西欧諸国による福祉国家の形成に参加している。彼らはノルウェー系の人がやりたがらない仕事を引き受けている。実際、ノルウェーにいるマイノリティが働いている多くの分野が福祉国家ノルウェーを支えている。これは多くのノルウェー人が見落としている点の一つだ。

マイノリティが経験しているノルウェー人の態度以外にも、近代的で組織化した社会には、私が面接したマイノリティ女性の多くが直面している実務上の複雑な問題がある。ノルウェー人でさえ記入が難しい書類があるのだ。言葉がわからない人には一層困難だ。よく理解できないことを処理するのは難しい。しかも理解するために何をすればいいのかわからない。マイノリティが指導と助けを求めているのは、しばしばこうした実務的なことだ。

さらに社会福祉事務所の手続きに長い時間がかかるのは、それ自体ストレスだ。書類を揃えるのに何日もかかる上、待たなければならないのも一仕事だ。ショゴファは最終的にパートタイムの仕事に就けた時、ほっとしたという。自分や子どもたちの緊急の問題を解決しようとして一日中走り回る必要がなくなったからだ。不必要に込み入った書類をまとめるために多くの時間を使えば、時間を割いて一生懸命にやっているとみなされる。

それでもいちばんの苦痛は、私に情報を提供してくれた女性たちが言うように、本当の自分を認めてもらえず、大勢の〈依頼人〉の一人、あるいは大勢の〈不平ばかり言うマイノリ女性〉の一人と見られ、批判され、屈辱を与えられることだ。こういうマイノリティ女性は社会福祉事務所での面談で、自分のアイデンティティや価値観を失ったと感じている。まず彼女たちに浴びせられる社会的苦痛が、そして社会福祉事務所での面談が、病気の原因になっているのだ。これは何とも深刻なパラドックスだ。社会福祉事務所とは、社会経済的に困難な状況にいる人々がより良い生活ができるように手助けをする目的で作られた組織である。

私が出会ったマイノリティ女性のあまりに多くが、ノルウェーの社会は人種差別社会だと感じるような経験をしている。彼女たちはノルウェーのさまざまな公共機関で、たびたびこうした経験をしている。どこがまちがっているのかをきちんと割り出せば、この国の状況をもっと良くできるのではないだろうか。

組織的差別は見抜けるか？

多くの人は、今日のノルウェーではほとんど差別は起きないと言う。しかしここで問題にしているのは、明白な法的差別や明らかな差別発言のことではない。このため差別を指摘することは難しく、その結果、立ち向かうことも難しい。暴力行為や直接的な名誉棄損発言以外の場面を探らなければならない。

多くの女性の証言により、差別は警察や医療サービス、社会福祉などの公共機関をはじめ、民間か公共かを問わずさまざまな分野で起こり得ると、私は確信している。この差別は組織的に作り上げられたものだが、たいていの場合は無意識に行われる。職員が世の中をどう捉えているかによって起きる差別がほとんどだ。直接的差別というよりは間接的な差別である。そして通常は抗議されることもない。私はこれを「声なき差別（silent discrimination）」と呼ぶ。私に情報を提供してくれた女性たちの苦しみの主な原因が差別や人種差別だとまでは言わないが、それでも日常生活の一部になっている。彼女たちの人生の一部であり、ノルウェー社会で経験することの一部なのだ。

ノルウェーには白人でない住人が大勢いるが、彼らが用事で警察に行くと、まず自分が何者であるかを証明しなければならない。また彼らは、長いことノルウェーの市民であったとしても、旅行を終えてノルウェーに帰国した時に屈辱的な扱いを受ける。

二〇〇七年の冬、子ども・平等省大臣、マヌエラ・ラミン＝オスムンセンは、税関は人種差別主義者の集まりと取れる発言をしたせいで、税関に謝罪をしなければならなくなった。[4] しかし移民をグループごと疑ってかかっていたら、それは人種差別主義者である。税関は移民グループを、書面に書かれたルールがないにもかかわらず厳しく取り締まっている。結果、税関職員一人ひとりは人種差別主義者でなくても、税関はいわゆる構造的差別の一翼を担っていると言える。これを経験した個々の移民は、明らかに差別だと感じる。こうした状況をマイノリティは、〈敵の一瞥〉にさらされたなどと言う。

無意識に行われる構造的差別を理解するには、人権侵害の経験について書かれたものを踏まえることが重要になってくる。したがって新任大臣に発言の撤回を強いるべきではない。それよりも、この経験を今日のノルウェーの人種差別主義について話し合う新たなきっかけとして用いるべきだ。両者とも悪意はないので、これはとても厄介な問題だ。税関で働く人たちは意識して差別的態度をとっているわけではない。しかし同時に、肌の色が違うというだけでしょっちゅう疑われる人々にとっては、まさに人権侵害だ。

差別には主に二つの定義がある。一つは法律上の定義だ。社会のさまざまな場所のあるシチュエーションで直接あるいは間接に行われる不公平な扱いを指す。たとえば、肌の色によってある場所に住むことを拒まれた人がいて、そのことを証明できるなら、少なくとも理論上はノルウェーの法律を盾に闘うことができる。

差別の二つ目は、社会学で使われる定義で、個々の差別の経験と共に、時間の視点を含めることも可能な差別だ。[5] 長期にわたる構造的差別などが、これに当たる。私に情報を提供してくれた女性たちが経験した差別は、社会学で使われている定義の方だ。私たちに必要なのは社会学的な研究である。

ロナルド・クレイグ（Ronald Craig）はノルウェーにおける構造的な人種差別が本当の意味でどの

ようなものか、広範に研究している数少ない研究者の一人だ。彼は次の特徴を挙げている。構造的人種差別とは、例外的にその場限りで起きたのではない発言や行動に見られる差別で、事務的な作業や組織の文化に紛れ込んでいる。この種の差別は多くの場合さりげなく無意識に行われるので、捉えるのが難しい。構造的差別の例としては、職場が雇用している人を内々に、専門とは関係のないことを繰り返しする仕事にまわすことなどが挙げられる。採用に際しても、必要なガイダンスなしに仕事をさせたり、透明性に欠ける実務をさせたりする。さらに構造的差別は無意識のうちに固定化しているので、個々の意思決定者は差別を見抜けない。とは言え、意思決定者は物事をどう受け止め解釈するか、何に重点を置いて選択するかを予測し示すことはできるはずだ。しかし構造的差別は通常、被害者や〈犯人〉を明確に特定することもなく終わってしまう。[6]

クレイグは、この種の差別は複雑な上に些細なものなので、クレームがあってはじめて対処するやり方では解決できないのではないかと懸念している。つまり差別を受けたと感じた人がクレームをつける機会を与えられていなければ話にならない。別の方法を用いる必要がある。クレイグは、職場などで積極的な行動を取ることが解決策だと考えている。

私が観察したところ、移民女性に対する制度的、構造的な差別は、主に二つの方法によって解決が可能だと思われる。一つは、彼女たちの社会経済的な状況全般が改善されること。二つ目は、外面的なイメージによる認知地図を社会が変えること。

これら二つは関連している。考え方を図式化した認知地図は、社会経済的な状況を改善するための必須条件を具体化するのに役立つ。しかし同時に、認知地図に基づいた考え方では本当の意味での解決には至らない。

ノルウェーの公共機関で移民女性に対して行われている支援の努力や、そこで彼女たちが遭遇する支援の姿勢が、いまなお文化や宗教、民族を中心にしている限り、彼女たちの生活状況全体が改善されるとは考えられない。

私たちは、認知地図がどのように機能しているかを見ていく必要がある。たとえば、マイノリティが持ち合わせている専門性はノルウェーではほとんど認められず、認識もされない。そのためマイノリティは欲求不満に陥り、結果的にノルウェー社会がその代償を払うことになる。組織は規範にこだわり何でも認知した通りにやることをやめなければならない。〈ノルウェー人の専門性〉がいつもいちばん良いわけではない。

差別の実体を知ることができるのは人権侵害の経験を記した文書だけである。そうしてこそ、差別がどのように行われ、一度限りのできごとなのか繰り返し行われているのか、また人権侵害している人間が侵害された人間のことを本当はどのように思っているのかを知ることができる。差別された経験こそ、私にとって、人種差別の単純明快な定義だ。したがって人種差別を理解するためには、人々が話したがっていることに積極的に耳を傾けることが重要だ。

繰り返すが、救急車に置き去りにされたアリ・ファラーのケースは良い例である。人権侵害が詳細に文書化されている。ただし、彼のパートナーであるコイヌール・ノルドバルグは何度も同じことを話す羽目に陥ったが、その話をきちんと聞いてもらえたかどうかはわからない。最初は、救急車を運転していた男性たちは人種差別的な態度は取っていなかったし、ウレヴァール大学病院には差別的な行動や発言を禁止する厳しい規則がある、というだけで片付けられた。規則が重視されているのだから、人種差別があったとしても個人レベルではないかと指摘されただけだった。しかし私たちが見るべきところはそこではない！　人権侵害された人がどんな経験をしたかを調査しない限り、これが深刻な人権侵害に当たるか当たらないか、判断することも認めることもできないはずだ。

もちろん私に情報を提供してくれた女性たちは皆、自ら体験した差別について語ってくれた。そして多様な背景を持つ多くの女性たちが、公共機関と接触した際に差別を経験したと語っている。これは、差別の背後に組織的原因があるはずだということを意味している。彼女たちが皆、雇用や健康、収入に関する問題を抱えていることを考えると、構造的な原因が背後にあると考えざるを得ない。

仕事が女性の心身を創りかえる

「無職の痛みは女性器切除の痛みどころじゃありません」。これは、私が女性器切除の問題について聞こうとした時に、タジェバが言った言葉である。

タジェバは四十二歳。ソマリアからの難民で、教育を受けたことがない。七歳から二十歳の子どもが八人いて、子どもたちが自分と同じ目に遭わないように、良い教育を受けさせることに心を砕いている。ノルウェーには八年間住んでいて、四年前に夫と離婚した。他のマイノリティ女性と同じく、タジェバも仕事を探している。

無職と貧困は表裏一体だ。これはノルウェー系の人にも移民にも言えることだ。両者とも、無職になると経済的にも社会的にもノルウェー社会の外で暮らすことになる。タジェバのいちばんの望みは仕事を得ることだった。

タジェバはだれか知り合いを作ろうと、女性器切除を受けた女性のための話し合いグループに出かけて行ったことがある。「職探しを手伝ってくれるようなネットワークを見つけなければならなくて」。じつは女性器切除に関連した問題には興味がなかった。私がこの話題を持ち出そうとすると、この件、つまりノルウェー人が夢中になって聞き出そうとする話題について、同じ移民の私が聞くなんて意外だと言って笑った。「今ではファッションになってますよ。だれもが女性器切除について話してます。ノルウェー人が話すんです。彼らの国だから、私たちのことをどう話そうと自由ですけど」。タジェバは参加した話し合いグループに良い点を見出すことができなかった。こんなことをして、女性の健康や権利や性を護っていけるのだろうか。こんなことを話し合うなんて、物好きとしか思えない

タジェバは「何もかも書類とコンピューターですもの」と制度を理解するのにも苦しんでいた。そして私が何をしているのか聞いてきたので、マイノリティ女性の痛みについて書いていると答えると、切羽詰まった様子で、再び職探しを手伝ってほしいと頼んできた。

ショゴファと同じくタジェバも、社会福祉事務所は問題を解決するよりも悪化させるだけの組織だと言う。「社会福祉事務所には行きたくありません。あそこに行くと、どっと苦しくなるんです」。

社会福祉事務所は、大勢の移民がやってくる注目の公共機関だ。しかしこの機関とその背後にある考え方は、多くの人にとってまったく理解できないものだ。社会民主主義のモデル全体――つまり権利と義務、税金と社会給付を構築する仕組み――についての説明が曖昧で、多くのマイノリティは自分もその対象だという気になれない。それに人は理解できない組織に出会うと、実際よりも硬直した場所に思えてしまうのかもしれない。タジェバはノルウェーで生まれ育った人に比べ、ノルウェーの制度を理解することに困難があった。しかし何よりもまず、彼女の問題を解決できるのは仕事に就くことだ。これがたとえノルウェー女性であっても、同じような経済的問題や社会的問題を抱えたら、雇用が解決策であることは明らかだ。

仕事は自己肯定感、自分の価値や居場所、ありのままの自分を認めてもらえるという感覚を得るために重要である。したがって仕事に就くことは人々の健康を保つためにも大事なことだ。無職はそれ自体、病気を招いたり複雑な心因性の病気を引き起こしたりしかねない。仕事に意義を感じることも多々ある一方、すべての仕事が全員にとって意義があるとは限らない。これはマジョリティである国民にとって当然の事実だ。しかしマイノリティは多くの場合、与えられた仕事は受け入れなければならないと感じている。皮肉にも、タジェバは仕事を得るためのネットワークを探しにジェイコブセンターというノルウェーの組織を訪ねた。ネットワークが必要だったし、書類を作成する際の実質的な助けも必要だった。しかし彼女に与えられた唯一のネットワークは、女性器切除についての話し合いグループだった。

母国で大学教育を受けたシャイーンは、ノルウェーで母国語の教師として何年も働いていた。しかしオスロの自治体がその言語プログラムを打ち切ってしまったため、無職になった。公共職業サービスから代わりの仕事を見つけるように言われたが、見つけられなかった。働けそうな場所にたくさんの手紙を書いたが、良い返事はもらえない。そこで彼女は公共職業サービスに仕事を探してほしいと頼んだところ、しばらくして、社会復帰訓練として郵便物仕分け作業を郵便局でさせるという連絡が来た。しかしシャイーンは、こんな仕事では物足りなかった。ノルウェー社会も自分のような専門性を持った人間を認めるべきだと思った。それでも彼女は社会復帰訓練のオファーを受け入れた。郵便局で働きながら、希望するさまざまな仕事に応募し続けたが、どれも断られた。郵便局で六か月勤務した後、幼稚園に転職させられた。ところが彼女は監獄に長くいたため、大きな音が苦手で、結果的に幼稚園での勤務が苦痛になった。子どもたちが発する声や音に耐えられなくなったのだ。

シャイーンは助けを求めて医者から医者へと渡り歩いたが、今度は医者からもらった薬の副作用で集中できなくなった。しばらくすると日常生活の日課をこなすことも難しくなり、働けなくなった。

今では、病人の役を押し付けられたような気がしている。こうなったのは貧困のせいだという思いもある。ショゴファと同じくシャイーンも政治活動をしていた過去を持ち、宗教的原理主義に反対していた。意欲と根性のある女性なのだ。世界の政治にもまだ関わっていて、自分はなぜ難民になったのか、なぜこのような目に遭うことになったのかを理解しようとしている。落ち込みながら彼女は言う。「戦争による廃墟はいずれ再建されるけど、戦争によって壊された人間は元に戻せません」。彼女は病気休暇を取らなければならなくなった時も今も、社会の負担にはなりたくないと願っている。

重要なのは、シャイーンが母国語の教師として働いていたころは上手く対応できていて、比較的元気だったことだ。たしかに問題はあった。過去の記憶や、戦争で痛みに満ちた経験をした記憶と戦っていた。しかしこれらの問題にうまく対処して、良い人生を送っていると思えるほどになっていた。それに、彼女は自分の仕事を誇りに思い、ノルウェー社会の負担になっていないことを誇りに思っていた。

仕事を失い次の仕事を見つけられなくなり、シャイーンの人生は難しいものになった。今、彼女は自尊心も、社会のネットワークも、自分がどういう人間で何ができるかを認めてもらっているという満足感も、すべて失っている。意義ある仕事に就けないことが、彼女を病気にしている。

女性は弱い……という世界的先入観

私が出会った女性たちは、診療所に行くとたびたび、〈移民〉だから、〈外国人〉だから、異質な信念を持つ非西欧人だからという理由で、面倒がられている気がするという。マジョリティにはうかがい知れない暮らしをしている人たち、奇想天外な過去とバックグラウンドを持っている人たちというわけで、マイノリティ女性は解決困難な問題を抱えている多くの非西欧人女性の一人と見られてしまう。社会福祉事務所でも同じような気分にさせられる。私が出会った女性たちは、ノルウェーの福祉制度に〈つけ入る〉術を探している人たちという思い込みで対応されている気がすると言っている。

こんなふうに感じるのは、感情が高ぶっているからなのか。お互いの発言が正しく通訳されていないからなのか？　それともじつは相互の尊敬と認め合いに欠けているからなのだろうか？〈依頼人〉の背後にある個人を見ようとしないのは、じつは人権侵害だと言って良いのだろうか？ある人が所属しているかもしれないグループについて私たちが抱いている概念の裏に、個々の人間の苦しみや痛みが隠れているのを見ようとしないのは、じつは人権侵害なのだろうか。私はこれが問題の核心だと思う。私たちは、人権侵害されたと感じている人の実体験に耳を傾けることから始めるべきである。

移民であること自体が個人レベルで人権侵害を受けやすい条件になっているのはまちがいない。移民女性の多くが、不当な扱いを受けた記憶を抱えていることを踏まえると、彼女たちはきわめて脆弱だと言える。ショゴファと同様、祖国の歴史、自らの体験、世界観など、じつはグローバルな現実を自らの中に抱えている。戦争、不正、移住、西欧とその他の世界の違い、貧困と裕福の違いといった現実を抱えこんでいるのだ。

この女性たちと医療サービスや社会福祉事務所との出会いは、人種差別とは無縁な状態で始まる。しかし結果的には平等な人間とは見られずに、個人的な差別を受けることになる。医者が病状を認識し理解してくれない、社会福祉事務所が状況をわかってくれない、自分たちの知識や職務経験を認めてくれない、という目に遭う。

それに加えて、社会的弱者のグループは大きく反応するグループでもある。過去に人権侵害を受けた人は、新たな人権侵害にきわめて敏感になっていることが多い。マイノリティが差別されたと訴える一方で、マジョリティがそれは過剰反応だと言い張るような場合には、マイノリティが敏感になっていることを考慮すべきだ。

ノルウェー社会では、ある文化やある宗教の保持者とみなされると、それだけで無視されることが多々ある。これはその地域全体にとって致命的だ。個人を無視することは、可能性のある人材を黙殺することでもある。変化をもたらすことのできる人間を失ってしまう。

善意ある支援組織

私はマイノリティ女性の健康調査をするにあたり、孤立感を深めているマイノリティ女性と共に活動しているオスロの施設でフィールドワークを始めた。私がジェイコブセンターと名付けている施設だ[7]。そこは、孤立した女性が家から出る機会を得るための〈場所〉とされている。センターで働いている人たちは、〈マイノリティ女性のため〉ということを常に意識しているという。マイノリティ問題の専門組織として敬意を払われ、またマイノリティとさまざまな団体の架け橋として機能しているようだ。アフリカなど、ノルウェー以外の国のプロジェクトにも関わっている。

このセンターが特に興味深いのは、マイノリティ女性を助ける上で明確な目標を掲げている点だ。ノルウェー政府からの資金も得ている。運営しているのはマジョリティの代表たちで、彼らがアイディアと戦略を具体化している。

センターにはさまざまなグループがある。女性器切除グループ、コーラングループ、料理グループ、強制結婚グループなど。グループは民族ごとに分けられ、それぞれが独立して活動している。それぞれ個別の言語を使い、参加者と同じような状況の人や同じような背景を持つ人がリーダーになっている。

ジェイコブセンターでは、さまざまな年齢の女性や子どもに大勢出会った。情報を提供してくれた女性は、子ども、大人、高齢者と三世代に渡っていた。特定の国籍の人に重点を置くことはしなかったので、パキスタン、ソマリア、モロッコ、アルジェリアなどの出身者だった。この女性たちに共通しているのは、ほとんど教育を受けておらず、多くが無職で、大勢の子どもを育てていることだった。全般的に、彼らの生活水準は非常に低く、貧困と孤立に苦しみ、ノルウェー社会の市民であるとは感じていない。ノルウェー社会の情報はほとんど入ってこないので、自分の権利を知らずにいる。多くは信仰心が強い。苦しみと痛みが生活の一部となっている。

ソマリアから来たタジェバとは、このセンターで出会った。彼女は社会とのつながりが欲しかったのと、現実的な問題で助力が必要でセンターを訪ねてきた。

私は、パキスタン女性のためのコーラングループと、毎週センターで行われる内部ミーティングに参加することにした。タジェバによると、前の年にはソマリア人女性向けにも同じプログラムがあったそうだ。グループの名前は〈健康とコーランのグループ〉。センター長によると、女性たちが自らコーランを勉強したいと言い出したこともあって、このグループができたのだという。彼によれば、コーランを勉強することで女性が自分の権利や健康問題について正しい知識を身につけるようになるという。[8] そうすれば、女性たちのノルウェー社会への融合が可能になるだろうと考えている。

　このように女性の健康と宗教を組み合わせるのは、イスラム教特有のやり方だ。いったいなぜコーランを女性の健康と結びつける必要があるのだろう。ノルウェー系女性の間で、神と聖書と痛みを扱うセミナーなどという発想が出るだろうか。ノルウェーではグループ名とメンバーを見聞きしただけである考えがひらめく。つまりソマリアからの女性なら信仰心が篤いはずだと。そこから始まって、他の事柄でも彼女たちがどんな風に考えるか予想がつく。子育てから健康まで、すべてのことを宗教にからめて考えるのだ。こうして彼女たちの健康に関する問題は非科学的なものとされ、現在のノルウェー社会にはそぐわないもの、必要ないものと評価される。

　ジェイコブセンターのコーラングループのリーダーも物事のすべてを宗教的観点から見ていた。リーダーは四十代のナスリンで、ノルウェーには八〇年代前半にやってきた。パキスタンで教育を受け、英語は上手だがノルウェー語はあまり話せない。彼女は溜息をつきながら、ノルウェー語を話せないのだとうつむいて、「夫に、英語でやっていけと言われたので」と言った。その時の身振りから、本当はノルウェー語を習いたいのに、妻としての義務でノルウェー語を諦めているのがわかった。

　彼女は受けた教育を活かせる仕事には就けなかった。だからといって家に居るのはあまり好きではない。娘に、お母さんはせっかくの女ざかりを家族の世話でふいにしていると言われ、最近は自分でもそう考えるようになったという。彼女が家の外に出る唯一の機会は、週に数時間、コーラングループのリーダーとして働くためにジェイコブセンターに来る時だ。

ナスリンは悲しんでいて、時には見るからに落ちこんでいた。「苦痛を抱えることと女性であることは、コインの裏表のように切り離せません」と私に言った。「人生はどうせ短いので、大事なのは死後に来るもう一つの人生です」。だから彼女はイスラム教の信仰に従って道徳的に暮らし、ムハンマドと四人のイスラム国家最高指導者（カリフ）を手本にしている。ノルウェーに住むマイノリティ女性の日常生活で起きる問題は、コーランによって〈解決〉するべきだという姿勢で、彼女はセンターの他の女性を〈教えて〉いる。センターを運営している人たちは、この取り組みを孤立したマイノリティ女性の助けになると考えている。しかしこうした支援はどのような思想のもとに行われているのだろうか。参加者全員がナスリン同様、自分の状況を受け身で捉えているのだろうか。

ジェイコブセンターのコーラングループは、参加者の女性に解決策を与える代わりに、新たな問題を抱えさせていると思う。私から見ると、ジェイコブセンターはノルウェーの支援組織の問題点をよく教えてくれる場所だ。残念ながら、〈支援〉の名の下でマイノリティに向けるこの団体の姿勢は、決して特異なものではなく、ごく一般的に見られる。

苦しみと不平等を生むコーラン研究グループ

ジェイコブセンターでの活動は、純粋に多文化的な考えに基づいて行われている。彼らは〈他者〉のために対策を講じているのだ。コーラングループもアラビア語クラスも、イスラム教徒のためのものだ。センターは、こうした女性たちはまず自身の文化と宗教を通して自分たちの権利を知る必要があると主張している。そうしてはじめて、彼女たちはノルウェー社会での権利を知ることができるという。しかし女性たちの日常生活の問題解決に役立つのは、イスラム教や宗教ではない。彼女たちの問題は複雑なものながら、ノルウェーの社会と制度の中で集中的に起きている。ノルウェー社会で遭遇する事柄にうまく対処できず、子どもたちに望み通りのことをしてやれない。ところがコーラングループの活動では、彼女たちに必要なものを他者が決めてかかっている。また彼女たちのあるべき姿ややるべきことの理想が、ほとんど手に入れられないほど高く設定されている。

コーラングループの集まりはいつも、ナスリンがアラビア語でコーランの数節を読み、それをウルドゥー語に訳し解説することから始まる。その後、彼女が厳格な原理主義の用語でコーランを教える。集まりの前に、皆、ヴェールをきちんと身につけているか確認する。ヴェールを肩にかけているだけの人も、コーランに敬意を払うため、集まりが始まると顔までかぶる。ナスリンは黒板に「神は偉大です。そして、ムハンマドは神につかわされた預言者です」「神は、我々人間のために地球と空気を創りました」と書き、私たちは、イスラム教徒として祈り正しいことをするために創られたことを忘れてはならないと話す。「イスラム教徒は慈悲深い心を持たなければなりません」。信仰にとってこれが最も重要な前提条件だ。一方で、異教徒に対しては慈悲がない。人々が善人になるように、神は罰を創られた。罰によって、私たちは清められ、善人になることを学ぶ。正しいことをしないと地獄に落ちる。そうならないように、神にはご計画がある。ナスリンは、「イフラース（純正）の章」と

「ナフル（蜜蜂）の章」を四回ずつ読む道があると話す。毎晩読めば、罰を受けずに済む。

ナスリンは「バカラ（雌牛）の章」についても話した。女性にとって最も重要なのは謙虚で出しゃばらないことだという。名誉について、またイスラム教徒の女性が身体を隠すことがいかに重要かについても語った。罰と神に対する畏れはナスリンにとって大切なテーマだ。罰を受ける行為に話が及ぶたびに、参加者たちは身を乗り出して聞き入った。

私にとって、ジェイコブセンターのコーラングループは後に、声なき迫害という別の側面も示すものになった。女性たちを孤立から解放するのが最終目標だというセンターの意図にもかかわらず、正反対のことが起きているのだ。女性たちは受け身になり、加えて、道徳的な生き方への期待値がさらに高められ、ますます到達できなくなってしまう。このようにコーラングループは女性たちが困難な状況から抜け出すことを難しくし、すでに社会で辛い思いをしているのに、その辛さを増幅する張本人になっている。

コーラングループに参加している女性たちは、現代社会のすべてのことで敗者になっている。彼女たちは孤立しているからこそ、ここに来ている。仕事を得るための競争にもすでに負けている。財力がない人ばかりだから、住宅市場でも敗者だ。ノルウェー人なら住みたくない場所に住んでいる。子どもたちを手助けできない不甲斐なさも訴えている。しかも多くは、男女関係でも敗者だ。つまり彼女たちは、自分自身を変える力も自分の状況を変える力もほとんど持ち合わせていない。

力がなければ行動できない[9]。コーランの教えを伝えるのに罪の意識や罰や欠点ばかり取り上げるジェイコブセンターのやり方は、無力感を増幅するだけだ。

ある日、私はソマリア人グループのリーダーと、〈女性〉のための組織で働くことの意味について話し合った。「もし選べるなら、どのようなグループを作りたいですか?」。彼女はにっこりしながら答えた。「民主主義について学べるグループを作りたいです。戦争で荒廃した国から来たソマリア人女性には、それがいちばん必要なんです。みんな民主主義についてまったく知りませんから」。この女性は、センターに来ている多くの女性に必要なことを的確に指摘していると思う。コーラングループの助けがあれば非西欧諸国の女性もノルウェー社会に溶け込めるはずだという思い込みは、〈女性〉を文化本質主義の立場で見ていることの証だ。

週末にジェイコブセンターに来る家族は、ここでしか子どもを遊ばせることができずにいる。貧しく、社会的に無視されているからだ。国家、市民権、帰属に関する著書があるグレーテ・ブロックマン(Grete Brochman)は「貧しければ貧しいほど、よそ者はさらによそ者になる」と言っている。[10] 移民にとって何が必要かを文化から論じると、政策を誤る。加えて文化によって人種の概念を取り違える危険もある。ヴィカンが指摘しているように、移民のせいで人種の区分けが変わることにもなりかねない。

文化本質主義の考え方は、社会で増大している問題を見えにくくし、その影響は大きい。基本的にこれは、市民の権利に関する事柄だ。グレーテ・ブロックマンが言うように、西欧社会で公に認められている権利と現実の間には大きなギャップがある。しかし幸いなことに、市民権も有形無形の基本的支援もない中、市民権のための闘争という新たな形式のレジスタンスが起きている。移民が権利を主張しはじめたのだ。「我々はあなたがたの車を洗い、道路を作っている、我々は……我々社会の一部なのだ」というのが、この運動のスローガンで、移民も国の正式なメンバーに加えるべきだと主張している。[11]

多文化主義の影響力

本書でたびたび示してきたように、多文化主義の考え方は、社会のさまざまな場面に姿を現す。特に多文化主義がノルウェーの制度の中に現れ、大きな権力を持つ政治家が多文化主義を唱えるようになると、まさしく重大で危険な力となり、社会の秩序に深刻な結果をもたらす可能性がある。

人々が自分の考えは常識的だと考えて疑問を抱かず、本当は偏見の可能性があるのに多様性をきちんと認識していると思い込み、多文化主義がノルウェー社会の潮流になると、これが現実の政策になっていく。その一例として、二〇〇一年に犯罪ギャングの問題がスポットライトを浴びるようになったことがある。当時の法務大臣、ハンネ・ハーラムは、パキスタン人コミュニティのギャングによる犯罪を阻止するには、イスラム国家の最高権威者《カリフ》と宗教コミュニティによる仲裁が必要だと主張した。大臣と警察はこの方法の妥当性を次のように述べた。「多くのパキスタン人はイスラム教徒なので、ギャングの犯罪行為は、イスラム教の権威者が担当すべきだ」。しかしイスラム教徒の問題に対処するからといって、なぜ宗教上の権威者が社会問題の解決に責任を負わなければならないのだろうか？　ノルウェー系の住人が犯罪を起こした時、聖職者やノルウェーの教会に犯罪防止を訴えただろうか？　犯罪は、社会と社会の中の専門家によって解決されなければならない。犯罪は、宗教コミュニティで解決できる宗教上の問題ではないのだから。犯罪との闘いは宗教コミュニティに委託するには責任が重大すぎる。宗教コミュニティはそれを遂行する知識も能力も持ち合わせていない。はたして、イマームはモスクの中に〈刑務所〉を作ることを提案した。そんなことをしたら、ノルウェー社会をタリバン状態にしてしまうところだった。

イスラム教徒と移民に関するノルウェーの論調で目立つのは、残念ながらヘーゲ・ストールハウグ（本書167ページ）のものだ。彼女の理論は多文化主義の考えに基づいたもので、〈西欧人〉と〈イスラム教徒〉の間の溝をただただ大きくしている。ストールハウグによると、イスラム教徒は必然的に保守的で女性に敵対的、非民主的で、宗教国家を支持しているという。ヘーゲ・ストールハウグは、イスラム教徒がいかにオスロを占領しているか、イスラム教徒が親の決めた花嫁を出身国から呼び寄せることで私たちの自由がどれだけ脅かされているかを主張し、本質主義を支持している。彼女は〈イスラム教徒〉というカテゴリーの本質だけを抜き出して、政治的に利用している。そして、彼女は自説を論証するために宗教と文化を利用している。ストールハウグは民主主義や人権についても語っているが、これは西欧の価値を価値として押し付けるための理由に過ぎない。彼女は宗教や文化の違いの大きさばかりを見て、貧困や排除や孤立といった構造的要因を見ようとしない。さらに彼女は、イスラム教徒もノルウェー社会で自らの位置を確立する力を持っていることに目を向けようとしない。そういう考えのもとでは、イスラム教徒がノルウェー社会に融合して良い生活を獲得するのは、まだまだ難しい。

イスラム教徒の権利を得るために闘う人たちも、彼らに抗う人たちも共に、文化的な特徴とシンボルを持ち、権力や目的のために闘っている。こうしてヒジャブは、イスラム評議会にとってもヘーゲ・ストールハウグにとっても、文化の重要なシンボルになり、それぞれがヒジャブに特別の意味を持たせている。

私たちはいったい何を望んでいるのか、自問しなければならない。調和のとれた社会を構築したいのか、それとも対立を望むのか？　極端に狭い区分けの意味をめぐって戦い続けたいのだろうか？　いっそマイノリティや、たとえば女性たちが、今日のノルウェーで本当はどのような気持ちで暮らしているのかを調べてみたらどうだろう？

もしジェイコブセンターにいるような孤立したマイノリティ女性を助けたいのであれば、そしてもしノルウェーの融合の議論を先に進めたいのであれば、文化や宗教、民族を区分けして考えるのは、取るべき道ではない。ヘーゲ・ストールハウグもヒューマンライツ・サービスもイスラム評議会も、こうした女性の状況改善に役割を果たしていない。ジェイコブセンター、ヒューマンライツ・サービス、イスラム評議会は皆、制度化された多文化主義を標榜している。そして、これらすべてのボランティア団体は、ノルウェー政府から資金援助を受けている。

民間団体のありようはこれでいいのか？

民間団体は、私たちが共に手を携えて関心事を前に進めていく際の重要な舞台だ。このように民間団体は、さまざまな目的を持つグループの〈代表〉として国に向き合う役割も担っている。

ノルウェーは団体の設立に関して世界の先端を行っている。ノルウェー人は平均して五つか六つの団体に属しているが、その多くはノルウェー政府から支援を受けている。移民の団体も多い。出身国や民族、宗教を基盤にした団体で、やはり政府からの支援を受けている。アフガニスタン人、タミル人、トルコ人など多くのグループも団体を作ってきた。それらに加え、特定の宗教団体を基盤にし、そこから資金を得ている団体も数多く存在する。

資金援助を受けるか受けないかは、団体の将来や現状を左右する。政府は資金力に物を言わせて決定権を握り、国の政策に見合った団体、国のニーズを満たしてくれる団体に資金を配分する。多文化主義の考え方で政策を具体化し、マイノリティを融合させるための手腕や責任を諸団体に委託する。

宗教とは関係がないはずのノルウェーの民主主義が、宗教団体に莫大な資金を使っている。宗教団体が融合の問題を解決してくれる、そうすればマジョリティとマイノリティの対立も少なくなると考えているのだ。国は、所属メンバーの文化や宗教を護るイスラム評議会のような団体や、多文化社会の円滑な機能を目指し文化や宗教ごとに活動を分けているヒューマンライツ・サービスのような団体を支援している。そのヒューマンライツ・サービスで、ヘーゲ・ストールハウグは〈よそ者〉の文化や宗教への反対運動を行っている。

こうした要素を含んだ活動団体が、排除や人種差別を生み出しているのだ。ノルウェー社会の貧困や失業、異質なものの排除、居場所のなさは、区分けされた民族や宗教、文化の背後に潜んでいる。その被害を最も受けているのが、本書で取り上げている女性たちなのだ！　長い目で見て、こうした政策を続けていると、やがて市民は積極的に役割を担うことをやめて、意気消沈すると思う。融合せずに独自の文化を育むパラレル・ソサエティが生まれ、マイノリティは〈客〉でしかないという気にさせられる。統計による分類によって資金が分配されるので、コミュニティから異質なものを排除する社会形態がいつまでも続くことになる。

私たちはこれまでの姿勢を変えなければならない。そうして生まれた新たな姿勢が社会の中の組織でも尊重されることが必須だ。その上で民間団体のありようを変えなければならない！

公共機関と政府との結びつきは、民間団体よりよほど強い。とは言え、民間団体もしばしば政府の政治戦略を実行する。今日の世界はグローバル化が進み、国民国家は弱体化している。その結果、数十年前に比べかなり多くの民間団体が影響力のある役回りを獲得し、ノルウェーの制度に不可欠のものになった。国は仕事を地方に委託する一方、諸団体を簡単にまとめ上げることもできるようになった。

今日のグローバル化された社会で重要なのは、地域、国家、世界を互いに切り離して考えることはできないと認めることだ。個人的な人間関係、関心事ごとに組織されているコミュニティ、政府機関、地球規模の民間団体など、社会のあらゆるレベルで、地域と国と世界の影響を同時に受けるようになった。

その一例を示そう。イスラム教のコミュニティはノルウェー政府から資金提供を受け、イスラムの学者《ムッラー》をパキスタンから雇い入れている。ノルウェーの実情も社会も知らず、言葉がわからなくても、教えたり伝道したりできるのだ。その出発点は、マイノリティ文化の一つをオスロという一地域で支援維持しようという政策にある。しかし実際は、国の政策に国境を越えた国際関係が関与してくる。関係先は宗教上の保守的男性が大きな力を持ち、女性は力を持たない世界だ。こうして国は、融合せずに独自文化を育むパラレル・ソサエティを生み出し、すでに問題をはらんでいる差別を助長する。すでに力を持っている男性はさらに力を持ち、女性は一層力をなくす。構造的差別もさらに強化される。今日のノルウェーの民間団体のありようは、平等や権利の発信源ではなく差別の発信源になってしまっている。このような差別の構造を克服するには、一旦、財布の紐を締めてみる必要がある。資金援助はすべての人を対象にした人権活動により多くを与え、宗教や民族、文化関係は少なくすべきだ。ジェンダー間の平等と子どもを含めたすべての人の人権こそ、平等思想やマイノリティ女性を評価承認する政策の中心でなければならない。

ノルウェーの制度の変革力

私は変革の可能性はあると思っている。制度は常に変革に貢献している。制度には独自の機能やダイナミックな力がある。しかし変革の可能性も持ち合わせている。現代の民主的思想を基本にした制度は、内省力という重要な特徴を持つ。これは現代社会の最も重要な特徴でもある。内省力とは反芻し、考えや価値ややり方を柔軟に変える余地を持っていることだ。その際、中心的な役割の一翼を担うのが専門家だ。専門家は情報を集め、できるだけ機能性の高い設計のもと、制度を変える。そのプロセスを決定するのは専門家だけではない。多くの制度設計には政治的な力も働く。加えて、今日のノルウェーの制度を見る上で、歴史的、社会的要因も役に立つ。

他の北欧諸国同様、ノルウェーも社会民主主義に大きな価値を置いてきた歴史がある。こうした価値や精神が、北欧の法律と制度の基礎になっている。北欧諸国の制度は個人のニーズに焦点を当てている。同時に、個人は住んでいる社会や構造の一部であるという考え方にも基づいている。こうして、すべての北欧諸国は北欧の大きな労働者階級の地位を〈引き上げ〉、知識を得て安全で意味のある仕事を獲得する機会を与えてきた。これらの権利と引き換えに、一定の義務や責務も課される。しかしながら、政府は増え続けるマイノリティについては、まだ社会民主主義のシステムにうまく融合させられずにいる。ここに大きな課題がある。

注

1 ［訳注：「ジハード」を遂行する者として、中世から一般的に存在しているが、一九七〇年代のアフガニスタン紛争以降、反政府ゲリラや反ソ連軍を指す。］

2 Abdelmalek Sayed 2004 がフランスの実験データを用いて示しているように、このようなことは移民と受け入れ国の組織との面談ではよく見られることだ。

3 ［訳注：その後の検証によって差別行動はなかったと結論付けられた。］

4 NRK（ノルウェー放送協会）チャンネルP2 二〇〇七年十二月二日。

5 たとえば、ノルウェー平等・差別禁止オンブッド（The Norwegian Equality and Anti-Discriminaiton Ombud）も、これら二つの定義について言及している。

6 二〇〇七年秋のロナルド・クレイグ（Ronald Craig）との会話。Craig 2006 も参照。

7 このセンターは、ノルウェーの組織だが、筆者がインタビューした女性たちのことを考え、団体名を明かすことができない。この組織が興味深いのは、目標としてマイノリティ女性を支援することを掲げている点だ。

8 ジェイコブセンターで、私は女性器切除と強制結婚のグループに参加したかったが、センターのリーダーが決めたのは、コーラングループと毎週の内部ミーティングへの参加だけだった。週末のアラビア語コースにも参加を許された。私は、女性器切除と強制結婚のグループに参加すれば、痛みの社会的側面に関するデータを得られるのではないかと考えていた。コーラングループで痛みに関する情報をこれほどたくさん得られるとは思っていなかった。

9 Arne Johann Vetlesen 2004.

10 Grete Brochman 2002:76.

11 New York Times 紙二〇〇六年一月二八日。

第九章　グローバリゼーションから取り残された人たち

私に情報を提供してくれた女性たちの日常生活は、二つ重要なプロセスを経て成り立っているが、それはとりもなおさず今日の世界の特徴でもある。二つのプロセスとは、本来の場所からの移動とグローバリゼーションだ。私たちは〈移動させられた〉世代で、今住んでいる場所はそれほど重要ではない。私に情報を提供してくれた女性たちにとって、今いる場所、つまりオスロでの日常生活は現実の一部でしかない。彼女たちの生活や痛みにも、国や世界の様相が反映されている。

経済がグローバル化しているのと同様に、考え方や人間関係もグローバル化していると考える。ビジネスマンの報酬と私に情報を提供してくれた女性たちの痛みには、類似点がある。すべての事柄が世界の端から端へ光のスピードで移動する。他の国々からの情報（実態に関する情報）が新たな痛みを生み、すでに抱えている痛みを思い出させることもある。ベルキス、シャイーン、ショゴファも、家族や友達、母国や母国語や文化から無理やり引き離された人たちだ。その結果、彼女たちは国や大陸の境界線を超えて緊密な交わりを持つようになった。ノルウェーのビジネスマンは会社を中国に移して投資するし、ノルウェーの移民はヨーロッパと世界中に散らばった愛する人たちに思いを馳せる。〈グローバル化〉しているのは会社のオーナーや政治家に限ったことではない。貧しい移民の思いもグローバル化している。

グローバリゼーションには二つの側面がある。勝者と敗者だ。勝者は富裕層で、ノルウェーでは一般市民であっても安いが質のいい輸入品を買い、珍しいものを食べ、休暇には世界中を旅行できる。勝者は〈世界を股にかけている〉。彼らは旅行をし、異文化に触れ、グローバルな関係を利用して経済的な利益を得る。

　私に情報を提供してくれた女性たちは、グローバリゼーションの敗者だ。同じような状況に置かれている人が多くの国々にいる。すべての都市部に下層クラスが存在することが科学的に示されている。その多くは主流から取り残された貧しい移民で、社会経済の問題と健康面の問題に苦しんでいる。私に情報を提供してくれた女性たちのような人はメルボルンやトロント、パリ、ロンドン、ストックホルムにも住んでいる。

　グローバリゼーションは、女性や女性解放にとって大きなチャンスを生み出した。しかしその一方で、多くのマイノリティ女性が西欧の大都市で貧困に喘ぎ、不健康と貧しい暮らしに甘んじている。彼女たちの自由への欲求は、とても手の届かない夢のような目標になってしまった。

　ベルキスやショゴファやシャイーンなど、私が出会った女性たちの苦しみを見ると、痛みには三つの側面があることがわかる。世界、国家、地域という側面だ。地域で受ける痛みには、彼女たちの日常生活に関わるプライベートな問題と、すでに本書で取り上げたような公共機関で体験する問題がある。国家から受ける痛みとしては、社会の主流から取り残された〈移民〉グループの一員でしかないと感じる痛みがある。国というコミュニティからも排除されていると感じる。毎日のように、〈よそ者〉だから認められないという態度に出くわす。そしてメディアにも、汚名を着せられているような気にさせられる。

　しかしながら、移民たちをノルウェーに導いたのは、主に世界情勢だ。彼らはアフガニスタン、パキスタン、チリ、アフリカ諸国の社会から逃れてきた。世界不安や地理的環境、テロリズム、紛争などに、不当にも関わりをもってしまった犠牲者なのだ。私に情報を提供してくれた女性たちは、個人的には関係のないできごとのせいで苦しんでいる。彼女たちをこういう状況に追い込んだのは、たとえば紛争や戦争、またしばしば母国の国境の向こうで起きた事柄のせいなのだ。その結果、彼女たちは世界中のさまざまな国や場所を移動することになった。思い出と痛みを心に深く刻んで生きている。彼らは世界に対して、このような意識を持っている。

痛みのグローバル化――さまざまな国の例

スウェーデンでは一九九〇年代に早くも、ストックホルム南西部にある病院や理学療法クリニックが移民とスウェーデン生まれの患者の比較研究を行っている[1]。

この研究に参加した移民とスウェーデン生まれの人の間には、人口統計にも社会経済的状況にも、系統的な違いがある。移民はしばしばマジョリティが住む居住地から離れた、より貧しい地域に住んでいる。彼らはマジョリティより高い失業率に苦しみ、そのあげく多くの人が社会福祉に頼り、スウェーデン人の参加者と比べると、〈ブルーカラー〉（工場労働者や肉体労働者など）が多い。報告によると、彼らはスウェーデン人に比べ、失業率が高く、大きな経済的抑圧を感じながら暮らしている。この研究は、移民が抱える問題は、移民受け入れ国の構造的要因によって起きていることを示している。当局の談話などでたびたび言及されるような、母国から持ち込まれた文化や宗教のせい、とばかりは言えない。[2]

また移住先の国で暴力や脅しを受けた移民もいると報告されている。イラク、チリ、トルコからの移民は、恐ろしくて夜間に外出することができないとも言っている。暴力や脅しのうちの四十〜五十％は、民族や宗教による差別が直接の原因だ。[3] 彼らは消極的な世渡りで対処した。祈るという対処法だ。

修正後のデータによると、[4] 移民の健康状態はスウェーデン人参加者より悪いことがわかった。彼らは一般に、スウェーデン人より精神的安定度が低く、より深刻な精神疾患に侵されている（スウェーデン人が三十三％なのに対して移民は五十六％）。総合的に見ると、スウェーデン人の患者より移民の患者の方がより厳しい体験をしている。経済的な事柄、精神状態、痛み、仕事のやり方、過労などがこれに当たる。付け加えると、移民の方が痛みをより強く感じ、その頻度も高く、それが日常生活の障害になっている度合いが高い。日常生活で感じる不安や余暇の不足、物質的な不満、失業問題は、大多数のスウェーデン人に比べてより頻繁に起きている。移民の方が薬に頼ることが多いが、あまり効かないと感じる度合いも高い。

デンマーク人の科学者、ピーター・ヘルヴィック（Peter Hervik）は、デンマークの移民も似たような状況だと述べている。[5] デンマークの移民も通常、マジョリティよりも低賃金の労働に甘んじ、しかも失業中のことが多いという。ヘルヴィックはまた、デンマークのメディアによる移民の描写は大衆受けをねらった本質主義だと言っている。マジョリティとマイノリティが理解し合うのはごく限られた範囲で、互いの接触もほとんどないことを示している。メディアは互いを知る共通の媒体で、これを通してマジョリティとマイノリティは互いを学び、互いのイメージを獲得する。こういった傾向は政党、特にデンマーク国民党が移住や移民について話す時に増幅される。ヘルヴィックは、デンマークでは移民女性に対する社会的支配が強いが、こうした状況は沈黙のヴェールで包み隠されていると指摘している。[6]

デンマークの司法機関も、イスラム教コミュニティでマイノリティ女性を社会的に支配し不当な扱いをしているのは文化的現象と捉えていた。ところが二〇〇五年にムハンマドの風刺画事件が起きると、当局はイスラム教過激派組織がデンマークでいかに影響力を強めているかに気づき衝撃を受け、今では女性への過激な暴力は告訴されるようになっている。ムハンマドの風刺画事件のあと、イスラム勢力がグローバルに動員されていることを目の当たりにし、デンマーク当局は宗教団体に活動の余地と力を与える多文化政策には危険が潜んでいることを理解したようだ。しかし宗教団体はノルウェーよりもデンマークで活動を活発化させている。デンマーク当局は穏健なイスラム教徒の話さえも聞かない傾向が続いてきたが、最近は変わり始めている。

ピーター・ハヴィックは、デンマーク政府が明確な多文化政策をとっているせいでマジョリティとマイノリティの間の溝が埋まらない、と非難している。この政策が、マジョリティに〈危険なイスラム教徒〉への恐れや不安を抱かせている、と指摘する。ヘルヴィックの分析によって、マジョリティが移民を否定的に見るようになった経緯や、大衆に迎合するメディアがマジョリティを煽って移民を否定するように仕向けている様子がつまびらかにされた。こうした状況に置かれたマイノリティは社会的にも経済的にもストレスを抱え、非難がましい態度にも神経をすり減らしている。

マーガレット・ロック（Margaret Loch）は、カナダにいるほんの一握りのギリシャ系移民女性の日常について語っている。彼女たちの暮らしは〈広範性の〉の痛みと、ギリシャ語で〈nevra〉と言う欲求不満が目立つ。[7] ロックによると、彼女たちは織物工場で働いているか働いた経験を持っているが、その雇用現場で経済的搾取を受けると共に、私生活でも自由を制限されているという。移民女性は文化と文化のせめぎ合いの中で暮らしている。母国で誇りや名誉とされた伝統的な振る舞いも、移民先への受け入れ過程では足かせになる。ギリシャ系の女性はカナダ人になるために、女性らしさや自尊心のよりどころとなるギリシャの文化を捨てて新たな文化を学び続けなければならない。しかも彼女たちの多くは新たに自国となった地の言語をきちんと習う機会がない。男性もまた、雇用現場で搾取されていると感じ、カルチャーショックに苦しんでいる。その不安のはけ口として妻を一層厳しく支配し、言葉の暴力や肉体的な暴力に訴えることも多々ある。自分で自分をコントロールできなくなったと感じると、はしばしば深刻な欲求不満に襲われ、それが度重なると慢性化する。

カナダは多文化主義を融合政策の要に置いていて、異文化の〈モザイク〉と呼ばれている。移民は寛容な受け入れ国の中で明確に分けられた民族グループに順応すべしというのが、カナダの姿勢だ。ロックは〈モザイク国カナダ〉という巧みな言い回しの裏に、移民がたどる込み入った移住プロセスが隠されていると指摘している。民族を既成概念によって人工的に区分けしているのだ。こうした既成概念は移民自身の文化の受け止め方とはめったに一致せず、階級や性別など個人的要素も考慮されない。既成概念は、入国するにいたった事情や就労の状況がその人の背景の本質部分だという事実も隠してしまう。

ロンドン・ヘルス・コミションによる二〇〇四年からの〈ロンドンの健康〉レポートによると、「白人以外のグループは無職の割合がかなり高く、統一テストの成績もかなり低い。住宅事情も悪く、押し込み強盗や路上での被害に遭いやすく、健康を感じないことが多い」という。[8] これを見ると、ロンドンの移民やマイノリティの生活状況はマジョリティに比べてはるかに深刻なことがわかる。

フランスでもマイノリティは同じように脆弱で、アメリカも同じ状況だ。[9] フィリップ・ブルゴワは（Philippe Bourgois）著書『尊敬を探し求めて（*In Search of Respect*）』の中で、ニューヨークのスラム街、エル・バリオに五年年間住んでいた時の実地調査をもとに、この地のプエルトリコ移民の生活全般を分析している。エル・バリオには、移民グループがここに来ては暮らし向きが良くなると出ていくという歴史がある。スウェーデンのローゼンブルクやアンガルッド、グロンランドと同じく、[10] エル・バリオも社会経済的な問題を抱えている。ブルゴワは、失業と貧困の割合が高いエル・バリオでは、住民が麻薬や犯罪によってお金を稼いでいると指摘している。エル・バリオには悪い評判が立ち、住民は汚名を着せられた。住民はもっと良い地域に引っ越したいと思っても、そういう機会に恵まれることはほとんどない。

西欧諸国のスラム街が似たような状況にある中で、注目すべきは、北欧諸国のスラム街だ。ここにはアメリカのスラム街には見られない社会民主主義の価値観がある。一つの例として、ノルウェーのスキー連盟はオスロの地方自治体と提携して、アンガルッドに住む子どもたちに無料のスキー教育を提供している。子どもたちにスキーをさせられない親にとって、これは素晴らしい取り組みだ。[11] 社会民主主義の主導で社会の不平等を癒した例はたくさんある。たとえば、保育所の助成、無料の学校、しっかりした医療制度などなど。にもかかわらず、マイノリティが社会経済的要因によって陥る困窮は、充分には向上していない。理由の一つは、融合の施策がますます民族や文化、宗教に委ねられるようになっているからだと思う。

世界規模で制度化されている宗教団体

ノルウェーとスウェーデンでは近年、移民や難民が妻や兄妹、娘を殺害する残酷な事件が立て続けに起き、私たちを震撼させた。これらの悲劇は硬直した文化や宗教のせいだと〈捉える〉のではなく、ノルウェー社会の一部分を形成している人たちの問題なのだと理解しなければならない。また男性は構造的な差別を受けても、それを口にしない。こうした移民男性は所属している社会の負け組であることが多く、仕事や家、誇りを持てる人生を手に入れようと必死にもがいている。彼らが力を行使することができる唯一の場所は家の中で、それも家族の中の女性に対してだ。イスラム教徒の男性が妻を殺すのは、ノルウェー人の男性が妻を殺すのと同じ状況に陥っていることが多い。つまり無力感やイライラ、深刻な情緒不安定を抱えている。しかしそれに加えて、保守的なイスラム社会がノルウェー在住のイスラム教徒に権力を行使していることも関係している。しかもそのイスラム社会には、定着した強い制度があり、権力や自治権、独自のルールを行使することが許されている。

　現在、モスクのような宗教団体は失業者や差別された移民男性の集会場所になっている。男性たちはモスクで消極的な世渡り術を吹き込まれ、自らの置かれた状況に耐え、受け入れていく。そして道徳的な行為や上辺だけの団結で問題を解決した気になるが、じつは問題は解決していない。こうした男性たちが日々の暮らしの中で抱えている問題を解決する力はモスクにはない。

　モスクの重要性が高まっているのは、西側諸国全域で見られる傾向だ。大都市では宗教活動や民族文化活動を促進する目的の組織が設立され、社会への〈融合〉を進めるという当局お墨付きの目的を掲げて、国から資金を獲得していることが多い。しかし、こうした組織が福祉事業を始めたり増やしたりしたところで、移民の間で話題にもならない。あらゆる大都市で見られることだが、宗教や文化、民族などの区分けを基盤にした組織のせいで、対立が留まることなく起きている。融合を目指すと言っていながら、結局は逆効果なのだ。融合どころか精神的なスラム化という新たな問題を引き起こすこともあり、特に女性にとっては、さらに大きな社会的苦痛になる。

　私に情報を提供してくれた女性のような人たちは、あらゆる大都市でオスロにもあるようなスラム街に住んでいる。しかしこういう人たちはスラム街に住んでいようがマジョリティ社会に住んでいようが、宗教、文化、民族のすべてで精神的にスラム化している。メディアも政党も団体も、宗教や文化、民族を持ち出して移民や難民について議論する。このような排他的な集中攻撃を、私は〈グローバルな虚構〉と呼ぶことにする。文化、宗教、民族を特別視して起きる対立は、次第にグローバルな様相を呈すようになり、マジョリティと移民の双方が苦しむことになる。ムハンマドの風刺画事件をメディアが集中的に報道したのはその一例で、キリスト教系過激派とイスラム教系過激派の双方を巻き込む論争に発展した。過激派が権勢を振るうことになれば、せっかくの議論もパフォーマンスになってしまう。敵は〈危険なイスラム教徒だ〉というイメージが作られると、双方にとって致命的な結果となる。この偏ったものの見方は、強者と弱者の関係や、社会経済的要素といった他の側面を見えなくする。こういうことが起きるのは、西側諸国の制度が差別的な多文化の原理を基盤に作られているからだ。精神的スラム化が制度化されると、それは諸刃の剣になる！

その結果、宗教や民族への執着が再び〈蘇る〉。ノルウェーでは、こういうことに国が間接的に資金を提供している。その真の原因を突き止めるには、社会経済的な現実と人権侵害の意識が高まっていることとの双方を分析する必要がある。幸い最近のノルウェーでは、以前よりは多少バランスのとれた議論がなされている。世界の他の地域ほど激しい対立も起きていない。しかし一方で、女性器切除からヴェール着用まで、あらゆることの議論が過熱し、メディアはこれをエンターテインメントのように扱っている。

グローバル化した差別——勝者と敗者の関係

リーセ・ヴィッディング・イサクセン（Lise Widding Isaksen）は、現在の状況を〈ケアのグローバル危機〉と表現している。[12] 移民女性はメイドや住み込みベビーシッター、看護師として、西欧諸国や他の裕福な国の金持ちに尽くしている。その一方、彼女たちは自分の家族や子どものそばにいて世話をすることができず、さびしい思いをしている。母国の経済状況が絶望的なので、自分や家族を経済的に安定させようと、愛し愛される事を諦めているのだ。こうして経済状況のグローバル化が新たな形の移民を生み出している。

ヴィッディング・イサクセンは、貧困国から富裕国に来た移民の女性医療従事者について調査を行った。それによると、約一億八千万人が、東ヨーロッパから西ヨーロッパへ、メキシコからアメリカへ、南アジアからペルシャ湾へというように、貧困国から富裕国へとやってきている。こうした移民のほとんどは女性だ。マラウィの医師よりマンチェスター在住のマラウィ人医師の方が多い。アフリカ人女性看護師の多くは西側諸国に渡って働きたがる。イサクセンは人類学者のオスカー・ルイス(Oscar Lewis)の次の言葉を引用している。「アフリカを支援しなければならないと言われているが、逆だと思う。医療従事者を送り込んで西欧諸国の労働市場を潤しているのは、むしろアフリカなのだから」。[13] イサクセンは移民の商品化という流れを批判し、[14] 次のように述べている。マクロ経済に至る過程で貧困国と富裕国の間に新しい格差が形成されたが、その一方で、「ミクロ経済のレベルでは……人間関係が希薄になり、あたかも発注商品のように扱われている」。[15] 彼女は女性看護師とその家族にインタビューをしたが、その一人、ジーナはラトビア出身の三十一歳で、女性看護師としてノルウェーで働いていた。彼女には多動性障害の息子が一人いるが、夫と共にラトビアに置いてこなければならなかった。彼女は息子に、息子は彼女に会いたくて、悲しみにくれていた。息子は彼女と離れて暮らす悲しさを絵に描いて送って来た。絵の中の息子は、家の前にポツンと一人きりでたたずんでいる。顔を濃い緑色にぬっていて、悲しそうな表情だ。

この調査が示しているのは、利益とお金に基づいた無秩序な市場経済が、どれだけ移民を締め付けているかということだ。ラトビア出身の女性が看護師として働くためにノルウェーに来るのは、〈そこに市場が存在する〉からだ。自由経済の裏に隠された基本原理によれば、自由市場ではすべてが自由意思に任されるので自己規制が働き、より多くの労働力を必要とするノルウェーの病院は労働力を得られるが、失業者（または稼ぎの少ない労働者）はそれなりの報いを受ける。自分や家族が経済的に助かると思って移住を決意するが、そのために生活必需品の購入を我慢した上に、国境越えで犠牲になる人も出てくる。犠牲者は、西欧諸国出身女性よりも、そうでない女性の方が多いことだろう。そうなると、だれがだれのために幸せをもたらすのかわからなくなる。

すでに見てきたように、ノルウェー、スウェーデン、デンマーク、イギリス、フランス、アメリカにおけるマジョリティとマイノリティの状況を比較すると、経済や健康に大きな格差があることがわかる。そういった格差が無視さる一方で、民族や宗教、文化の違いが強調され、着実に大きくなっている。しかし西欧諸国へ働きにやってきた移民女性はもとより、社会の底辺で暮らす人々にとっても、この状況は最大の懸念事項だ。その国の経済システムかグローバルな経済システムかは関係ない。

社会経済の視点と女性の権利

福祉社会では「この福祉制度の恩恵を受けているのはだれなのだろう？」と、あえて問い直す必要がある。さらにノルウェーでは、ノルウェー人女性に与えられて当然の社会民主的権利の恩恵に与れるのはだれなのかを議論する必要もある。自由でいたい、暴力から護られたい、教育を受けて知識を得たいという夢は、ノルウェー人女性だけのものではない。健康でいたい、精神的にも肉体的にも幸せでいたいという夢も、自分と家族を養うのに十分な経済的基盤を持ちたいという夢も、ノルウェー人女性だけのものではない。

社会人類学教授のウンニ・ヴィカンは、ノルウェーの融合政策の根本的なアンバランスを指摘するなど、さまざまな面でパイオニア的存在だ。ヴィカンは、宗教儀式に参列し文化を享受する権利が、いかに基本的人権と相容れないものかについても指摘している。二〇〇三年に刊行された、名誉殺人の被害者ファディメに関する著書『名誉のために――思索のためのファディメ（*For ærens skyld: Fadime til ettertanke*）』の中でも、個人の権利とグループの権利の間に横たわる問題について論じている。またメディアがいかに民族、文化、宗教を重点的に取り上げているかについても述べている。「文化と権力は密接な関係にある」とヴィカン教授は述べ、インドの社会人類学者、ヴィーナ・ダス（Veena Das）の次の言葉を引用している。「文化とは、痛みを人々の中に不平等に配る手段の一つだ[16]」。

ヴィカンがファディメについて書いた本では、制度に組み込まれた諸団体が、宗教の自由という名のもとに女性の権利を踏みにじるなど、権利の矛盾を助長していると述べている。しかし個人の権利、女性の権利、集団の権利、宗教の自由と普遍的な人権がなぜ矛盾してしまうのか、その説明はなされていない。ノルウェーなどの近代的西欧諸国で今日見られるような宗教と民族を基盤にした勢力の組織化がどうして起きるのか、その制度上の力学を分析し理解しようとする試みがまったく見られない。これこそ、私が〈ノルウェーの未公認の多文化主義〉と呼んでいるものの核心部分である。ノルウェー住民の間の社会経済的な格差になかなか注目が集まらないのももどかしい。そして何よりもまず、どのような権利を最優先すべきかという議論がなされないことをさびしく思う。

グローバル化の中で敗者となった女性と、ノルウェー人国家の中で敗者となったマイノリティ女性の間には、多くの共通点がある。どちらも不健康で貧しく、平等な扱いを受けておらず、認められることがない。

注

1 Joaquim J. F. Soares and Giorgio Grossi 1999.

2 Abdelmalek Sayed 2004 and Nina K. Monsen 1999.

3 Soares and Grossi 1999:262.

4 選択された人々の精神健康調査票（GHQ）。

5 Peter Hervik 1999.

6 ヘルヴィック（Hervik）の説はビルテ・シーム（Birte Siim 2003:19）によって裏付けられている。シームは「民族的マイノリティ女性が性生活や子作りにおいても差別や社会的支配を受けている」とデンマークの現状について書いている。

7 Margaret Lock 1990: 237-254.

8 "Health in London report" 2004:110。ＧＣＳＥ（中等教育終了一般資格）はイギリスの学業資格で、教育レベルの指標として使用され、健康指標の一つにもなっている。

9 Abdelmalek Sayed 2004 and Philippe Bourgois 1995.

10 Aje Carlbom 2003.

11 アメリカ合衆国の民主党はしばしば、スカンジナビアを合衆国が目指すべき社会の一つに挙げている。

12 Lise Widding Isaksen 2006:20-35.

13 同前 p.10.

14 ここでは、たとえば母と子の愛情など、人間のさまざまな欲求や社会との関係が市場の利益追求の陰に隠れてしまっていることを述べている。

15 Lise Widding Isaksen 2006:21.

16 Unni Wikan 2003:267f.

第十章　出口――マイノリティ女性の希望

人の本当の気持ちを理解するには、良い聞き手になることだ。これを目標に、私はオスロのマイノリティ女性の健康調査を始めた。出発点は体の痛みだった。しかしそこで見えてきたのは、精神的、日常的、社会的、経済的な問題の深い穴だった。それと同時に、所属意識を持てないのは、私生活でも社会生活でも認めてもらえない不満に関係していることがわかった。彼女たちはどこかに所属したがっていた！　自分自身と子どもたちのために、より良い生活を築きたいと強く願っていた。遠い国で生まれ育ち、その国の社会に順応し、さまざまな体験をしてきた彼女たちも、他のノルウェー人と同じように希望と夢を持っていた。自分と子どものための平和と自由、承認と平等を得る夢だ。その一方で、彼女たちには世界の不公平さを意識しているという特徴があった。

ベルキスの夢は劇場に行くことだった。「ジェイコブセンターではなく劇場に行って、裕福な人たちのように、子どもたちといっしょにカリウスとバクタス（子どものための芝居）を観たい」。ショゴファはパリの新居からのメールに、次のような夢を綴ってきた。「ノルウェーには長いこと住んでいたので、自分をアフガン・ノルウェー人と呼びたいくらいです。それだけの年月が経った今ようやく、ノルウェーがアフガニスタンに工場や良い病院の建設を始めました。戦争ではなく平和を輸出するようになったんです。銃（武器）は嫌いです」。

男性支配の文化の中で社会主義者になることも考えているバーリンは、次のように語った。「私はノルウェーで多くのことを成し遂げました。自立した女性として自分の気持ちを表現することができます。でも私の最大の願いは、ノルウェーがイマームなど宗教上の権威者に私の代理人のような顔をさせないことです。ノルウェーの教会では、同性愛者の牧師を置く可能性について議論しています。でもマイノリティから見れば、教会は伝統的な原理主義の勢力を支えているんですよ」。

ここノルウェーでは実現しなかったエリザベスの願いは、マジョリティのコミュニティに入れてもらうことだった。スペインから送ってきた電子メールにはこんなことが書いてある。「学者が新ノルウェー人という考えを広めていますが、これは住宅市場から職業人生、大学レベルまで、社会のあらゆる分野で実践されるべきです」。

たくましいソマリア女性のタジェバは、まだ仕事を見つけることを夢見ている。かつて会った時にまだ、「私は社会福祉事務所と書類が嫌いです」と繰り返していた。彼女は周りを見回し、近くにだれもいないことを確かめてから、強い怒りで体をこわばらせながら自分の性器を指さした。「ノルウェー人がソマリ族について話す時は、これのことばかり!」。

タジェバは、ソマリ族にも女性器切除以外の面があることをノルウェー人に理解してもらいたいものだと言う。エザットの夢は、主に貧困から抜け出すことだ。彼女は保育園に通わない一～二歳児の子どもがいる家庭への給付金を受けるために仕事を辞め、家計の改善を期待して子どもを産むことにした。現在、彼女は何よりも、子どもたちがより良い生活を手に入れることを望んでいる。ナスリンの願いは、イスラム教徒の子どもも他の子どものように、水泳を習う権利を得ることだ。預言者ムハンマドは、現状に順応しなければならないと説いたが、ナスリンのイスラム教に関する意見は、イスラム評議会が表明しているものとは違う。ノルウェー社会とノルウェー国家は、信心深くても新たな現実に適応能力を発揮している彼女のような女性の声に、耳を傾けるべきだという。

アレゾは、今まで苦しめられて来た数々の敗北にもめげず、強い闘争心を持っている。なぜノルウェー在住のパキスタン人は、パキスタンにいる時よりも女性に厳しいのか、アレゾは理解したいと思っている。深刻な表情で手を胸に置いたので、パキスタンの伝統的なブレスレットがジャラジャラと鳴った。「ノルウェーでは、私の考え方は本当のパキスタン文化とはみなされません。私はパキスタン人ですが、義理の両親には老人ホームに入ってもらいたいと思っています。それがなぜ恥なんでしょう？　恥なんて感情をいったいだれが作り出したのですか？　新聞が私の母国の文化について書き立てても、それは私のことではありません。幸いなことに、ノルウェーには老人を世話してくれる場所があるんですから」。アレゾはジェスチャーたっぷりに話すので、伝統的なパキスタンのブレスレットが鳴り続けた。その音は音楽のようで、私を悲壮感から救ってくれた。シャイーンは次のように述べた。「最近のメディアは対立を煽っています。対立がここまできてしまうと、鎮めることなんてできるでしょうか？」。シャイーンの人生は、構造的な不公平に対する大きな疑問でいっぱいなのだ。彼女は続けた。「人々が調和のとれた生活を送れる社会と国家であってほしいです」。

これらの女性の夢や現実や解決策は、揺れ動いている。自分自身が認められることへの憧れがある一方、マジョリティとの文化の違いに関しては宗教や厳格な考え方に逃げ込もうとしている。私が会った女性の多くが明確に望んでいるのは、自分たちを文化と宗教を象徴する存在としてではなく、個人として見てほしいということだ。マジョリティは文化や宗教に問題があると思い込んでいる。マイノリティ女性の多くは、自分たちの問題を宗教的に〈解決〉してもらう道を選んできた。その一方で、単に〈イスラム教徒〉〈アフガニスタン人〉〈ソマリ族〉〈移民〉など自分たちの負担になる言葉で一括りにされないように気を付けて行動してきた。多くのマイノリティは、ノルウェー社会とつながることが困難になり、その〈救済策〉として自分たちの宗教や文化への帰属を強めてしまったのだと思う。マイノリティの多くが、民族や文化や宗教に根ざした偏見にさらされていると感じている。

女性たちは、いろいろな意味で、ノルウェー社会に全面的に参加したいと思っていた。しかし有効な方法をなかなか見つけられなかった。理想を言えば、偏見に遭ってもそれを振り払い、一人の人間であることを見せつけるくらい強くなってほしい。より良い生活を獲得するための現実的な解決策を見つけてもらいたい。しかしそれができないのには多くの理由がある。その原因の大部分が彼女たち自身ではなく外部にあることを、私たちは認め、受け入れなければならない。

私がフィールドワークで出会った女性たちが気分良く過ごせるような方法を自分で選び取れるように、私たちは何をすればいいのだろう？　彼女たちが文化と宗教への愛着を持ちながらも、言いなりになるだけではなく、強さと誇りを持って対処できるようになるには、どうすべきなのだろうか？　彼女たちが宗教や文化への愛着を抱きながらも個人としての人格を認められる、その理想的なバランスは、どうすれば獲得できるだろうか？　そして彼女たちが長く待ち望んでいるノルウェー社会への帰属意識を持てるようになるには、どうすればいいのだろう？

個人と社会構造は一枚のコインの表と裏だ。私たちは個人として多くのことをなすことができるが、すべてではない！　私がこの本で伝えてきたように、社会全体として取り組んでいかなければならない重要なことが二つある。広く行きわたっている多文化主義への対処と社会経済の現実への取り組みだ。これら二つは互いに関連している。

未公認の多文化主義から普遍的多元主義へ

多くの科学者は、社会の一部のみを批判し小さな変革を提案する。しかし私たちが望む国家にするには何をなすべきかという、もっと幅広い変革を説く科学者はほとんどいない。国家が果たすべき役割は何なのか？　民族融合に関する国家戦略はどうあるべきか？　特に、社会のさまざまな事柄について既存の姿勢を変える際に、国家は役割を果たせるのだろうか？

権力について研究したグレーテ・ブロックマンは前述のとおり、国家は市民を無視したり締め出したり受け入れたりする権限を持っていると述べている。[1]　マイノリティはたしかに政府機関で無視されたり除外されたりしている。したがってブロックマンの主張のように、私たちは現代国家の概念を広げ、多くの民族グループを含めなければならない。[2]　国家はその権力をもって、すべてをあまねく包み込むべきなのだ。クヌート・シェルスタドリ（Knut Kjeldstadli）は、今日の政策はまだ〈ノルウェー人のノルウェー〉という概念に捉われていると批判している。国家が特定の概念を持つに至ったいきさつは、歴史上のプロセスとして研究されなければならないとも主張している。[3]　シェルスタドリは、ノルウェーは将来、多文化社会になるはずだと分析し、異質なものを包括する上で、どのように両立させるのか検討が必要だとしている。

私の意見として、私たちは国家と地域社会についての考え方を改めるべきだと思う。逆説的ではあるが、ノルウェー人一辺倒の国家概念も、新たなグループによって描かれる新たな民族像、文化像、宗教像も、背景にあるのはナショナリズム的存在論に他ならない。多文化主義とはナショナリズムの縮小版である！　アフガニスタン人、パキスタン人、イスラム教徒、ソマリ族、そしてノルウェー人というようなシンプルで明確な区分けを確立するため、所属するグループごとに人々を分類する。こういうやり方を促しているのがナショナリズム的存在論なのだ。今日のノルウェーの多文化社会はナショナリズムの危険をかなりはらんでいるが、同じナショナリズムの危険がノルウェーの新たなマイノリティにも起きていることに気づいていない。私たちは、コミュニティの概念を見直す必要がある。ここに住んでいる人は民族、宗教、文化に関わらず、国家への完全な参加者でなければならない。

文化、宗教、民族の違いは、国の政策や資金配分の根拠にはなり得ない。また、この区分けによって、だれが融合されるべきかを決定してはならない。このような政策は、グループのアイデンティティと個人のアイデンティティの関係を曖昧にしたまま導入されたものでしかない。こんな政策では、一人ひとりの問題を解決することもできなければ、一人ひとりのニーズを満たすこともできない。グループと個人は対立するものなので、双方を満足させることなどできはしない。つまり、こうした政策では、ノルウェー国家を形作っている大規模コミュニティから力のないコミュニティを閉め出すことになる。

ノルウェー立法府への報告№49（二〇〇三年～二〇〇四年）では、ノルウェーは多文化社会なので多文化のバックグラウンドを持つ住民も自分のアイデンティティを選ぶことができると、しきりに論じている。[4] しかし、メディアがマイノリティの屈辱感を煽るような報道を続け、国の力でマイノリティを積極的に受け入れることをせずにいる限り、マイノリティがノルウェーという国の一員になるのは難しい。いつも〈よそ者〉という烙印を押されていると、ノルウェー社会に関わりを持ってはいても、所属を〈選ぶ〉ことはできない。その結果がベルキスの極端な例だ。彼女は、ノルウェー社会とその他の西欧諸国を、彼女と全イスラム教徒の敵と見なしている。〈私たち〉に敵対する〈彼ら〉という構図だ。ウサマ・ビンラディンと世界中の苦しんでいるイスラム教徒を同一視してしまう。ベルキスは極端な例だが、私が示してきたように、彼女や多くのマイノリティはこの〈よそ者〉感をなかなか捨てられずにいる。首相が最前線に立っている国家なのだから、その決定力を駆使し、ノルウェー社会の中で生まれ適応してきた新たなノルウェー人を国民の完全な一員と規定すべきだ。

　私は、トーマス・ハイランド・エリクセンの普遍的多元主義への視点を、社会を変えるための基本理念と考える。ハイランド・エリクセンは、二十一世紀の教育システムに普遍的多元主義の考え方を取り入れることを提案しているが、この視点は政治的展望全体に適用されるべきだと思う。それは、すべての人に居場所を与える社会を作る鍵になるかもしれない。普遍的多元主義は、すべての人が社会の諸制度確立に参加しなければならないという民主的見地に基づく包括的な知識システムだ。しかし私は、ハイランド・エリクセンのモデルに次の基本的要素を、つまりアクセル・ホネットの承認に関する哲学を加えたい。各個人が認められるには、普遍的であることが基本的ニーズだ。これは、抑圧と屈辱の下に生きなくて良い権利、社会の全市民の法的権利へのアクセス、そして経済的ニーズなど個人が実際に暮らしている状況を理解してもらう権利を意味する。同時に、多元主義の特徴は、私たちは皆異なっているという視点だ。生まれながらのノルウェー人を含む私たちは皆、文化的背景や、多くの場合、宗教的背景によって形作られている。しかし、これは主に個人としての私たちを形作るものだ。その結果、異なる個人が大勢存在することになるので、これをベースに社会が稼働する方法を見つけなければならない。このグループの人たちはほぼ同じだろうという目で見てはいけないのだ。私たち一人ひとりは皆異なっている。多元主義の基本姿勢に、この視点は欠かせない。宗教、文化、民族は、それだけでは決して私たちの個性を形成しない。そして私たちは皆、同じように認められなければならない。

国家を原動力とする社会は、このような個人重視の多元主義を公共機関の統制、規範、認知の側面に浸透させなければならない。つまり、社会にマイノリティを含める際には、個人を認めてほしいという要望への配慮が構想の基本になる。個人の承認という万人の要望を基本にすれば、現在のように特権グループが独占的に現状を決める余地はなくなる。

このように、社会福祉には義務も権利もひっくるめて、すべての人を含める必要がある。私の願いは、〈この人たちが我々の幸福を奪っている〉などという考えがなくなることだ。〈この人たち〉もいっしょに、ノルウェーの繁栄に貢献しているのだ。同時に〈この人たち〉の多くは、病気や就職のために支援を必要としている。
既存の多文化主義もイスラム教徒の気質や行動に対する思い込みを捨て、個人にとって現状がどう見え、どんな経験をしているかを追求する姿勢に転じるべきだ。民族や宗教や文化によるグループより個人を重視する姿勢を持ってはじめて、マイノリティの背景を持つ人々を認めて社会に受け入れることができる。

グローバルな良心が必要

文化や民族、宗教を少し脇に置くということは、他者の文化や宗教的伝統、世界の民族グループの状況から目を背けることではない。私たちは互いに関する知識を絶えず増やしていかなければならない。広くつながりを持ち、グローバルな現実を見る姿勢が不可欠だ。なぜならノルウェーのマイノリティは、グローバルな現実の中でグローバルな意識を持って暮らしているからだ。アル・ゴアは、ノーベル平和賞を受賞した時のスピーチで次のように語っている。

「どの地域であれ――昔はよく言われたものですが――真実は私たちを自由にする力を持っています。真実はまた、私たちを団結させる力を持ち、〈私〉と〈私たち〉の間の距離を縮める架け橋となり、共通の努力と共同責任の土台を創り出します……私たちは、個人的で独りよがりな行動をするしかないという自惚れを捨てなければいけません。独りよがりでも一応の助けにはなるでしょうが、集団的行動が伴わなければ、充分なことはできません……危機的な気候変動と貧困や飢餓、エイズ、その他のパンデミックには関係があることを理解する必要があります。なぜなら、これらの問題は互いに連鎖しているからです。それなら、解決策も連鎖しているに違いありません」[5]。

今日の世界では、地域の現実とグローバルな現実が関連し合っている。したがって新たな評価は、グローバルな良心を基本中の基本に据えたものでなければいけない。同時に、グローバルな良心を個人のモラルの問題にすり替えないことが重要だ。すり替えたりしたら、社会変革の奨励が宗教の伝道のようになってしまう。気候変動を解決し、戦争や世界的な不公平を阻止するためには、抜本的な変革が必要だ。構造的な変化を起こして初めて、個人のモラルや行動が意味をなす。そのためには、ベルキス、ショゴファ、バーリン、シャイーン、ナイマ、カミラ、エリザベス、タジェバ、エザット、ナスリン、アレゾが暮らしていた社会の実情について、もっと学術的な知識が必要だ。私たちは政治や世界の現実を見据え、これを基にグローバルな良心を磨き、大きな構造変革に取り組まなければならない。「知識だけで構造を変えることはできない」とアルネ・J・ヴェトレセン（Arne J. Vetlesen）は言っているが[6]、権力が知識を持てば構造は変わる。これを見ても、国家の役割はきわめて重要だ。

個人の権利——承認を得るためのアドバイス

文化や宗教、民族を脇に置いたからといって文化的背景に誇りを持てなくなるとか、信仰を表明することもできなくなるということではない。現代は、多くの人がさまざまな場所からやってきて、異なる体験をし、多言語を話し、世界観も多様化していて、これは多文化社会の財産ともいえる。しかし、人々の違いを財産にするには、その違いを政治問題化したり、争いや対立の種にしたりすべきではない。私たち自身が、違いを財産として積極的に使っていかなくてならない。

二〇〇七年一月八日、ワリード・アル・クバイシはノルウェーで成功を遂げた移民住人を讃える式典に参加した際に、移民に向けて〈十戒〉を作った。そのうちの一つにこういうものがある。「自分の文化的背景を自分の前に置いてはならない。つまずいて前進の妨げになる。後に置けば、文化的背景に引きずられることなく、自分が望む時に引き寄せたり導いたりできる。自分の背景が重いと感じたら、社会融合への足かせになっている部分を捨て去ることだ」[7]。こうすれば、私たちは人格を保ちつつ、自分の文化に根ざした個性を育むことができる。こういう道を自分で選べるような環境があれば、マイノリティである私たちは自分の文化、宗教、民族を保ちながらノルウェー社会で今よりも心地良く暮らしていける。そうすれば、もっと円満な社会になっていくだろう。

本書に登場した女性の中には、自分の文化や宗教の背景に〈つまずいた〉人もいる。背景がより良い暮らしへの障害になるのだ。その原因は、彼女たちの考え方自体にも、出会った社会にもある。どちらも、現実的な問題を解決しもっと自由になろうとする際に、文化や宗教のしがらみから抜け出すのを妨げる。しかし社会には仕掛けもある。社会が実体のある自由への扉を開きさえすれば、彼女たちは生活の質を向上させ社会参加できるようになる。だから私たちは、彼らが自ら生活を改善できるような環境を作り出さなければならない。

本書の中で出会った女性たちは、まぎれもなく困難な人生を送っている。それが健康を損ねる最大の理由だ。しかし問題もその解決も、もっと大きな観点から見なくてはならない。個人とノルウェー社会の構造が、対立せずに建設的に共存していくことが必要だ。前述のノルウェー立法府への報告（No.49）の中の「ヘルスケアに関する政治の課題」が指摘しているように、健康はその人の生活状況に関連づけて理解する必用がある。[8] しかしその関連は、ノルウェーの公共部門のどこが、どのような方法で調べるのだろうか？　ノルウェー立法府への報告書は、課題を具体的に示していないし、生活自体が原因で病気になった人が医療クリニックに来た時、どう対応すべきかについても示唆していない。今日の医療現場では、医者が患者の生活全般について評価する義務はない。医者は処方箋を出すか診断書を書いて済ましてしまうこともできる。社会問題が医療問題と化している。[9] では、私たちは具体的にどんなことができるだろうか。

私は、一般開業医が精神分析医や社会福祉サービスともっと連携を強めることを提案する。それには、さまざまな公共機関の間に横たわる行政の壁を低くする必要がある。それができれば、本当に必要とする支援が得やすくなる。たとえば実生活で生じる問題の解決に向けた助言や、場合によっては精神的社会的原因による痛みへの支援が得られるはずだ。

私は、血液検査や体温測定、レントゲン撮影が行われている健康診断に、生活全般の調査も加えるべきだと考えている。バクテリアやウイルスや周囲の病原体と同じく、社会経済的要因でも病気になることがある。[10]この分野の研究や知識の蓄積を増やさなければならない。病気の社会的要因に関して幅広い視野を持つ人類学者や社会福祉関係者、精神分析医が、医療現場を補完する役割を果たせるはずだ。[11]

一般開業医の診察室は、脆弱な人たちと社会の中にある組織の一つが出会う場なのだから、新たな解決策を見出す基盤としてもっと活用すべきだ。私の経験から得た情報とオスロ健康調査（ＨＵＢＲＯ）の研究で、運動不足と性別、低所得と教育には関連があることがわかっている。これは不健康にもつながっている。医療現場では個人を重視する考えが支配的で、その結果、運動をするかしないかは個人の自由ということになっている。しかし貧しく知識もない人たちは、自分たちの健康と幸福のために正しい選択をするとは限らない。すべての自治体や地域は、低所得者層、特に失業者、シングルマザー、マイノリティの人たちに、運動する機会を提供すべきだ。マイノリティ女性がかかる可能性が高い糖尿病に運動は特に重要だ。低所得者向けの運動プログラムがあるなら、これを広く提供していくべきだ。[12]自治体や地域は地元のスポーツ施設と提携し、居住地域で他の人といっしょに運動ができるようにするといい。社会から取り残された人が一か所に集まるのはぜひ避けてほしい。こうした運動プログラムに参加しなくなることが多々あるからだ。運動プログラムは参加者にエネルギーと健康をもたらす。医師も自分たちの権威と知識を駆使し、鎮静剤の処方ではなく、必要な際には運動を奨励すべきだ。より良い健康状態はノルウェーにおけるマイノリティ女性にとって良い生活の基盤となる。

ノルウェー人女性が自由と社会参加の機会を獲得した背景には、幼稚園と老人ホームの存在がある。マイノリティ女性の社会参加についても、こうした重要な社会施設を視野に入れての議論をしていくべきだ。ノルウェーでは幼稚園に通わない一～二歳児のいる家庭には給付金が支払われるが、マイノリティ女性と子どもたちにとってこの給付金がどういう結果を招いているか、注意深く分析すべきだと考える。私が行った研究によると、この政策は大勢の子どもを持つマイノリティ女性には不幸な結果をもたらしている。構造的要因としての給付金は、社会参加の機会を増やすどころか、実体のある自由を制限している。女性たちは貧困のせいで我が身をコントロールできなくなり、結果として、さらなる貧困に陥ってしまう。生きていかなければならない女性たちにとって、子どもたちが資金源になる。政治家はこの給付金はより良いものを選ぶ機会を提供していると主張する。しかし貧しく知識もない人たちは、正しい選択などできない。マイノリティにとって、早くから言葉を学べる幼稚園に子どもを通わせることはとても重要だ。マイノリティの子どもを受け入れ社会に融合させる上で最も良い方策は、幼稚園への助成金を手厚くすることだ。

今日、マイノリティ女性は年老いた家族の世話という重荷をほとんど一人で背負っている。自治体や地域は、マイノリティにどのようなサービスを提供するかを決めるのに、文化を大まかに理解した上で考えを進めることを基本にしている。思い出すのは、義理の両親を老人ホームに入れたがっていたアレゾ（本書40ページ）のことだ。マイノリティも老人ホームを当たり前に利用できるようにすることが、きわめて重要だ。マイノリティも老人ホームに入れるのは恥ずかしいなどという考えから卒業したほうがいい。

暮らしの質を改善すると、日々の糧を得るためにあくせくせずに、何か別のことをするエネルギーや機会が得られる。豊かな文化プログラムに参加できるのは、とても大切なことだ。文化プログラムは裕福な人だけのものではない。文化に触れて、それが健康にもつながるなら、これに越したことはない。国と地方自治体が、劇場や映画館、音楽ホールなどで活動している文化団体と協力し、低所得者グループでも文化的な楽しみを享受できるようにするのも一つのアイディアかもしれない。最近は、社会から取り残された貧しいグループを支援しているのは宗教団体がほとんどだ。善意を持っての活動ではあるが、社会から取り残された人たちとその他の人たちの間の壁を高くしている。貧しい人も、文化や宗教、民族の背景が違う人も、皆が交流し合って当たり前の文化生活を送れるようにすべきだ。

マジョリティとマイノリティが交流し関係を築き友情を育めば、変化が出てくる。そんな関係確立が今のところ難しい。アレゾは近所の人を自分の家に招待しようとしたが、あまり歓迎されていない気がして、ノルウェー人は人種差別主義者で移民とは関わりたくないのだと思い込むようになったという。ノルウェー社会では多くの場合、近所づきあいが希薄で、むしろ学校や職場や団体などで交流が生まれる。多くの移民もこれを理解することが大切だ。ノルウェーでまずなすべきことは、今ある偏らない集まりにマイノリティ住民を迎え入れていくことだ。

私たちは諦めることなく最重要課題に取り組まなければならない。それはノルウェー社会でいちばん重要な出会いの場、つまり職場でマイノリティ女性への差別をなくすことだ。これこそ、平等と承認を伴う融合を成功させるために、社会が一丸となってまずなすべき具体策である。

では、マイノリティに属する私たちが始められる具体的な対策は何だろう。マイノリティ女性である私たちにとっていちばん大事なのは、社会保障を受けるのは牢獄に入るようなもので、社会参加の機会を失うものだと認識することだ。他に何の手だてもない時にのみ、頼るべきものなのだ。病気で仕事ができないことを証明する書類探しだけに追われる暮らしにならないように、闘わなければならない。仕事ができるのであれば、自分が実際に持っている専門知識を立証することにエネルギーを費やすべきだ。自分の知識と能力を高めることに力を注ぐことだ。

知識と能力は近代生活に欠かせない。マイノリティは女性も男性も、ノルウェー語やノルウェー社会についての知識を深めなくてはいけない。ノルウェー語は完全な社会参加の入り口だ。大人になってから新たな言語を習得するのは難しいが、できる限りの努力を尽くして、言語能力を高める機会を捉えていかなければならない。言葉を知らなければ行動できない。これに加えて、社会民主主義の社会が実際どのような仕組みかを学ばなくてはならない。それぞれの組織がどのような役割を果たしているのか？　私たちの権利とは？　そして同時に、私たちの義務は？　つまり学ぶ姿勢が必要だ。提供される学習プログラムもできるだけ良いものでなくてはならない。これは、長い目で見ればマイノリティにもマジョリティにも良い結果をもたらす。

最後にもう一つ、学校についての提言がある。学校はもともと、社会の異なる層の人たちが出会える中立的な善意の場所である。親である大人は子どもたちに良い未来をという共通の関心事を抱いて出会うことができる。学校は多文化主義という見えない壁が崩れる可能性を持った場でもある。女性でも男性でもマイノリティである私たちは、熱心な親であることがいかに大切かを認識しなければならない。先生と親の会合にはぜひ参加してほしい。もし参加できない事情があるなら、参加できない理由を先生に説明しよう。子どもの学校とのつながりを利用して、ノルウェー語を上達させ、ノルウェーではきわめて重要な組織の一つである学校を理解するように努めよう。できるだけ参加することだ。そうしてはじめて親らしく振る舞える。教師は子どもを単に〈移民の子〉という目で見たり、〈よそ者〉として区別したりすることは避けなければならない。私たちが協力し、子どもたちの自信や知識、ネットワークを強化するなら、彼らの世代が立派な市民になる礎を築くことになる。子どもたちが国境をまたいだ知識を持って家庭から巣立てば、将来、ノルウェーのように平和でグローバルな国の大使になれる。

以上が、私たちマイノリティもマジョリティも両者が始められる具体的な提言である。そして、これらの提言のいくつかが実現すれば、本書で出合った女性たちの状況も変えられる。しかし重ねて言うが、私たちは宗教や文化、民族への執着を脱し、社会経済的な方策と万人を認めることに重点を置いて取り組まなければならない。

今日のノルウェー社会では、問題なくやってきた移民ばかりに目を向けてきた。教育を受け、良い仕事をしてきた人たちを、社会への融合が〈成功した〉マイノリティの代表とみなしてきた。これはたしかに重要な見方の一つである。

一方、本書に登場した女性たちはいまだに困難な暮らしをしていて、より良い生活へと軌道修正する道のりは長く険しい。それでも私は、彼女たちの状況の詳細を明らかにし、構造の変革と個人の変化の必要性をはっきりさせれば、ノルウェーのもっと多くの人たちの暮らしを改善できると考えている。構造面を変革できれば、個人が変われるチャンスもある。つまり文化、宗教、民族の違いで〈私たち〉と〈彼ら〉を隔て、社会や経済の格差や課題を隠してしまう姿勢を変えられれば、個人も変われる。

とは言え、私たちは基本的平等にも目を向けなくてはならない。私たちは皆、人間ではないか！グローバルな良心とは、人類は一つの体のように繋がっているという一体感である。これこそ、ノルウェーをはじめ世界のマイノリティの現状を改善する社会変革の根源でなくてはならない。グローバルな良心があってこそ、マイノリティにも愛と正義、連帯が必要だという認識を持つことができる。

国家、研究者、組織、個人が一つのチームになって、〈正しい評価で人を認める〉という価値観の実践に努めなければならない。そうしてこそ、首相のイェンス・ストルテンベルグが意図しているような、あらゆる人が社会参加する共生社会を生み出すことができる。

本書をペルシャの詩で始めた。同じ詩で終わりたい。

アダムの子である人間は
同じ土から創られた
ひとつの体の手であり足である
一本の足が痛むと
手も、ほかの足も、安穏としてはいられない
他人の悩みに目を向けない人は
人間と呼ぶに値しない

注

1 Grete Brochmann, Tordis Borchgrevink and John Rogstad 2002.
2 同前。
3 Knut Kjeldstadli 2006.
4 ノルウェー立法府への報告 No.49 (2003-2004):63.
5 http://www.rbnett.no/article/20071211/LOKALNYTT/257494903/112
6 Arne J. Vetlesen 2004.

7　Dag og Tid 紙二〇〇七年一月九日に掲載。

8　ノルウェー立法府への報告 No.49 (2003-2004):180.

9　スウェーデンの医師ヨルゲン・マルムキストは、社会問題が健康問題として捉えられるようになり、医療分野で問題が起きていると指摘している。製薬業界が社会問題はじつは医療問題だという考えを利用し、この仮定に基づいて大量の薬を生産している。これは研究によって示されている。マルムキストは社会問題が医療の対象になっている傾向を批判し、当局に対策を要請している。Jörgen Malmquist 2000.

10　Robert A. Hahn 1995.

11　Arthur Kleinman 1985:69-71.

12　一つの例はプロジェクト「Aktiv på dagtid（昼間の活動）」。

日本語版に向けての著者あとがき

「偉い人は私たちが跪《ひざまず》くから偉く見えるのだ。さあ立ち上がろう！」[1]
ジェイムズ・ラーキン

さあ、平和と幸福のために立ち上がろう。

このあとがきで、私は二つの点に光を当てようと思う。まず初めに、私たちは第三次世界大戦の真っただ中にいるということ。今回の戦争では、戦争で苦しむ人々が戦争から利益を得る人たちの奴隷と化していることを明らかにしたい。この視点で物事を見ると、痛みや悩みのグローバル化が、戦争を引き起こす一因になっていることがよくわかる。次に、この戦争がどれほど大きなものかをメディアが取り上げようとしないこと。多くの先進国が兵器産業のおかげで生き延びているのに、そのことはしばしば見落とされている。影響力のある作家やジャーナリストは脆弱な人々の個人的な生活を事細かに報じることに重点を置くが、それでは私たちはただただ暗い気持ちにさせられ、社会全体も暗いムードになり、怯えて暮らすようになるだけだ。だれにも戦争の要因が伝わらず、だれが関与しているかも理解できない。こういう状況に至ったのには、政治的、軍事的な分かれ道があったはずなのに、人々は否応なく戦争への道を選ばされているように見える。人は孤立してではなく、自分たちを取り巻く環境や状況を基に行動する。人の行動には、実体のある自由[2]がなくてはならない。

本書の初版は二〇〇八年に刊行された。今は二〇二〇年。この間、国際社会は広く大きな変貌を遂げた。戦争や痛み、苦しみがグローバル化していることからも、それがわかる。本書で紹介したベルキスは、ノルウェーで痛みに満ちた経験をする中で、オサマ・ビンラディンが助けにきてくれるように祈るという消極的な世渡りをしていた。このような戦略では、自分の痛みの真の原因を理解し、きちんと対処することができず、ものごとを盲目的に受け入れたり諦めたりするようになってしまう。

ではなぜ、消極的な世渡りが痛みをもたらすのだろうか？　そういう世渡りでは、悩みが新たな悩みを生み、自分の運命に立ち向かう意欲をくじいてしまうからだ。宗教的なプロパガンダは、ベルキスのような移民に自分は異質な者だと思わせてしまう。ベルキスは仕事を失い、ジェイコブセンターに救いを求めた。このキリスト教団体は、さまざまなイスラム教のグループと接点があり、現状への対処法を書いた冊子をベルキスに与えた。彼女は、ジェイコブセンターをモスクだと思い込んでいたため、冊子に従ってたびたび祈りを捧げた。ベルキスはその宗教組織によって巧みに操られてしまったことになる。彼女はビンラディンがノルウェーにやってきて正義をもたらし、ブッシュやシャロンに立ち向かってくれるように夜通し祈った。自分はイスラム教徒だから仕事を失ったのだと思った。ベルキスは私に「上司の目は、ブッシュやシャロンの憎悪に満ちた目にそっくりなんです」と言った。

彼女は宗教に縛られ、ノルウェー社会の不当なやり方に立ち向かう代わりに祈るようにけしかけられ、ノルウェー社会から締め出されてしまった。労働者を保護する法律や制度が幅広く整備されているノルウェーのような社会には、彼女にもさまざまな権利があることを、だれからも教えてもらえなかった。

多文化主義は世界の多くの国で、難民や移民との関係を管理するための統治戦略になっているが、その戦略のせいで社会から疎外されていると感じるベルキスのような人は、自分や仲間の周りに壁を作ってしまう。孤立すると気分がふさいだり、仲たがいしたり、憎しみがわいたりする。人には、どこかに帰属したいという欲求がある。イスラム教徒は往々にして、モスクによってその欲求が満たされる。排除され烙印を押されても、モスクだけは自分を受け入れてくれて、まるで我が家のようだと思う。神を信じないアフガニスタンのマルキストでさえ、そう感じる場所だ。多くの国で宗教は強い親近感を生み出す場所で、市民社会に大きく関与している。ノルウェーでは、キリスト教社会民主主義がノルウェー人の価値観や法律の形成に大きな役割を担い、アフガニスタンでは、イスラム教が同じような働きをしている。人々はモスクに集まり、不正や植民地主義と戦う。ところが、戦争により利益を得る全体主義体制では、この親近感が都合よく利用される。多文化主義を使って積極的に戦争に寄与するのだ。宗教コミュニティは巧みに操られ急進的になっている。文化や宗教や民族やナショナリズムが、日常生活にまぎれて、兵器産業や戦争を正当化する無料媒体として利用されている。

マジョリティとマイノリティが顔を合わせて信頼関係を築けるような、どちらにも偏らない出会いの場が必要だ。私たち人間は互いに結びついていて、一つの体のようなものだが、この体が今は引き裂かれ、ばらばらにされている。

排他主義や過激化に走るのか？

人は、現実社会にそぐわないと感じると、自分の周囲に壁を作る。イギリス人の社会人類学者、メアリー・ダグラスが良い例えで説明している。髪は美しいが、皿に落ちた髪は気持ちが悪い。多くの移民は自分を皿に落ちた髪のように感じている。人々の心に嫌悪感を植えつけるのは政党だけではない。人が、自分たちは社会に合っていないから別の解決策を探さなくてはならないと思う方が、さらに危険だ。これが悪い方向に進む出発点になる。ノルウェーでは、ノルウェー人のナショナリズムに対抗する形で、移民コミュニティ内にミニナショナリズムが育ちつつある。これは自然発生しているのではなく、多文化政策よって助長されている。嫌悪感の種が撒かれれば撒かれるほど、人は無力感に苛まれる。多文化主義が火に油を注いでいる。

「私たちはイスラム教徒です。だから嫌われているんです」とベルキスは言う。彼女はマジョリティを嫌っている。マジョリティが彼女やスラム教徒を〈他者〉にしたからだ。この〈他者〉のせいで、彼女は仕事を失う痛みにさらされた。まるで肉体的暴力を振るわれたような気分だ。帰属感のなさは無益な政治手段としての多文化主義から発生し、社会の分断の触媒になっている。

本書の中でも言及したが、社会学者のベネデット・ヴェッキ[3]は、原理主義者には人を惹きつけ結集させる力があるという。彼はまた「宗教的原理主義は、見え透いた魔術を使ってアイデンティティの問題を政治の場に持ち込んだだけだ」とも言っている。そして、このプロセスを打破するには、個人という次元を成文化された社会通念に再構築する必要がある、と説いている。

マジャ・トーザリ・グリーンウッド（Maja Touzari Greenwood）はデンマーク国際問題研究所（DIIS）のデンマーク人研究者だ。彼女はアルカイダ、シリアの反政府組織アルヌスラ、過激派組織ISなどの外国人戦士に関する大掛かりな研究をしている。その成果を発表した論文「イスラム国とアルカイダの外国人戦士」で戦士たちのリクルート、移動、支援などについて詳細に紹介している。[4] それによると、リクルートされた者、あるいは自主入隊者は、その後かなり手厚い支援ネットワークで保護される。トルコに到着すると、シリアとの国境まで搬送される。入隊前の快適な生活を捨てて来た代償として毎月二百USドルをもらうが、この金額は地元のIS戦士がもらっている手当百二十USドルを上回る。また地元を広く見渡せる丘の上の高級住宅地に贅沢な住居もあてがわれる。

モハメド・サイフ・アルモフティ（Mohamed-Saif Al-Mofty）はイラクのモスル出身の作家でノルウェーに住んでいる。彼は外国人戦士がシリアに到着した後、どんなことが起きるかを語っている。それによると、まず贅沢な大邸宅に連れて行かれ、預言者たちはいかにして過去千四百年間、闘いを継続してきたかというプロパガンダビデオを見せられる。だから今度はおまえたちがイスラムのために戦うのだぞと。ビデオは迫力満点で、共感を呼び情熱に訴えかけてくる。新隊員たちは訓練地に連れて行かれ、イスラム帝国を設立し防御するためには暴力も正しく必要なものだと教えられる。さらにビデオは、戦争と武器使用の必要性についてもそれなりに触れる。

ノルウェーの新聞「アフテンポステン（Aftenposten）」の記者、アフシン・イスマエリにインタビューしていて気づいたのは、イスラム帝国のために戦うと言ってシリアに行く人たちの動機は、宗教的なものだけではないということだ。モスルにある監獄は世界各地（特に西洋諸国）からの犯罪者で満杯の状態だ。便乗型の犯罪者の中には、複数の妻や性奴隷を持てるとやってくる者もいるだろう。またあるドイツ人売春婦はシリアで仕事ができるように、うわべだけイスラム教に改宗した。彼女曰く、労働条件も支払いもドイツより良いものだという。映画やテレビゲームでしか見られないようなおぞましい暴力を振るえるぞという妄想に引きずられる青年も大勢いる。こうした汚い戦争はビジネスでしかなく、正義のための宗教的理想主義が動機とばかりは言えない。

過激化するのは個人のせい？　それとも組織のせい？

アスネ・セイエルスタッド（Åsne Seierstad）は、過激派組織ＩＳに参加するためシリアに渡った二人の若い女性に関する『二人の姉妹（*Two Sisters*）』という本の著者だ。この本は多くの議論を巻き起こした。ノルウェーの新聞「ベルゲンズ・ティーデンデ」および「スタヴァンゲル・アフテンブラ」のジャーナリスト、スヴェン・エギル・オムダール（Sven Egil Omdal）は、『二人の姉妹』の裏表紙に次のような推薦文を書いている。「憎悪と悪意を自ら選んだ若者についての物語。二人がもっと早く私たちの仲間になっていれば、違った道を選んでいたのではなかろうか」[5]。

これは重要な論点だが、私は人間が持つ思いやり、人間の良い面を信じている。たぶん、二人が憎悪と悪意を自ら選んだというのは正しくない。私の持っているデータによれば、憎悪と悪意は本心で選ぶのではなく、排斥、人種差別、帰属先の欠如といった環境によって押し付けられるものだ。同時に、この二人の姉妹にはテロリストになる機会や自由が充分にあった。憎悪や悪意の裏には、個人の力ではどうすることもできない兵器産業や戦争商人にからんだ痛みや苦悩がある。イスラム教やイスラム帝国について、二人の姉妹のような人々を対象に洗脳が行われている。無料の航空券を与え、旅の手配をする。こういうことは世界のどこでも起こり得る。二人の姉妹を洗脳し旅を手配した人物は、今でも大手を振って通りを歩いているのだ。だからスヴェン・エギルには別の観点から考えてもらいたい。彼にはもっと多くの事実を見つけ出し、もっとたくさん書いてほしい。人々を取り巻くシステムや組織、団体、そして陰で戦争屋がやっていることや兵器産業について、重点的に取り組んでもらいたい。

しかし、スヴェン・エギルが提起している「もし彼女たちが私たちの仲間だったら、別な道を選んでいたのではないか」という問いかけは大変重要である。〈私たちの仲間〉になる道はどこにあるのだろう。それは帰属感の問題だ。すべての痛みや苦しみは、本当の自分を認めてもらえないことから始まる。そして孤立感や差別感が生まれる。あなたはノルウェー社会の一員ではないと言われているように感じてしまう。多くの〈移民〉はノルウェー生まれにもかかわらず、宗教団体、モスク、学校、メディアといった団体で別扱いされている。学校の先生も「どこから来たの？ ソマリアってどんなところ?」などと質問する。この手の質問で、〈私たち〉と〈あなたたち〉の溝が深くなるのを、多くの人が経験している。モスクは「あなたは正真正銘のソマリア人だ」と言って、あなたの宗教や国の価値観を維持させようとする。それ自体は何らまちがったことではないが、私たちと彼らの間の溝や心の壁が大きくなり、その結果、移民の子どもたちが学校で前述のような質問を受けることになる。そういう質問は、あなたはこの国の出身ではないが、この国の隣の社会にはいても良いですよ、と言っているようなものだ。最初の行動規範で、個人に対し宗教の完全な自由を認める。しかし次の規範で、宗教上の事柄はすべて、組織化されたコミュニティ内で独立して行うように求める。つまり、すべての宗教グループは、宗教上の規範や価値観の実践を自立して行えるのだ。その結果、宗教グループは国からお墨付きをもらっている自立という立場を利用して、自らの規範を押し付ける。女性は聖職者になれないとか、男性は妻に暴力をふるって良いと言い出しても、国はそれを止めることができない。なぜなら、彼らの宗教上の自立は法律によって定められているのだから。これでは、社会の中に権利の矛盾という問題を生じさせてしまう。宗教的なコミュニティによる遠隔操作で女性の権利が操作されてしまう。

『二人の姉妹』に登場する若い姉妹は、ノルウェー人であるにもかかわらず、帰属感の欠如と女性の権利の正しい使い道を知らなかったために苦しんでいる。ソマリアやアフガニスタン、パレスチナ、イラクといった紛争地域の出身者は、両親の国と自分が住んでいる国とを比べてしまうものだ。互いの国を見比べて、あれこれ質問する。世の中の不公正について考えるようになる。この若い姉妹は、ベルキスのように消極的な世渡りはしなかった。若者は正義のためにすすんで戦うものだ。特に、宗教を利用して人をとりこにし、暴力行為に加担させようという者の手にかかった時には、そういう心理が働く。若者は、光の速さで世界を変え続けるグローバル化の中で、解決策を探し求めている。先に示したような団体も、どんどん変化していくため、国も私たちの思考も、それを分析することができない。グローバル化という車には二つの車輪がある。一つはよく知られた、均質化だ。均質化は経済的な動きについていける余裕のある人々を取り込んでいく。もう一つはあまり語られることはないが、個別化だ。個別化は二人の姉妹のように、グローバル化に〈ついていけない者〉を中心に展開している。個別化は、個人の文化、宗教、民族的伝統といった地域特性をことさらに際立たせ、帰属感を薄れさせ、多くの国で人種差別を助長している。多文化主義者で構成されている機関が個別化を強力に推し進める。個別化は兵器産業と戦争屋のための無料媒体と言っていい。

私はアスネ・セイエルスタッドをはじめとする人たちに、グローバル化についていけない人たちと兵器産業の関係について詳しく執筆すること、そしてなかなか難しいことではあるが、ジャーナリストとしての能力を発揮して、戦争や兵器産業から利益を得ている者たちの詳細を突き止めることを勧めたい。アスネ・セイエルスタッドにとっては特に良いチャンスだと思う。というのも、彼女はチェチェンやベオグラード、イラク、アフガニスタンといった紛争地帯にいたことがあるからだ。私は彼女がこのことに気づき、その素晴らしい文才を生かして、こういう問題をさらに深く調査することを期待している。

ノルウェーの新聞「アフテンポステン」のエリカ・ファットラン（Erika Fatland）は『二人の姉妹』の批評[6]の中で「なぜ人々はノルウェーを出てシリアで死ぬ道を選ぶのだろう?」と問いかけている。もういちど言うが、私はこのような「人が死ぬ道を選んでいる」かのような問いかけを疑問に思う。喜んで死んでいく者など一人もいない。彼らは自分たちにとって大切なもののため、あるいは心理操作されて大切だと信じこまされているもののために戦い、自らが信じる世界を作り上げようとしているのだ。

先にも述べたように、スヴェン・エギル・オムダールにも同じような傾向が見られる。彼らはそれぞれ個人を取り上げ、なぜわざわざこういうことをするのかを説明しようとしている。環境や制度、洗脳や心理操作には目を向けていない。彼らはノルウェー社会での居場所の欠如にも触れていない。政治が主導する移民対策として未公認の多文化主義がはびこっていることにも目を向けない。〈未公認の多文化主義〉では、人を文化や宗教、民族で区分けしている。個人はそのカテゴリーの中に埋没し、自分らしさを失ってしまう。そして心理操作され、グループとしてのアイデンティティを身に着けてしまい、集団のために行動し苦しむ義務を負わされる。〈私たち〉と〈彼ら〉という分断を生み出すこの戦略について、なぜジャーナリストは取り上げようとしないのか。私たちが取り上げるべきは、個人か、それともシステムか? 両方を取り上げるべき、というのが私の答えだ。しかしシステムや法律のほうが重要だ。なぜならシステムと法律は個人の行動の指針となるもので、行動を生み出すこともあれば制限することもあるからだ。問題は、ノルウェーのような自由主義社会の中に、矛盾した権利が存在することだ。〈女性の権利〉や暴力はいけないという法律が存在する一方で、宗教の自由という名のもと、法律違反や価値観について、さまざまな宗教グループがそれぞれ異なる考え方をしている。無力な人々はこういった矛盾の両側面に対応することができず、ノルウェー人女性としての権利を行使することもできない。

スウェーデンの夕刊紙「エクスプレッセン（Expressen）」の記者ウルリカ・カルンボルグ（Ulrika Kärnborg）は、「二人の才能ある女性が次第に鬱状態になって暗く沈んでいくいく話を読んでいると震えがくる」と書いている。これは『二人の姉妹』に掲載された推薦文である。しかしカルンボルグが書いた文全体を読むとわかるが、彼女はこの本が文句のつけようのない本だとは思っていないことがわかる。他者との違いや社会からの排除がどういうものかについて検討されていないと指摘している。[7]

カルンボルグは、この本にとても心を動かされたと書いている。体が震えるほどに。「しかし、多くの疑問はさて置き、セイエルスタッドは何が起きたかを解き明かす使命は達成したものの、その責任を解き明かすまでには至らなかった。というのも二人の姉妹が抱く憧れには、じつは名前があって、それは〈一つになりたい〉という名前なのだ」。

『二人の姉妹』には、カルンボルグが書いた記事の中の称賛部分だけが選ばれ、批判的な部分は掲載されていない。しかしカルンボルグは、私がさまざまな場で女性約三百人に私的なインタビューをして見出した重要な相関関係と同じことを指摘している。つまり帰属するところがないと体に痛みが現れる。この痛みは医療検査では解明されず、血液検査やレントゲンでも原因がつきとめられない。

この診断結果は、帰属するところがないこととの因果関係を理解するのにきわめて重要なものだ。どこにも属するところがないという気持ちが大きくなると、溺れた時の気分になる。陸地を求めてもがき苦しむ。社会が宗教や民族の違いをもとに制度を創ると、人は、本当は何が必要なのかもわからないまま罠にかけられたような状態になる。これが、ノルウェーで公認されることなく行われている多文化主義の実体である。

第二次世界大戦では戦後、兵士とその家族に報償が与えられた。しかし、アスネ・セイエルスタッドやスヴェン・エギル・オムダール、ウルリカ・カルンボルグが「志願兵」と呼ぶ非正規な兵士たちはどうなのだろう。彼らはなぜ、市民権や法的権利があるのに出身国に戻る道を選ばないのだろうか。彼らは好きでやっているというのが、これらジャーナリストの考えだ。こうした行為への責任は、制度や国家に負ってもらわなければならない。

これらジャーナリストは、こういう人たちの周りに創られたシステムについて、なぜはっきりと疑問を投げかけないのだろう。このシステムによって、どういう人たちが生み出されたのか。そもそもなぜイスラム過激派組織ＩＳが存在するのか。彼らはノルウェーでどのように活動しているのだろうか。ジャーナリストは個人を掘り下げたがる。木ばかりを見て、森を見ることができない。脆弱な人がこのシステムによって誘惑されているのだが、誘惑する者、洗脳する者、心理操作をする者についての調査は決して行われない。彼らを見つけ出して裁くのは難しいことではないが、弱い立場の人たちが選んだ道に関する話の方が面白がられる。政治家や議員が、シリアにいる二人の姉妹の実刑判決について議論している一方で、彼女たちの過激化とシリアに向かわせたことにまちがいなく責任のある人物は、いまだにノルウェーで野放しにされている。ジャーナリストがこういう問題を取り上げていれば、このシステムが人の人生をどんな風に変えたか難なくわかるはずだ。同様の事件が起きるのを防ぐことにもなる。

第三次世界大戦は起きている？

二〇一五年、メリーランド大学グローバルキャンパスのスティーブン・コラトレラ（Steven Colatrella）教授は、第三次世界大戦が間もなく勃発すると書いている。[8] これまでの二度の大戦よりも悲惨なものになる、と。しかし私は、第三次世界大戦はすでに起きていると思う。地球上には数え切れないほどの対立があり、これまでの世界大戦とは似ても似つかない様相を示している。むしろ近代以前の戦いに似ている。国同士が直接対立するのではなく、地方軍閥のリーダー、テロリスト、民兵、雇われ兵などを使って兵器産業がリモートコントロールしている戦争だ。その最終目標は、彼らを食い物にして人材や資源のための領土を奪うことだ。

政治経済学者のティム・アンダーソン（Tim Anderson）教授は著書『シリアの汚れた戦争（*Dirty War on Syria*）』[9]で、大国が他国に干渉するのを良しとする西欧の神話を一蹴している。特に米国には戦争を引き起こした歴史がある。干渉する理由を生み出し、他国を揺るがし、植民地化してきた。イラク当局者によると、米国はシリアやアフガニスタンのイスラム過激派組織ＩＳに兵器を輸送してきたという。兵器を提供しながら、アサド政権下での市民攻撃を非難しているわけだ。シリアの反体制派勢力は米国、カタール、サウジアラビアの支援を受け、シリア・アラブ共和国はロシア、イランの支援を受けている。これは新しいタイプの対立の最もわかりやすい例で、大国の存在をちらつかせて国を分断させる代理戦争だ。欧米ではこの現実を暴露すべく多くのフィクション小説が発表されている。カスパー・コーリング・ニールセン（Kaspar Colling Nielsen）の『デンマークの内戦　二〇一八—二四年（*Den danske borgerkrig 2018-24*）』[10]などだ。小説なら、テロや戦争犯罪についてさりげなく意見を伝えることができる。

二〇一四年、第一次世界大戦で命を落としたイタリア人兵士たちを記念して、教皇フランシスコが現代の戦争について次のように演説した。「世界大戦という過ちを二度も繰り返しているにもかかわらず、今日、三度目の大戦が口の端にのぼるようになっている。その戦争は断片的に勃発し、犯罪や虐殺、破壊を伴うだろう」[11]。

ベルキスはノルウェーで暮らしているが、彼女の痛みは生活の場にとどまらず、本来の場所から移動しグローバル化している。自分の上司をシャロンやブッシュになぞらえ、自分の痛みを多くの人たちと分かち合う。アフガニスタン、シリア、イラク、パレスチナ、イエメン、ナイジェリア、ニジェール、チャド、南スーダン、リビア、コンゴ、ケニア、ミャンマー、コロンビア、ベネズエラ、イスラエル、パキスタン、インド、トルコ、ウクライナ、ブルンジ、フィリピン、エチオピア、モザンビーク、ペルー。皆、現在も武力衝突を経験している国々で[12]、それぞれの痛みを共有している。

痛みは、戦争が起きている地域だけのものではなく、世界中に広がっている。こうした人間のネットワークと一部の強国の主導権によって、第三次世界大戦は起きる。戦争を起こすためのエンジンは、起動しているのだ。

第二次世界大戦と第三次世界大戦の違い

これまでの世界大戦と同じく、〈私たち〉と〈彼ら〉の分断が激しい戦争を巻き起こしている。すべての戦争と同様、ナショナリズムも根拠になっている。しかし私たちが巻き込まれている戦争は第二次世界大戦とは決定的に違う。ナショナリズムは光の速度で成長しているが、今日のナショナリズムは広範囲なグローバリゼーションによる個別化によって動かされている。国家は宗教や民族を基盤に統一されているというのは、今や単なる幻想でしかない。

人はそれぞれの国の中で、領土内の人種や宗教、文化との関係を深めるが、グローバリゼーションによる個別化で、その関係がさらに強化されている。ヨーロッパでは多国籍企業と右翼ポピュリストが増加している。これにはイスラム過激派が力を強めたことと目に見えないつながりがある。公的には、これらの過激派と原理主義は対立しているとメディアは伝えるが、じつは裏ですべてがつながっている。これが第三次世界大戦の戦場である。第一次、第二次世界大戦では、戦場は正確にわかっていた。どこが前線で、どこで軍隊が衝突するか、みんな知っていた。どこがイーペル[13]で、どこがレニングラードかも知っていた。しかし今は違う。第三次世界大戦は一連の代理戦争だ。文化や宗教、民族を重視する多文化主義はまちがった政治戦略で、好戦的な気持ちを助長し、現在の世界大戦の火に油を注いでいる。こうした要因が新たな戦争の背景である。

第三次世界大戦はあちこちで見受けられる。息子を気遣う母親たちの痛み、オスロの国会議事堂を取り囲むコンクリートの壁。第二次世界大戦の戦闘員は軍服を着て、家族共々、法的な権利を与えられていた。しかし第三次世界大戦には秩序がない。未登録、非正規、無統制の兵士が混乱の中で死んでいく。書類登録もしていないアフガニスタン人が操られ、イラン軍のためにシリアの戦場に送られるのが今の戦争だ。家族への手紙にイラン国家との契約書のコピーを同封した青年もいる。死んだら家族は永住権と恩給を受け取れるはずだった。彼の死後間もなく、家族はその申請をしようとしたが拒否された。息子はシリアでISと戦っているというのに、イランで働いていると思いこんでいる家族。そこに今の戦争の実態が垣間見える。

ノルウェー人のスールヴァイの中にも第三次世界大戦の様相が見て取れる。彼女の息子ビョルンはノルウェー軍と共にIT技師としてアフガニスタンに送られた。ところが約束されていた給付金を受け取ることができず、仕事を辞めてアメリカの会社で働くことにした。ビョルンの話は、型どおりの従来の戦争から、ボタンを押して遠距離から人を殺戮するという、現代の戦争への移行を示す良い例だ。これらのボタンを押し、敵も血も見ずに殺戮し、自分は人殺しだというトラウマに苦しむコンピューター技師、ここにも第三次世界大戦を見る。シリアで息子を亡くしたトーリルの瞳の中にも第三次世界大戦が見える。戦争で死んだ四百五十人のベルギー人の思いの中にも第三次世界大戦が見える。シリアで娘のノーラを亡くしたサミラの中にも第三次世界大戦を見る。サミラは『幸せはあなたと共に行ってしまった（*Le bonheur est parti avec toi*）』[14]という本を書いた。第三次世界大戦はノルウェーでもアフガニスタンでも起きている。若い女性がイラクに行けば殺されるのに、それを助けようとしないフランスも、第三次世界大戦の現場だ。サミラは、作家で反帝国主義者のナディーン・ロサ・ロッソ（Nadine Rosa-Rosso）の手助けで、自分の身に起きたことを語っている。サミラは外国人戦闘員の母親たちと働いているのだが、ある母親がシリアにいる娘を家に呼び戻そうと五十フランを送ったところ、テロを支援したとして告発されたという。[15]

第二次世界大戦は枢軸国と連合国の戦いだった。しかし第三次世界大戦ではファシストと反ファシストを分けることができない。すべてが漠としている。だれがだれと戦っているのか。ＮＡＴＯが平和維持活動をしているにもかかわらず、現在アフガニスタンでは二十一のテロ組織が活動している。活動しているのはいったいどういう人たちなのか。詳細は不明だ。

二〇一八年八月にブリュッセルのマクシミリアン公園で行ったフィールドワークで、私はインタビューした移民の瞳に第三次世界大戦を見た。そこには戦争で荒廃した世界各地から人が集まっていた。明るい未来を約束されて、人身売買されるのだ。そこの移民によると、公式な書類がないとノルウェーを含むＥＵ諸国で働くことができないのだという。しかし人身売買業者が公式書類などなくても英国で違法就労できると保証するので、彼らは待っているのだという。私がこうした飢えた難民の若者にインタビューをしに行った時、彼らは私を人身売買業者だと思いこみ、いくら払えばいいのかと聞いてきた。彼らのうちの何人かは脱水状態でまともに話もできなかった。移民は自分の宗教、文化、民族的背景を頼りに、それぞれ犯罪グループを探す。私は、栄養状態のとても悪い若者と話をした。後からわかったのだが彼は高学歴だった。人身売買業者は、英国へ連れて行くという約束をして移民から毎日手数料を取る。「英国がEUを離脱する理由はご存じでしょう」と彼は言った。「英国は法律や規制から逃れ、非正規の犯罪的取り引きでアメリカと協力できるからですよ。私たちもその犯罪に手を染めているわけです。それでも、私は行くことを選択します」。

でも、彼に選ぶ自由などあるのだろうか。こんなことが真っ昼間に大手を振って行われているのだが、人身売買業者に対して警察は何ら手を打たない。幸い、オーストラリアとニュージーランドから楽観的なボランティア青年たちがやってきて、絶望的な状況にいる人たちの気持ちを和らげるように手助けしてくれた。この底知れない暗い現実にあっても、希望を持たせようとする人たちもいれば団体もある。私はダルフールから来た若者の瞳に第三次世界大戦を見た。サウジアラビアと湾岸諸国での仕事に応募しているにもかかわらずイエメンの前線に送られる無職の移民青年たちの瞳に第三次世界大戦を見た。

泣いている母親の瞳にも第三次世界大戦が見える。私はあるタリバンの戦闘員にインタビューした。彼がタリバンに加わるという苦渋の決断をしたきっかけは、泣いている母親の姿だった。アメリカ人が彼の村の母親たちに苦痛を与えるのを見るのが嫌で、戦うしかないと思ったのだという。

武器の売買と人身売買は関連して起きる。痛みについて語るには、人身売買業者や戦争について語らなければならない。そして戦争について語るには、戦争によって利益を得ている人たち、つまり武器製造業者について語らなければならない。

ノルウェーの勇気ある作家、ダーグ・ホエルは、著書『平和がいちばんではない（*Fred er ei det beste*）』[16]の中で、次のように述べている。「社会は兵器産業をコントロールしなければならない……武器製造も食糧の生産と同じようなものだと主張する資産家階級は、太鼓を打ち鳴らして敵について騒ぎ立てるメディアに助けられている。こうした状況が続くかぎり、ラウフォス（兵器工場）の薬莢《やっきょう》は大忙しだろう」。ホエルの著書によって、私自身の戦争体験を振り返り、私に何ができるのかを考えるようになった。

二〇〇八年に、私はノルウェーの兵器輸出の責任者にインタビューした。インタビューの最後に、個人的な疑問に答えてほしいと頼んだ。彼には答えない選択もできた。私は彼に、テレビで銃撃戦を見て、薬莢が武器から出て生身の人間の身体に命中し、血が噴き出すのを見ると、テレビの映像を見るだけで気分が悪くなり、体に痛みを感じてしまうほどだと言った。こういうシーンを見ると夜眠れなくなると言って、彼に次のように尋ねた。「弾薬販売という仕事をしているあなたは、どうですか？　あなたが売ったかもしれない銃弾で人々が撃たれたり死んだりするのを見て、どう思いますか？」。

彼は私の質問に答える選択をした。とてもリラックスした様子で、まるで冷血漢のように、次のように答えた。「私も看護師や医者や教師と同じように、合法的な仕事をしているので、罪悪感はありませんよ。それにテレビなど見る暇もないんです。仕事の後、子どもたちをバイオリン教室に連れて行かなければなりませんからね」。

グローバルな良心と積極的な行動

過去十年、痛みや戦争や苦しみのグローバル化が進んだ一方で、私たちは周りで何が起きているか、より強く意識するようになった。二〇一八年のノーベル平和賞は、コンゴの医師デニス・ムクウェゲ[17]と、ＩＳからの逃亡に成功したナディア・ムラド[18]に贈られた。意識向上のための二人の戦い、戦争の武器になっている性暴力との戦いは、今や世界中に知られるようになった。

ノーラ・スヴェオース（Nora Sveaass）教授は、難民や拷問のトラウマを受けた人々に関して長く行ってきた研究に対し、二〇一八年にオスロ大学から人権賞を授与された。その授賞式でのスピーチで彼女は、いま私たちが生きている時代は人権が抑圧され、国際的な合意が疑わしくなり、自国内の人権侵害について国が真実の報告をしなくなっていると述べている。[19]

過去数か月、西欧出身のＩＳ戦闘員とその子どもについて議論が白熱している。大勢の子どもが母国から連れて来られたり、外国の地で生まれたりしているのだ。議論が持ち上がっているのは、これらの子どもたちの帰国を許可すべきかどうか、許可する場合は母親との関係をどうするかという点だ。多くの国の政治家が、この問題について厳しいコメントをしている。「彼らのだれ一人として帰国させたくない」と、デンマークの外務大臣アンダース・サミュエルセン（Anders Samuelsen）は宣言した。

ノルウェーのエルナ・ソルベルグ（Erna Solberg）首相は当初、子どもたちは帰国させないと言っていたが、その後考えを翻した。今問題になっているのは、母親が訴追された時に子どもたちはどうなるのかということだ。ノルウェーの防衛研究機関の研究員トマス・ヘッグハンメル（Thomas Hegghammer）は、本国に〈帰還〉した市民は仕事を見つけられないため、一人当たり百万ユーロの社会的コストがかかると主張している。[20] またテロリストのネットワークが、帰還した市民に接触しようとするため、ノルウェーの安全面のリスクが高くなると述べている。

私はヘッグハンメルにＩＳ戦闘員の洗脳と武装化にどれだけの費用がかかったか、そしてこれらの過激派組織が関わる戦争によって大きな利益を上げた、いわゆる戦争成金がどれだけ稼いだかを、統計調査したらどうかと言いたい。そうすれば第三次世界大戦の陰の部分まで含めた全体像が見えてくる。ＩＳの外国人戦闘員も合法的な市民権を持っている。だから国家には、彼らの面倒を見てテロリストになるのを未然に防ぐ義務がある。彼らが国を去るのをなぜだれも止めなかったのだろう。ノルウェーはＮＡＴＯの一員として、テロリストと戦うために兵士をアフガニスタンに送ったというのに、自国のテロリストに関しては何もしていない。市民権を認める法治国家なのだから、この種の洗脳を防ぐこともできるし義務もあるのに、人々がテロリストになるのをみすみす許している。

ヘッグハンメルは何を基にコストを計算したのだろう。ヘッグハンメルが述べた百万ユーロかかるという統計は、多文化主義の影響を受けた資本主義体制を映し出している。資本主義体制は、外国人戦闘員になることを選ぶ機会（ヌスバウムはこれを実体のある自由と呼んでいる）を生み出すシステムだ。テロリストになることを鼓舞する要因が、このシステムにはすでに存在している。それは、人々の間に憎悪を生み出すことから始まる。しかし、この憎しみを管理しているのはだれか。シリアに行く人たちはなぜそういう道があることを知るのだろうか。外国人戦闘員のチケット代はだれが払うのか。戦争の準備にどのくらいの資金がかかっているのだろう。さまざまな宗教団体はどのくらいの資金を使っているのか。これらの現象はどれも単発的なものではなく、欠陥のあるシステムの中で関連し合って出てきている症状だ。しかも多くの先進国に同じようなシステムが存在している。

私たちは距離を置いているが、ヨーロッパ人の恐ろしいシリア行き旅行が社会現象化している。彼らは大国によって憎しみを植え付けられている。なぜアスネ・セイエルスタッドのようなジャーナリストたちは、このことに口を閉ざしているのだろう。セイエルスタッドのような西欧諸国のジャーナリストの多くは、バールムの二姉妹のような物語を好む。個人的な事柄、立ち入った物語、想像を絶する人生。このような本を売ればお金になる。しかし戦争成金や武器産業、西欧とロシアの帝国主義に関する話では、あまり興味を惹かないのだろう。テロリストの生活は、痛みと苦しみから始まる。痛みと苦しみのグローバル化が原因なのだ。

ドイツのDWニュースのフェイスブックで、[21]七十歳のニアズ・ビビがアフガニスタンで四十人の子どもの世話している様子がビデオ放映されている。ISとタリバンの対立で両親を殺された子どもたちだ。ニアズ・ビビは子どもたちと出かける時は古いライフルを背中に掛け、子どもたちから目を離さない。孤児を守るこの勇敢な女性が、メディアに取り上げられることは決してない。孤児たちの両親は、西欧の子どもたちの両親と同じ紛争で殺され、同じ体制の犠牲者なのだが、メディアの目からすると、すべての子どもたちに同じニュース価値があるわけではない。シリアでの敗北の後、八千人のＩＳ兵士がアフガニスタンに配置された。地元の人たちはアメリカ人がやったと言っているが、だれがしたことかだれにもわからない。ここでもさらに調査が必要だ。当然のことながら、地元の人々を保護しなければならないと主張しているアメリカにとって、アフガニスタンから撤退しないさらなる理由にもなるわけだ。アスネ・セイエルスタッドはさまざまな戦争について報告してきた。この無秩序に見える戦争にもこうした因果関係があることも、分厚い本に書いてくれないだろうか。

私たちにできることは？

第三次世界大戦に立ち向かって世界平和を実現するためには、段階的に三つの行動を起こす必要がある。まず、すべての個人が自分自身の無力さと戦わなければならない。そしてジェームズ・ラーキンの「立ち上がれ！」という言葉を実践することだ。二番目に、戦争に立ち向かっている支援団体を通じて、平和のために戦わなければならない。現在、多くの市民社会や人権、反戦、平和運動に関わっている団体と公共機関は、それぞれ個別に動いていて、国レベルと個人レベルでの活動しかできていない。これらの組織の多くに、グローバル化による特定の文化や民族、宗教に肩入れする傾向が見られる。この個別化の結果、ほとんどの個人と組織は特定なものに肩入れし、それぞれ独自のアイデンティティや宗教、民族のために戦っている。団体や公共機関が、それぞれの要求や目標に視野を限定してしまうと、地球規模での不正や差別に盲目になってしまう。この種の団体はさらなる葛藤や苦しみを生み出すだけだ。このように個別化した団体は、戦争から利益を得る戦争屋や巨大権力者に利用される可能性がある。

三番目に、私が〈グローバルな良心〉と呼んでいる世界規模の機関がなければならない。これはあらゆる国のための国際機関で、すべての国が含まれ、すべての国が執行権を持つ。自分の地域社会や自国の正義のために戦うにしても、グローバルな視点が必要だ。なぜなら、グローバルな視点で見えてくる世界こそ真の現実なのだから。私たちは自分に本当に必要なものを自覚しなければならない。そして、この新しい機関はすべての国の苦悩や苦しみを平等に認識している地域と連携する必要がある。そして世界規模の平和や正義、人々の幸せのために戦う。このようなグローバルな良心を持つ機関が不可欠だ。規範、統制、認知の使い方次第で社会は変わる。これら三つの側面についてグローバルな良心をもって検討し、これを個人レベル、組織レベル、世界レベルで実践していく必要がある。

現時点では、個人も組織も世界も無力になっている。これが世界の体制の最大の病であり弱さだ。国連が無力化しているのは、国連代表がイエメンで死亡した子どもたちの写真を見て涙を流したのを見れば明らかだ。国連代表は苦しみと戦争を目の当たりにしているのに、行動を起こすことができないでいる。国連が執行力を欠いていることは、前述の通り、ノーラ・スヴェオースの次の言葉からわかる。「人権活動をしているグローバルな機関は重圧を受けている」。国連はもはや私たちの現実に合っていない。私たちの社会は苦悩と戦争のグローバル化により劇的に変化している。残念ながら第二次世界大戦後に設立された諸機関はいまだに当時のままだ。

近代の機関には三つの側面がある。一つ目は認知という側面で、社会の中に生きている通念や思考、シンボルなどから成り、個人の活動と行動に影響を与える。この考え方は、第二次世界大戦後に出てきたアイディアに由来している。私たちは公共機関が新たな認識を持つように仕向けていかなければならない。二つ目は規範という側面で、社会の法を形作る一連の価値観や基準である。規範は社会システムがどのように機能しているかを評価するものだ。現在、この規範も時代遅れになっているので変更しなければならない。私たちの時代の現実に基づいた新しい規範が必要だ。さらに三つ目として、システムには法律や秩序を管理する統制という側面が必要だ。これもまた時代遅れで役に立たないものになっている。新しい統制の在り方と新たなグローバルシステムが必要なのだ。国連はこれらの側面をぜひとも変革しなければならない。私が言うグローバルな良心とは、国連の中の新たな統制、認知、規範を指す。国連を改革するためには、個人レベル、制度レベル、グローバルレベルで大胆に協働する必要がある。私たちはこの三つのレベルで互いに認め合わなければならない。この三つのレベルの協働作業は財政的にどれだけ貢献しているかではなく、正義と平和に基づいたものであるかどうかで評価されなければならない。大国はお金にものを言わせて自らに都合の良い活動を正当化するものだ。

こうした問題を報道するメディアは、たとえばノルウェー人がＩＳに加わるためにシリアに渡っていることを伝えるのに、個人レベルの話ばかりに目を向けたがる。実体をすり替える記事は、西欧の多くのジャーナリストの報道に見られる。どうしてそんなことができるのか。そこまで道義に反するのはどういうわけか。彼らはこういった質問に自ら答えようとはしない。なぜなら公共機関が個人にどれほど影響を与えているかについて、理解していないからだ。

私たちには、こうしたグローバルな良心に基づいた万人のための機関が必要だ。執行権を持った新たな国連である。国連は第二次世界大戦の結果として創設された。すべての国が執行権を持った機関の必要性を感じていたのかも知れない。しかし第三次世界大戦が激しくなっている今、私たちは緊急に新たな解決策を必要としている。グローバル化の歩みは一定の速度だが、第三次世界大戦の様相は光の速さで変化している。私たちには一部始終を理解しようとモタモタしている暇はない。

グレタ・トゥーンベリ（Greta Thunberg）のような若い活動家が、正当な理由があれば大勢の人を結集させることができると証明している。戦争や気候変動の問題は、互いに強く結びついている。人命や環境に対するあからさまな軽視は、どちらも資本主義者の軽率なメンタリティが原因だ。ノーベル賞受賞者のムクウェゲ医師と人権活動家のムラドは、「同情は必要ない。必要なのは正義のための行動だ」と述べている。

アフガニスタンで四十年に亘って続いた戦争の犠牲者として、私は痛み、苦しみ、戦争のグローバル化を平和、正義、幸福のグローバル化に変えようと闘っている。私はＮＡＳＡが宇宙の別な種《しゅ》に向けて人類を送ろうとしている今も、ニューヨーク国連本部のホールの壁に書かれたサアディーの詩（本書3ページ）のように、人間は同じ体の手足として繋がっていると信じている。

私の好きなジェームズ・ラーキンがこう言っている。「偉い人は私たちが跪《ひざまず》くから偉く見えるのだ」。

さあ、平和と幸福のために立ち上がろう。

注

1 この標語は十八世紀にフランスの新聞Révolutions de Paris紙で初めて使われた。その後、一八九八年にダブリンで使われている。しかし元々は、十六世紀の著述家で裁判官、エティエンヌ・ド・ラ・ボエシ（Etienne de La Boetie, 1530–63）の言葉（後に修正）で、一五七六年に発表された。ルイ＝マリー・プリュドム Louis-Marie Prudhomme 1789: *Révolutions de Paris: dédiées à la nation et au district des Petits Augustins*, Prudhomme を参照。

2 Martha Nussbaum 1999 によれば、すべての人は実体のある自由を必要としている。

3 ベネデット・ヴェッキ「イントロダクション」（ジグムント・バウマン（伊藤茂訳）二〇〇七年（Zygmunt Bauman and Benedetto Vecchi 2004）に収録）。

4 Maja Touzari Greenwood 2017: Islamic State and al-Qaeda's Foreign Fighters（イスラム国とアルカイダの外国人戦士）in *Connections: The Quartely Journal* Vol. 16, No.1（二〇一七年冬号）Defense Academies and Security Studies Institutes, Partnership for Peace Consortium of Defense Academies and Security Studies Institutes, pp.87-98. https://www.jstor.org/stable/10.2307/26326473

5 Åsne Seierstad 2018: *Two Sisters*, Little Brown.

6 Aftenposten 紙二〇一六年十月二十日。https://www.aftenposten.no/kultur/i/kjw9v/Rystende-om-to-sostres-reise-fra-Rykkinn-til-Raqqa

7 Expressen 紙二〇一六年十一月十八日。

8 Steven Colatrella 2015: The Causes of World War3 in *Austral* Vol.4, No.7.

9 Tim Anderson 2016: *The Dirty War on Syria*, Global Research Publishers

10 Kaspar Colling Nielsen 2013: *Den danske borgerkrig 2018-24*, Cappelen Damm.

11 Loretta Napoleon 2014: *The Islamic Phoenix*, Seven Stories Press.

12 英語版ウィキペディア「現在も武力衝突が起こっている国々（List of ongoing armed conflicts）」のリストによる（https://en.wikipedia.org/wiki/List_of_ongoing_armed_conflicts）。二〇一九年七月二八日閲覧。

13 ［訳注　現在のベルギーに位置する、第一次世界大戦中の激戦地。］

14 Samira Laakel 2015: *Le bonheur est parti avec toi*, Antidote.

15 Nadine Rosa-Rosso 2018: *Plus qu'hier et moins que demain, Contre le racisme, le colonialisme et la guerre*（昨日よりも多く、明日よりも少ない。人種差別、植民地主義、戦争に対して）Antidote.

16 Dag Hoel 2017: *Fred er ei det beste*, Spartacus.

17 ［訳注：一九五五年生まれ。「性的テロリズム」による性暴力被害者を救援。］

18 ［訳注：一九九三年、イラク北部のヤズィディ教徒の村に生まれる。ＩＳに囚われ、性奴隷として扱われるが脱出。国連親善大使として戦時下の性暴力の根絶を訴える。］

19 https://www.aftenposten.no/verden/i/yvAQ7x/Shamima-Begum- 19-angrer-ikke-pa-at-hun-sluttet-seg-til-IS-Na-har-hun-utlost-en- hissig-debatt-om-retur-av-fremmedkrigere

20 Aftenposten 紙 二〇一九年二月十八日。https://www.aftenposten.no/verden/i/yvAQ7x/Shamima-Begum-19-angrer-ikke-pa-at-hun-sluttet-seg-til-IS-Na-har-hun-utlost-en-hissig-debatt-om-retur-av-fremmedkrigere

21 Deutsche Welle（ペルシャ語版）フェイスブックページ、二〇一九年六月一日。https://www.facebook.com/dw.persian/videos/761506210910426/?v=761506210910426

訳者あとがき

本書は、アフガニスタン難民でノルウェーに移住した社会人類学者のファリダ・アフマディさんが、オスロ大学で書いた修士論文から生まれた本です。二〇〇八年にノルウェー語で出版され、二〇一五年に著者自身が英訳して再出版されました。本書は、その英語版『*Silent Screams*』（SHAH M BOOK CO）を日本語に翻訳したものです。

ファリダさんを知るきっかけは、名古屋の「Production han」という団体が『*Silent Screams*』を題材に企画、上演したフィジカルシアター、「HI no HO Silent Screams」（二〇一八年七月）でした。その公演のために来日したファリダさんが日本語版の出版を強く希望され、Production han の三浦めぐみさんから、何人かの方々を経て、私のところに翻訳しないかという話が舞い込みました。私が英語の翻訳者で、しかも難民自立支援ネットワーク（REN）の理事長をしているので、興味関心を抱くに違いないと思われたようです。まずは、来日中のファリダさんにお目にかかりました。日頃から、日本で暮らしている難民や難民認定申請者が置かれている厳しい現実を見ている私は、ファリダさんの話から、福祉の先進国であるノルウェーでさえ、移民や難民がさまざまな問題を抱えて苦しんでいることを知りました。ファリダさんは、「難民も移民も、それぞれ名前を持ち、それぞれが独自の背景を持ち、自分らしく暮らしたがっている人たちなの」とおっしゃいました。じつはRENも、「難民にはそれぞれ顔があり、名前があり、それぞれが意志、感情を持っています」という標語を掲げて活動しています。ファリダさんも、私たちと同じ気持ちで移民や難民のことを考えていらっしゃる！と、強い共感を覚えました。そして、ぜひファリダさんの著書をRENで翻訳したい、と思いました。

難民自立支援ネットワーク（REN）は、二〇〇二年にケニアのカクマ難民キャンプの難民たちが綴った詩集『ママ・カクマ――自由へのはるかなる旅』（評論社）を日本で出版したことをきっかけに活動を始め、現在は主に日本で暮らしている難民を対象に、奨学金支給、難民によるビーズアクセサリーの制作とその販売、日本語教室、ヨガ教室、フットサル練習会、文化交流会などの支援活動をしています。本書の翻訳を始めた二〇一九年はRENのNPO法人設立十周年に当たるので、その節目を記念して本書の翻訳・出版を実現させることにしました。出版費用を集めるために、クラウドファンディングを実施し、多くの御寄附をいただきました。こうして、本の出版で始まった私たちの活動が、本の出版で区切りを飾ることになり、とても感慨深いものがあります。

本書は、ファリダさんのフィールドワークをもとに、社会福祉先進国であるノルウェーで暮らす移民や難民がマイノリティゆえに直面している心身の痛みを具体的に生々しく伝えています。そして、多様な価値観や習慣を持った人々がお互いの存在を認め合って共存できる社会の実現が可能であることを訴えています。今、私たち難民を支援している団体はもとより、外国から大勢の労働者を受け入れ始めた日本は、彼らをどのように迎え入れ支えていくのか、深く考えるべき時を迎えています。ここ日本で、移民や難民を含む外国人が居心地よく暮らしていくために、本書が少しでも役に立つのであれば、これほど嬉しいことはありません。

RENの活動の一つに、カクマ難民キャンプのジャーナリストたちが発行しているウェブ雑誌「KANERE」（https://kanere.org/）の翻訳とブログへの掲載があります。この活動を支えてくれているのがREN翻訳チームです。本書の翻訳にあたっても、以下の二十人のメンバーが協力してくれました。

上野庸平、岡田茂由子、荻原桃子、金澤むつみ、金谷久美子、
神森忠敏、川畑真帆、木村育郎、上妻つぐみ、石田由子、
笹野桃愛、瀬下紀子、田中英子、玉川千絵子、根井麻未、
野間春海、堀内紘子、水野慎也、山本愛、湯山裕子。（敬称略）

本書との出会いのきっかけを作ってくださった三浦めぐみさん、慶應義塾大学の柏崎千佳子教授、杉岡洋子教授にお礼を申し上げます。クラウドファンディングについてきめ細かくご指導くださったREADY FOR社の小柳聡美さんと、本書を日本で出版することに賛同して寄付をしてくださっ

た八十五人の方々にも心より感謝いたします。また、花伝社の平田勝社長、編集を担当してくださった山口侑紀さんのお力添えがなければ、本書を出版することはできませんでした。ありがとうございました。

ＮＰＯ法人難民自立支援ネットワーク（ＲＥＮ）理事長　石谷尚子

ＲＥＮのホームページ：https://www.ren-nanmin.org/

参考文献

（脚注文献、日本語訳があるもの以外は省略した――訳者）

Ahnström, Leif 1996: Differensiert byutvikling（分化した都市計画）, in *Plan. Tidsskrift for samfunnsplanlegging, byplan og regional utvikling*（『コミュニティ計画、都市と地方の開発』誌）3/96.

Alghasi, Sharam 1999: *Slik er de, slik er vi og slik er verden…*（それが彼ら、それが私たち、それが世界）: *En kultursosiologisk studie av "innvandring", fremstilt i aktualitets- og debattprogram på NRK og TV2 I tidsrommet 1989-1997.*（オスロ大学の未発表修士論文）

Ali, Ayaan Hirsi 2007: *Mitt liv, min frihet*, Oslo: Cappelen.（日本語訳：『もう、服従しない――イスラムに背いて、私は人生を自分の手に取り戻した』（矢羽野薫訳）、エスクナレッジ、二〇〇八年）

Ali, Ayaan Hirsi 2006: *Krev din rett. Om kvinner og Islam*（檻に入れられた処女――イスラムの女性のための奴隷解放宣言）, Oslo: Cappelen.

Anderson, Benedict 1983: *Imagined Communities: Reflections on the Origin and Spread of Nationalism*. London: Verso.（『想像の共同体：ナショナリズムの起源と流行』（白石隆・白石さや訳）、リブロポート、一九八七年）

Ansari, Natta and Naushad Ali Qureshi 1998: *Kolleger eller alibier: En studie av politikere med minoritetsbakgrunn.*（同僚とアリバイ――マイノリティの背景を持つ政治家に関する研究）Oslo: Høgskolen i Oslo.（オスロ大学カレッジ）

Azimi, Maryam and Inger Elisabeth Hansen 1999: *Det brente hjertet, (The Burnt Heart)*, Oslo: Aschehoug Forlag.

Baer, H. A., M. Singer and J. H. Johnsen 1986: Towards a Critical Medical Anthropology in *Social Science and Medicine* 23(2): 95-98.

Barer, Robin, Justine Fitzpatrick and Cheikh Traore 2004: *Health in London.*（〈ロンドンの健康状況〉レポート）, London: London Health Commission.

Bauman, Zygmunt and Benedetto Vecchi 2004: *Identity: Conversations with Benedetto Vecchi.* Cambridge: Polity.（日本語訳：『アイデンティティ』（伊藤茂訳）、日本経済新聞社、二〇〇七年）

Bauman, Zygmunt and Benedetto Vecchi 1998: *Globalization: The Human Consequences,* Cambridge: Polity.（日本語訳：『グローバリゼーション――人間への影響』（沢田眞治・中井愛子訳）、法政大学出版局、二〇一〇年）

Blom, Svein 2002: *Innvandrernes bosettingsmønster i Oslo*（オスロにおける移民の定住パターン）, Oslo: Statistisk sentralbyrå（ノルウェー統計局）.

Borchgrevink, Tordis 1999: *Multikulturalisme: tribalisme- bløff- kompromiss? Debatter om det flerkulturelle samfunnet*（多文化主義――部族主義――頑固に押し通すか妥協するか？　多文化社会に関する議論）, Oslo:Institutt for samfunnsforskning（オスロ：社会科学研究所）.

Bourdieu, Pierre 1984: *Distinction: A Social Critique of the Judgment of Taste.* Translated by Richard Nice, London: Routledge and Kegan Paul.（日本語訳：『ディスタンクシオン――社会的判断力批判』全二冊（石井洋二郎訳）、藤原書店、一九九〇年）

Bourgois, Philippe 1995: *In Search of Respect: Selling Crack in El Barrio.* Cambridge, Cambridge University Press.

Boyd, Monica and Elizabeth Grieco 2003: *Women and Migration: Incorporating Gender into International Migration Theory.* Migration Information Source, Washington D.C.: Migration Policy Institute.

Brattberg, Gunilla 1995: *At möta langvarig smerta*（長引く痛みに向き合うために）, Stockholm: Liber AB.

Brochmann, Grete, Tordis Borchgrevink and Jon Rogstad 2002: *Sandi maskineriet. Makt og demokrati i det flerkulturelle Norge*（機械にはさまった砂。多文化のノルウェーにおける権力とデモクラシー）, Oslo: Gyldendal Akademisk.

Brochmann, Grete 2003: *The Multicultural Challenge,* Stamford: JAI.

Carlbom, Aje 2003: *The Imagined versus the Real Other: Multiculturalism and the Representation of Muslims in Sweden* (Doctoral Thesis), Lund: Sociological Institute, Lund University.

Comaroff, Jean and John Comaroff 1991: Africa Observed: Discourses of Imperial Imagination, in *Of Revelation and Revolution: Christianity, Colonialism and Consciousness in South Africa,* vol. 1., Chicago: The University of Chicago Press.

Craig, Ronald 2006: *Systemic discrimination in employment and the promotion of ethnic equality.* (Thesis), Oslo: University of Oslo.

Douglas, Mary 1966: *Purity and Danger: An Analysis of Concepts of Pollution and Taboo,* London: Ark Paperbacks.（日本語訳：『汚穢と禁忌』（塚本利明訳）、ちくま学芸文庫、二〇〇九年）

Dunin-Woyseth, Halina 1996: Segregering i den fragmenterte by（細分化された都市の人種差別）, in *Plan. Tidsskrift for samfunnsplanlegging, byplan og regional utvikling* 3/96.

Eriksen, Thomas Hylland 1996: Det er ikke noe galt med gettoen（スラム街は何も悪くない）, in *Plan. Tidsskrift for samfunnsplanlegging, byplan og regional utvikling* 3/96.

Eide, Elisabeth and Anne Hege Simonsen 2007: *Mistenkelige utlendinger. Minoriteter i norsk presse gjennom hundre år*

（疑わしいよそ者）, Kristiansand: Høyskole-forlaget.

Eide, Elisabeth and Anne Hege Simonsen 2004: *Å se verden fra et annet sted: Medier, norskhet og fremmedhet*（視点を変えて世界を見る——メディア、ノルウェー人であること、外国人であること）, Oslo: Cappelen Akademisk Forlag.

Fuglerud, Øyvind 2001: *Migrasjonsforståelse: Flytteprosesser, rasisme og globalisering*（移民を理解する——移住のプロセス、レイシズムとグローバル化）, Oslo: Universitetsforlaget.

Gellner, Ernest 2006: Nations and Nationallism, Oxford: Wiley-Blackwell.（日本語訳：『民族とナショナリズム』（加藤節監訳）、岩波書店、二〇〇〇年）

Giddens, Anthony 1991: *Modernity and Self-Identity: Self and Society in the Late Modern Age.* Stanford, California: Stanford University Press.（日本語訳：『モダニティと自己アイデンティティ——後期近代における自己と社会』（秋吉美都・安藤太郎・筒井淳也訳）、ハーベスト社、二〇〇五年）

Gullestad, Marianne 2006: *Plausible Prejudice: Everyday Experiences and Social Images of Nation, Culture and Race,* Oslo: Universitetsforlaget.

Gullestad, Marianne 2004: Blind Slaves of our Prejudices: Debating 'Culture' and 'Race' in Norway, in *Ethnos*, vol 69: 2, June: 177-203.

Gullestad, Marianne 2002: *Det norske sett med nye øyne*（新鮮な目で見たノルウェー人）, Oslo: Universitetsforlaget Oslo.

Gullestad, Marianne 2001: Imagined Sameness: Shifting Notions of 'Us' and 'Them' in Norway, in Line Alice Ytrehus 2001 (editor): *Forestillinger om "den andre" / Images of otherness,* Kristiansand: Høyskoleforlaget.

Hahn, Robert A. 1995: *Sickness and Healing: An Anthropological Perspective*, New Haven & London: Yale University Press.

Hall, Stuart 2000: Conclusion: The Multi-cultural Question, in Barnor Hesse (editor): *Un/Settled Multiculturalisms: Diasporas, Entanglements, Transruptions*, London & New York: Zed Books.

Hervik, Peter 1999: *Den generende forskellighed. Danske svar på den stigende multikulturalisme*（不愉快な違い——多文化主義の増大に対するデンマーク人の回答）, Copenhagen: Hans Reitzel Forlag.

Honneth, Axel 2006: *Kamp om anerkjennelse. Sociale konflikters moralske grammatik*, Openhagen: Hans Reitzels Forlag.（日本語訳：『承認をめぐる闘争——社会的コンフリクトの道徳的文法』（山本啓・直江清隆訳）、法政大学出版局、二〇一四年）

Honneth, Axel 2003: *Behovet for anerkjennelse. En tekstsamling*（承認の必要性）, Rasmus Willig (Editor), Copenhagen: Hans Reitzels.

Khader, Naser 1996: Ære og skam: Det islamske familie: og livsmønster- fra undfangelse til grav（名誉と恥——イスラム教家族のライフパターン—受胎から墓場まで）, Copenhagen: Gyldendals bogklubber.

Kjeldstadli, Knut 2006: Mulige fremtider - Norge som et flerkulturelt samfunn（可能性のある未来——多文化社会としてのノルウェー）, in Innlegg på konferansen "Utfordringer i flerkulturell formidling" ved Senter for flerkulturelt og internasjonalt arbeid (SEFIA)（二〇〇六年三月二日にオスロ大学カレッジの多文化国際研究センター（ＳＥＦＩＡ）で行われた「多文化普及の課題」と題する会議での講演）

Kjeldstadli, Knut 1996: Den delte byen（共有都市）in *Plan. Tidsskrift for samfunnsplanlegging, byplan og regional utvikling* 3/96.

Kleinman, Arthur 1985: Interpreting Illness Experience and Clinical Meanings: How I See Clinically Applied Anthropology, in *Medical Anthropology Quarterly* 16(3): 69-71.

Kleinman, Arthur, Veena Das and Margaret Lock (editor) 1997: *Social Suffering*, Berkeley: University of California Press.（日本語訳：『他者の苦しみへの責任――ソーシャル・サファリングを知る』（坂川雅子訳）、みすず書房、二〇一一年）

Larsen, Øyvind 2006: *Helsekonsekvensutredningen*（健康影響評価）, in *Michael. Publication Series of the Norwegian Medical Society*, vol. 3/4.

Leirvik, Oddbjørn 2005: Christianity and Islam in Norway: Politics of Religion and Interfaith Dialogue, in *Canadian Diversity / Diversit / Canadienne*, vol. 4: 3, autumn 2005.

Lock, Margaret 1987: The Mindful Body: A Prolegomenon to Future Work in Medical Anthropology in *Medical Anthropology Quarterly* vol.1:1, Arlington: American Anthropological Association.

Lock, Margaret 1990: On Being Ethnic: The Politics of Identity Breaking and Making in Canada, or, Nevra on Sunday, in *Culture, Medicine and Psychiatry* 14: 237-254.

Malmquist, Jörgen 2000: *Föreställningar om sjukdom: somatisering, medikalisering, prioritering*（病気についてのアイディア――身体、医療、優先順位）, Lund: Studentlitteratur (Lund University).

Malterud, Kirsti (editor) 2001: *Kvinners ubestemte helseplager*（女性の原因不明の健康問題）, Oslo: Pax Forlag.

Melhuus, Marit 2001: Hvilken skam uten ære? Eller: Finnes den skamløse æren?（名誉がない恥とは？――それとも恥知らずの名誉が存在するのか？）, in Trygve Wyller (editor) 2001: *Skam: Perspektiver på skam, ære og skamløshet i det moderne*（恥（Shame）――恥と名誉と現代の恥知らずについて）, Bergen: Fagbokforlaget.

Moi, Toril 2002: Å tilegne seg Bordieus feministiske teori（ブルデューのフェミニスト理論を学ぶために）, in Irene Iversen (editor): *Feministisk litteraturteori*（フェミニスト文学理論）, Oslo: Pax Forlag.

Monsen, Nina K. 1999: *Kultur eller kjønn? Motsetningsfylte verdier og politiske valg i relasjon til tradisjonsbundne, muslimske innvandrerkvinner. En filosofisk analyse*（文化かジェンダーか？　伝統に縛られたイスラム教の移民女性に関わる価値の矛盾と政治的選択。哲学的分析）, Oslo: Kommunal- og arbeidsdepartementet（Municipal and Labour Ministry）.

Nussbaum, Martha 1999: *Sex and Social Justice*, Oxford: Oxford University Press.

Said, Edward 2003: *Orientalism,* London: Penguin Books.（日本語訳：『オリエンタリズム』上下巻（今沢紀子訳）、平凡社、一九八六年）

Sayed, Abdelmalek 2004: *The Suffering of the Immigrant*, Cambridge: Polity Press.

Scheper-Hughes, Nancy and Margaret Lock 1987: The Mindful Body: A Prolegomenon to Future Work in Medical Anthropology, in *Medical Anthropology Quarterly* I: 6-31.

Sen, Amartya 1999: *Development as Freedom.* New York: Random House.（日本語訳：『自由と経済開発』（石塚雅彦訳）、日本経済新聞社、二〇〇〇年）

Siim, Birte 2003: *Medborgerskabets udfordringer - etniske minoritetskvinders politiske myndiggjørelse*（市民権の課題――民族的マイノリティ女性の政治的エンパワーメント）, Århus: Den danske magtudredning.（デンマークの権力調査）

Soares, Joaquim J. F. and Giorgio Grossi 1999: *Experience of Muscoloskeletal Pain: Comparison of Immigrants and Swedish Patients*, Oslo: Scandinavian University Press.

Sveen, Karin 2001: *Klassereise: et livshistorisk essay*（階級旅行——生活史のエッセー）, Oslo: Oktober Forlag.

Thorbjørnsrud, Berit S. 2007: Frihet, rettigheter og ortodokse presters kjønn（東方正教会の司祭の権利と自由とジェンダー）, Thomas Hylland Eriksen and Arne J. Vetlesen (editor): *Frihet,* Oslo: Universitetsforlaget. に掲載。

Vetlesen, Arne Johann 2004: *Smerte*（痛み）, Lysaker: Dinamo Forlag.

Vogt, Kari 2000: Islam på norsk: Moskeer og islamske organisasjoner i Norge（ノルウェー風イスラム教——ノルウェーのモスクとイスラム教団体）, Oslo: Cappelen.

Widding Isaksen, Lise 2006: Tilpasning til tomme rom: Om globale omsorgskrisers relasjonsøkologi（だれもいない部屋への適応——福祉活動危機のグローバルな生態学について）, in *Tidsskrift for kjønnsforskning*（ジェンダー研究誌）1-2: 20-35.

Wikan, Unni 2003: *For ærens skyld: Fadime til ettertanke*（名誉のために——思索のためのファディメ）, Oslo: Universitets-forlaget.

Wikan, Unni 2002: *Generous Betrayal: Politics of Culture in the New Europe,* Chicago & London: University of Chicago Press.

新聞：

Aftenposten, 26.7.2006

Aftenposten, 27.5.2006

Aftenposten, 10.5.2005

Aftenposten, 12.9.2007

Dagens Næringsliv, 2.6.2007
Dagsavisen, 19.1.2006
Dagsavisen, 7.1.2006
Dagsavisen, 13.11.2005
Dagsavisen, 24.3.2005
Dag og Tid, 09.01.07.
Le Monde Diplomatique nr. 12, December 2005
The New York Times, 28.1.2006

白書：

Report to the Storting（ノルウェー立法府への報告）no.49 (2003-2004) *Mangfold gjennom inkludering og deltakelse. Ansvar og frihet,*（包括と参加による多様性。義務と自由）, Oslo: Det kongelige kommunal- og regionaldepartement（ノルウェー王立地方自治局）
HUBRO（オスロ健康調査）二〇〇〇、二〇〇二年
Statistisk sentralbyrå（ノルウェー中央統計局）二〇〇六年公表の失業者統計
Minoriteter og psykisk helse　（マイノリティと精神衛生）二〇〇六年

著者　ファリダ・アフマディ（Farida Ahmadi）
1957年3月、カブール（アフガニスタン）生まれ。カブール大学で医学を学ぶ。カブールで2度投獄され、4ヶ月にわたって拷問を受けた。1982年に釈放されアフガニスタン郡部で抵抗運動に参加、同年12月にパリのソルボンヌでラッセル平和財団（戦争犯罪法廷）の活動に参加。1983年に世界中を旅して自身の投獄や拷問の経験、ソ連独裁や原理主義との戦い、女性解放運動について訴え、レーガン大統領、サッチャー首相、ローマ教皇をはじめとする権力者や団体と面会してアフガニスタンの民主化勢力への支援を求めた。1983年末に帰国し、イランやパキスタンを訪問。1991年に当時5ヶ月だった娘とパキスタン経由でノルウェーへ亡命し、難民として生活しながらオスロ大学で人類学を学ぶ。本書は修士論文を基にしたもの。現在も、難民女性支援の活動を続けている。

訳者　石谷尚子（いしたに・ひさこ）
翻訳家。上智大学文学部英文学科卒業。主な訳書に『ママ・カクマ――自由へのはるかな旅』、エリザベス・レアード『ぼくたちの砦』『戦場のオレンジ』『はるかな旅の向こうに』（いずれも評論社）などがある。
NPO法人難民自立支援ネットワーク（REN）理事長。
RENホームページ：https://www.ren-nanmin.org/

声なき叫び――「痛み」を抱えて生きるノルウェーの移民・難民女性たち

2020年3月25日　初版第1刷発行

著者 ――ファリダ・アフマディ
訳者 ――石谷尚子
発行者 ―平田　勝
発行 ――花伝社
発売 ――共栄書房
〒101-0065　東京都千代田区西神田2-5-11出版輸送ビル2F
電話　03-3263-3813
FAX　03-3239-8272
E-mail　info@kadensha.net
URL　http://www.kadensha.net
振替 ――00140-6-59661
装幀 ――佐々木正見
印刷・製本―中央精版印刷株式会社

ISBN978-4-7634-0919-5 C0036

奴隷労働

ベトナム人技能実習生の実態

巣内尚子　著

定価（本体 2000 円＋税）

「労働力」の前に「人間」だ！

急増するベトナム人技能実習生が見た、もう一つの〈日本〉

詳細な聞き取りで明らかになる驚くべき実態

外国人労働者受け入れ拡大の矛盾から、目をそらしていいのか？

「貧困ジャーナリズム大賞 2019」貧困ジャーナリズム賞受賞